国家出版基金项目
NATIONAL PUBLICATION FOUNDATION

清末立宪运动史料丛刊 ㉙

四川谘议局

主编 胡绳武
副主编 牛贯杰 戴鞍钢

何一民 编

国家清史编纂委员会·文献丛刊

山西人民出版社

本书获中国人民大学『中央高校建设世界一流大学（学科）和特色发展引导专项资金』支持

『十二五』国家重点图书出版规划项目

国家清史编纂委员会出版委员会

《清末立宪运动史料丛刊》出版工作委员会

主　任　贾新田　胡彦威

副主任　姚　军　梁晋华

统　筹　蒙莉莉

委　员　（以姓氏笔画为序）

王新斐　冯灵芝　史美珍　刘小玲　吉　昊

李　靖　李　鑫　张小芳　张志杰　何赵云

杜厚勤　张彦彬　柳承旭　武　静　郝文霞

贺　权　贾登红　崔人杰　阎卫斌　傅晓红

翟丽娟　蔡咏卉　魏美荣

总序

戴逸

二〇〇二年八月，国家批准建议纂修清史之报告，十一月成立由十四部委组成之领导小组，十二月十二日成立清史编纂委员会，清史编纂工程于焉肇始。清史之编纂酝酿已久，清亡以后，北洋政府曾聘专家编写《清史稿》，历时十四年成书。识者议其评判不公，记载多误，难成信史，久欲重撰新史，以世事多乱不果。中华人民共和国成立后，中央领导亦多次推动修清史之事，皆因故中辍。新世纪之始，国家安定，经济发展，建设成绩辉煌，而清史研究亦有重大进步，学界又倡修史之议，国家采纳众见，决定启动此新世纪标志性文化工程。清代为我国最后之封建王朝，统治中国二百六十八年之久，距今未远。清代众多之历史和社会问题与今日息息相关。欲知今日中国国情，必当追溯清代之历史，故而编纂一部详细、可信、公允之清代历史实属切要之举。编史要务，首在采集史料，广搜确证，以为依据。必藉此史料，乃能窥见历史陈迹。故史料为历史研究之基础，研究者必须积累大量史料，勤于梳理，善于分析，去粗取精，去伪存真，由此及彼，由表及里，进行科学之抽象，上升为理性之认识，才能洞察过去，认识历史规律。史料之于历史研究，犹如水之于鱼，空气之于鸟，水涸则鱼逝，气盈则鸟飞。历史科学之辉煌殿堂必须岿然耸立于丰富、确凿、可靠之史料基础上，不能构建于虚无缥缈之中。吾侪于编史之始，即整理、出版“文献丛刊”、“档案丛刊”，二者广收各种史料，均为清史编纂工程之重要组成部分，一以供修撰清史之用，提高著作质量；二为抢救、保护、开发清代之文化资源，继承和弘扬历史文化遗产。清代之史料，具有自身之特点，可以概括为多、乱、散、新四字。一曰多。我国素称诗书礼义之邦，存世典籍汗牛充栋，尤以清代为盛。盖清代统治较久，文化发达，学士才人，比肩相望，传世之经籍史乘、诸子百家、文字声韵、目录金石、书画艺术、诗文小说，远轶前朝，积贮文献之多，如恒河沙数，不可胜计。昔梁元帝聚书十四万卷于江陵，西魏军攻掠，悉燔于火，人谓丧失天下典籍之半数，是五世纪时中国书籍总数尚不甚多。宋代印刷术推广，载籍日众，至清代而浩如烟海，难窥其涯涘矣！《清史稿·艺文志》著录清代书籍九千六百三十三种，人议其疏漏太多。武作成作《清史稿艺文志补编》，增补书一万零四百三十八种，超过原志著录之数。彭国栋亦有《重修清史艺文志》，著录书一万八千零五十九种。近年王绍曾更求详备，致力十余年，遍览群籍，手抄目验，成《清史稿艺文志拾遗》，增补书至五万四千八百八十种，超过原志五倍半，此尚非清代存留书之全豹。王绍曾先生言：“余等未见书目尚多，即已见之目，因工作粗疏，未尽钩稽而失之眉睫者，所在多有。”清代书籍总数若干，至今尚未能确知。清代不仅书籍浩繁，尚有大量政府档案留存于世。中国历朝历代档案已丧失殆尽（除近代考古发掘所得甲骨、简牍外），而清朝中枢机关（内阁、军机处）档案，秘藏内廷，尚称完整。加上地方存留之档案，多达二千万件。档案为历史事件发生过程中形成之文件，出之于当事人亲身经历和直接记录，具有较高之真实性、可靠性。大量档案之留存极大地改善了研究条件，俾历史学家得以运用第一手资料追踪往事，了解历史真相。二曰乱。清代以前之典籍，经历代学者整理、研究，对其数量、类别、版本、流传、收藏、真伪及价值已有大致了解。清代编纂《四库全书》，大规模清理、甄别存世之古籍。因政治原因，查禁、篡改、销毁所谓“悖逆”、“违碍”书籍，造成文化之浩劫。但此时经师大儒，联袂入馆，勤力校理，尽瘁编务。政府亦投入巨资以修明文治，故所获成果甚丰。对收录之三千多种书籍和未收之六千多种存目书撰写详明精切之提要，撮其内容要旨，述其体例篇章，论其学术是非，叙其版本源流，编成二百卷《四库全书总目》，洵为读书之典要、后学之津梁。乾隆以后，至于清末，文字之狱渐戢，印刷之术益精，故而人竞著述，家娴诗文，各握灵蛇之珠，众怀昆冈之璧，千舸齐发，万木争荣，学风大盛，典籍之积累远迈从前。惟晚清以来，外强侵凌，干戈四起，国家多难，人民离散，未能投入力量对大量新出之典籍再作整理，而政府档案，深藏中秘，更无由一见。故不仅不知存世清代文献档案之总数，即书籍分类如何变通、版本庋藏应否标明，加以部居舛误，界划难清，亥豕鲁鱼，订正未遑。大量稿本、抄本、孤本、珍本，土埋尘封，行将澌灭；殿刻本、局刊本、精校本与坊间劣本混淆杂陈。我国自有典籍以来，其繁杂混乱未有甚于清代典籍者矣！三曰散。清代文献、档案，非常分散，分别庋藏于中央与地方各个图书馆、档案馆、博物馆、教学研究机构与私人手中。即以清代中央一级之档案言，除北京中国第一历史档案馆所藏一千万件以外，尚有一大部分档案在战争时期流离播迁，现存于台北故宫博物院。此外，尚有藏于沈阳辽宁省档案馆之圣训、玉牒、满文老档、黑图档等，藏于大连市档案馆之内务府档案，藏于江苏泰州市博物馆之题本、奏折、录副奏折。至于清代各地方政府之档案文书，损毁极大，但尚有劫后残余，璞玉浑金，含章蕴秀，数量颇丰，价值亦高。如河北获鹿县档案、吉林省边务档案、黑龙江将军衙门档案、河南巡抚藩司衙门档案、湖南安化县永历帝与吴三桂档案、四川巴县与南部县档案、浙江安徽江西等省之鱼鳞册、徽州契约文书、内蒙古各盟旗蒙文档案、广东粤海关档案、云南省彝文傣文档案、西藏噶厦政府藏文档案等等分别藏于全国各省市自治区，甚至清代两广总督衙门档案（亦称《叶名琛档案》），被英法联军抢掠西运，今藏于英国伦敦。清代流传下之稿本、抄本，数量丰富，因其从未刻印，弥足珍贵，如曾国藩、李鸿章、翁同龢、盛宣怀、张謇、赵凤昌之家藏资料。至于清代之诗文集、尺牍、家谱、日记、笔记、方志、碑刻等品类繁多，数量浩瀚，北京、上海、南京、广州、天津、武汉及各大学图书馆中，均有不少贮存。丰城之剑气腾霄，合浦之珠光射日，寻访必有所获。最近，余有江南之行，在苏州、常熟两地图书馆、博物馆中，得见所存稿本、抄本之目录，即有数百种之多。某些书籍，在中国大陆已甚稀少，在海外各国反能见到，如太平天国之文书。当年在太平军区域内，为通行之书籍，太平天国失败后，悉遭清政府查禁焚毁，现在中国，已难见到，而在海外，由于各国外交官、传教士、商人竞相搜求，携赴海外，故今日在外国图书馆中保存之太平天国文书较多。二十世纪内，向达、萧一山、王重民、王庆成诸先生曾在世界各地寻觅太平天国文献，收获甚丰。四曰新。清代为传统社会向近代社会之过渡阶段，处于中西文化冲突与交融之中，产生一大批内容新颖、形式多样之文化典籍。清朝初年，西方耶稣会传教士来华，携来自然科学、艺术和西方宗教知识。乾隆时编《四库全书》，曾收录欧几里得《几何原本》，利玛窦《乾坤体义》，熊三拔《泰西水法》、《简平仪说》等书。迄至晚清，中国力图自强，学习西方，翻译各类西方著作，如上海墨海书馆、江南制造局译书馆所译声光化电之书，后严复所译《天演论》、《原富》、《法意》等名著，林纾所译《茶花女遗事》、《黑奴吁天录》等文艺小说。中学西学，摩荡激励，旧学新学，斗妍争胜，知识剧增，推陈出新，晚清典籍多别开生面、石破天惊之论，数千年来所未见，饱学宿儒所不知。突破中国传统之知识框架，书籍之内容、形式，超经史子集之范围，越子曰诗云之牢笼，发生前所未有之革命性变化，出现众多新类目、新体例、新内容。清朝实现国家之大统一，组成中国之多民族大家庭，出现以满文、蒙古文、藏文、维吾尔文、傣文、彝文书写之文书，构成为清代文献之组成部分，使得清代文献、档案更加丰富，更加充实，更加绚丽多彩。清代之文献、档案为我国珍贵之历史文化遗产，其数量之庞大、品类之多样、涵盖之宽广、内容之丰富在全世界之文献、档案宝库中实属罕见。正因其具有多、乱、散、新之特点，故必须投入巨大之人力、财力进行搜集、整理、出版。吾侪因编纂清史之需，贾其余力，整理出版其中一小部分；且欲安装网络，设数据库，运用现代科技手段，进行贮存、检索，以利研究工作。惟清代典籍浩瀚，吾侪汲深绠短，蚁衔蚊负，力薄难任，望洋兴叹，未能做更大规模之工作。观历代文献档案，频遭浩劫，水火兵虫，纷至沓来，古代典籍，百不存五，可为浩叹！切望后来之政府学人重视保护文献档案之工程，投入力量，持续努力，再接再厉，使卷帙长存，瑰宝永驻，中华民族数千年之文献档案得以流传永远，沾溉将来，是所愿也！

二〇〇四年

序言

胡绳武

清末立宪运动是一场全国性的政治运动。这场运动历时9年（1903—1911），波及除内外蒙古、青海、西藏之外的全国22个行省（内地18个省、东北三省和新疆），对辛亥革命前后的中国政治、经济、社会和思想文化均产生过重要的影响。这场运动的人和事，自宣统年间以来不断地有国内外学者们进行研究和评议。由于研究者的立场与观点不同，对这场运动的人和事的评议自然是见仁见智的。但研究者们一致感到研究立宪运动的困难之一在于史料相对缺乏。中华人民共和国成立后，国家重视对近百年历史的研究，在中国史学会的主持下，曾出版过一套《中国近代史资料丛刊》。这套资料的出版对中国近代史的教学与研究曾产生了很好的推动作用，但这套资料丛刊却没有把立宪运动包括在内。

有关立宪运动的文献资料，除1979年中华书局出版过一部《清末筹备立宪档案史料》外，尚无一套比较完整的立宪运动文献资料丛刊，这给中国近代史的教学与研究带来一定的影响。为此，中华书局编辑部于1986年曾拟定编辑一套《立宪运动》的文献资料，作为《中国近代史资料丛刊》的续编出版，并邀请我作为这套文献资料丛刊的主编。我当时因为正在撰写《辛亥革命史稿》，无力承担此项工作而加以婉拒。当时中华书局近代史编辑室的主任陈铮向我表示这项工作可在《辛亥革命史稿》完成以后再着手进行，并希望我能将此项工作接受下来。当时我的研究生程为坤讲师也希望我将这项工作接受下来，并表示愿意全力帮助我完成文献资料的搜集与整理工作。这样，我就终于将此项工作接受下来，并开始注意有关立宪运动文献资料的搜集工作。1990年以后，《辛亥革命史稿》的撰写工作虽然已经完成，程为坤却已出国留学，我又年近七十，无力单独承担，此项工作遂告中断。其后，我曾争取与中国人民大学图书馆古籍整理研究所合作，希望继续完成这套资料的搜集与整理工作，后因故再次中断。已经搜集却又未经整理的有关立宪运动的文献资料只好堆积存放。

2002年国家清史纂修工程启动后，清史编纂委员会主任戴逸教授动员我组织力量，将《立宪运动》这套文献资料的整理工作作为国家清史纂修工程文献整理项目之一继续下去，争取完成。我考虑到早在1986年即已接受中华书局近代史编辑室委托，承担《立宪运动》的主编工作，中途虽因客观原因中断，但我内心总觉得对学术界和出版社欠了一笔账，不免感到内疚，现在有机会将这套《立宪运动》作为清史文献项目之一列入计划，这是给我完成上世纪中断了的《立宪运动》这套文献资料的一个极好机会，遂于2004年向国家清史编纂委员会正式提出申请，并于2005年获得通过，正式立项。

这套《清末立宪运动史料丛刊》总的要求是，能够较为全面地反映这场运动的发展全貌，对该运动发生的历史背景、酝酿与兴起、发展和声势、它与民主革命运动及清廷预备仿行立宪的关系、立宪团体、立宪派人士的思想与活动，以及该运动对于中国近代社会历史所造成的影响诸方面，均得到合乎实际的说明。

以往《中国近代史资料丛刊》的编辑方法大致有三种：一是按资料的类型进行整理编辑，如《太平天国》；二是按事件发展进行编辑，如《辛亥革命》；三是二者结合，如《第二次鸦片战争》。本套文献资料大体依照第三种形式，从以下八个方面对相关资料进行搜集、整理与编辑：一、立宪运动的酝酿与发动；二、立宪派与革命派的论战；三、清廷的预备仿行立宪；四、立宪团体；五、国会请愿运动；六、资政院；七、各省谘议局；八、有关立宪运动的外文资料。谘议局文献的选编范围涉及12个行省，即顺直谘议局、奉天谘议局、吉林谘议局、山西谘议局、山东谘议局、江苏谘议局、浙江谘议局、福建谘议局、广东谘议局、江西谘议局、湖南谘议局、四川谘议局。参加本项目的成员及分工如下：中国社会科学院近代史研究所李细珠研究员（立宪运动的酝酿与发动、福建谘议局），清华大学马克思主义学院王宪明教授（立宪派与革命派的论战、有关立宪运动的外文资料），首都师范大学历史系迟云飞教授（清廷的预备仿行立宪），北京大学历史系尚小明教授（立宪团体、国会请愿运动、山西谘议局、山东谘议局），中国人民大学历史学院牛贯杰副教授（资政院、湖南谘议局、广东谘议局），北京师范大学历史学院邱涛副教授（顺直谘议局），中国社会科学院法学研究所孙家红副研究员（奉天谘议局、吉林谘议局），上海图书馆上海科学技术情报研究所高洪兴研究员（江苏谘议局），广东警官学院法律系沈晓敏教授（浙江谘议局），中山大学历史系廖伟章教授（广东谘议局），南昌大学历史系黄志繁教授（江西谘议局），四川大学城市研究所何一民教授（四川谘议局）。

值得说明的是，这套文献资料丛刊立项伊始，清史编纂委员会考虑到我年事已高，故建议增加一位项目主持人，我们经过商议，聘请复旦大学历史系戴鞍钢教授为主持人。项目进行期间，他审阅了700余万字的文稿，并提出具体的修改意见，帮助我承担了不少审阅初稿的任务。牛贯杰副教授承担了大量烦琐沉重的学术辅助工作。清史编纂委员会文献组的王汝丰教授、出版组孟超编审对本项目给予了特别的关心与指导。没有他们的帮助，很难相信这套文献资料丛刊能够如期完成，在此表示诚挚的谢意。同时，山西人民出版社的领导也给予了特别的关注，编辑们付出了辛勤的努力，在此一并致谢。

当然，囿于种种因素，我们不可能将22个行省的谘议局文献全部搜求于内，只选择性地摘取了12个行省的相关文献，这些省份涵盖了沿江沿海、中原腹地、京畿重地与清王朝的龙兴之地——吉林与奉天两省。此外，我们对各省谘议局文献的选编原则以谘议局本身文献为主，因此，规模方面无法做到整齐划一，而且数量各有不同。这些不足和局限，衷心期待学术界进行批评和补正。

2014 年 10 月

凡例

一、本文献为类编资料，资料来源均在正文结尾处标明。

二、本文献按照立宪运动发生、发展的脉络分为三十卷，各卷内容为：第一卷，立宪运动的酝酿与发动；第二卷，立宪派与革命派的论战；第三至六卷，清廷的预备仿行立宪；第七至八卷，立宪团体；第九至十卷，国会请愿运动；第十一至十二卷，资政院；第十三卷，顺直谘议局；第十四至十五卷，奉天谘议局；第十六至十七卷，吉林谘议局；第十八卷，山西谘议局；第十九至二十卷，山东谘议局；第二十一至二十二卷，江苏谘议局；第二十三卷，浙江谘议局；第二十四至二十五卷，福建谘议局；第二十六卷，广东谘议局；第二十七卷，江西谘议局；第二十八卷，湖南谘议局；第二十九卷，四川谘议局；第三十卷，有关立宪运动的外文资料。

三、文献史料如有原名，一律沿用；如没有原名，则由整理者自行拟定，文中注明。

四、资料原文所用繁体字，在不会造成歧义的情况下改为通行简化字。某些具体人名、地名不在此限。异体字、通假字尽量保持文献原貌。

五、本书在纂辑过程中，对清末惯用的一些字词，悉仍其旧，如“豫备立宪”、“豫算”、“筹画”、“画一”、“澈底”、“坐次”、“帐目”、“缕晰陈之”、“详晰”、“人材”、“发见”、“札覆”、“叠次”、“身分”、“省分”、“择尤”等。文中还有许多反复出现的字词属于此种情形，不在此一一列举。

六、文献资料均由编者标点、分段与校勘。错别字用（ ）标出，并于〔 〕中标明正确字，脱字以【 】标明，衍字以〈 〉标明，无法辨识文字和原公文中故意省略之字，均以□标示。

七、原稿繁体竖排，今改为简体横排。原稿中“左”、“如左”、“左列”、“右”、“如右”、“右列”等文字均保留原貌，一律不作改动。

八、为便于读者更好地利用资料，整理者对有必要加注的地方一律加注，以脚注标明。

整理说明

一、本辑收录清末四川谘议局及相关史料，共分为四编：第一编，四川谘议局的成立；第二编，四川谘议局第一年会议文献；第三编，四川谘议局第二年会议文献；第四编，四川谘议局其他相关文献。

二、为求全面了解四川谘议局之始末，本辑所收资料时间跨度，上自光绪三十四年（1908），下讫宣统三年（1911）。同时，除收录四川谘议局直接史料外，与之密切关联的文牍、时论等资料也一并囊括其中，以便给读者提供更为广阔的史料基础，使其对于清末四川地方自治运动、保路运动等有更为丰富的认知和体会。

三、本辑所收史料，主要来源有三：1. 历史档案；2. 报刊；3. 图书旧籍。大致以时间为序，进行排列。所有史料均有标注其档案形成时间，报刊刊载和书籍出版时间，以及文献出处。其中难免因出版和发表时滞，部分内容可能存在时序错乱，细心读者自能察之。

四、原稿中“如右”、“如左”等字样，皆保持原貌，不作改动。对于史料原件中的错讹脱落，区别对待。凡脱落严重，或原件模糊不清，无法辨识者，根据行间字数，以□标示。凡错字皆置于（ ）内，然后将改正后的字置于其后，并加以〔 〕。

五、本辑之编校整理，系众人之力，有艾智科、刘杨等参与编辑、校注。然文字浩繁，错讹诚所难免，敬希读者诸君不吝赐教。

编者谨识

丙申年秋月于四川大学城市所

目录

第一编　四川谘议局的成立

一、章　程

二、文　牍

第二编　四川谘议局第一年会议文献

一、纪　事

二、议　案

三、文　牍

第三编 四川谘议局第二年会议文献

一、纪 事

二、议 案

三、文 牍

第四编　四川谘议局其它相关文献

一、文　牍

二、时 论

第一编　四川谘议局的成立

一、章　程

四川谘议局筹办处章程

第一章　总　纲

第一条　本筹办处系钦遵谕旨筹办四川谘议局而设，其职能范围以使谘议局之成立，该局成立后即行裁撤。

第二条　本处一切事宜由督宪总持大纲督饬，在饬各员按照应办各事次第举办。

第三条　本处以贡院中清白堂旧地为办事处所，凡外禀一切文件皆于此处校交。

第四条　本处需用关防由督宪刊刻发给，文曰四川谘议局筹办处关防。

第二章　议员及职务

第五条　本处应设总理一员，协理四员，以官绅分任，均由督宪选任禀承督宪筹办本处全体事宜。

第六条　本处所有事务应分作文牍、法制、选举、庶务四科，总共设科员十二员，由总协理会同选任分科办事，以专责成其员数及职务分列如下：

（一）文牍科　科员三人，掌撰拟公牍收发文件。

（二）法制科　科员三人，掌撰拟一切应用单行细则及解释颁发之各项章程，其关于选举应行预备督宪札发事宜则会同选举科拟定之。

（三）选举科　科员四人，掌关于选举一切事宜。

（四）庶务科　科员二人，管理一切杂务兼司会计。

第七条　本处筹办处各项依各条之规定而有不属于各种职务于各科，而□□□□分配未均者由总协理即时酌量分别派办。

第八条　本处筹办各项依第六条之规定而有不能绝对分属一科，有者时则与相属临之科会同办理之。

第九条　本处应于绅商学界中人用延访及公举方法听议若干员为本处参议员，有事时由本处定期约请会同筹议。

第十条　本处应特派司选员分赴各初复选举区讲演谘议局章程及选举章程并会同初复选监督办理一切选举事务。

第十一条　各初复选举事之监督由本处加札委任，其成在用之选举管理监督等员应将其衔名报由本处存查。

第三章　筹议限期

第十二条　谘议局限一年内成立，所有调查选举等事□□□□□□□各项时期预定如左：

（一）饬各初复选举区选举事务所，限本年十二月三十日以内一律成立。

（二）造具选举人名册，限明年二月底一律造成，闰月三十以前一律申送到省。

（三）分配选举议员人数于各复选举区，定三月底一律到达。

（四）行初选举，限定于明年五月初一日举行。

（五）行复选举，限定明年六月十五日举行。

（六）召集议员，各选举出之议员限于明年七月三十日以前一律到省。

（七）谘议局成立，定九月初一日开局。

第四章　经　费

第十三章　本处开销经费及谘议局建筑经费由本处预算并详请督宪指拨。

第十四章　各初复选举区应用选举经费，由本处预定大概数目札由该区监督自行筹措事毕后报由本处详请核销。

第五章　附　则

第十五条　本章程由督宪核准奉文后即为施行之期，如施行中间有不适于用者随时修改详请核定。

四川省档案馆藏，《四川谘议局筹办处第一次报告书》，全宗号：巴县宣统，案卷号：1－94

选举事务所办事细则

第一条　初选监督依谘议局议员选举章程第四条第二款之规定，各就本衙门设立选举事务所办理一切选举，事务所如以署中设立不便另择公所设立者亦可。

第二条　各选举事务所统限于文到后即行成立。

第三条　事务所由初选监督于本地公正绅士中或通晓选举事宜者的任一人为选举事务管理员，辅助选举监督管理中的一切事务。

第四条　事务所由初选监督于本地公正绅士中延订四人为监督员，遇有重要事务由初选监督定期约请会议，如区域广大者得增至六人或八人。

第五条　事务所由初选监督于本衙门书吏中酌派二人或四人为书记，承选举事务管理员之指挥而分任其事。

第六条　事务所管理员每月薪水以二十元为限，参议员为名誉职不支薪水，书记月薪由初选监督酌定，但每人每月不得过三元以上。

第七条　事务所所有书记等如有作弊情事，由管理员商请初选监督撤换。

第八条　事务所筹办事务，初选监督须按本处所颁布办事日期表依限办理不得延逾。

第九条　事务所几有申报揭示文件均以初选监督之衔名施行。

第十条　遇有关于选举资格之呈诉事件，事务所应即刻收送初选监督不得严捆挠阻。

第十一条　事务所对于选举事项所有各种表册及往来档呈诉书，均应一律保存存档清查。

四川省档案馆藏，《四川谘议局筹办处第一次报告书》，全宗号：巴县宣统，案卷号：1－94

调查员办事细则

第一条　初选监督照谘议局议员选举章程第十八条之规定，得按照□□投票区数就本地绅士中公正详□□或通晓选举事宜者酌任若干人为调查员。

第二条　（缩微胶卷模糊缺损）

第三条　调查员额数之多寡由初选监督分给所任该区选举人名草册一份以便按册调查。

第四条　调查员调查时注意之事项如左：

（一）于册内有已经注明之姓名、年龄、籍贯、住居及其资格有涉疑似者调查其是否正确。

（二）于册内所有未经注明之年龄、住居须逐一调查实在。

（三）于册内所有具有资格之人须调查其有无犯局章第六条所列之一者，局章第六条所列之情事有八：

（1）品行悖谬管私武断者。

（2）曾被监禁以上之刑者。

（3）管理不正者。

（4）失财产之信用被人人控制尚未清结者。

（5）吸食鸦片者。

（6）有心疾者。

（7）身家不清白者。

（8）不懂文义者。

（四）于册内所具有资格之人须调查其有无局章程第七条所列各项地位之一者：

（1）本省官吏或幕友。

（2）常□□军人及其调期□□之□□军人。

（3）巡警官吏。

（4）僧道及其它宗教师。

（5）各学堂肄业生。

（五）于册内所载该区内具有资格之人须调查其有无□□。

第五条　□□条所列各项如经调查员之调查有与册内不符□□册内所未记载者，应该□□□□以待初选监督之核定。

第六条　调查员于调查时如有徇情等弊遣犯定章者，得由初选监督查实撤换。

第七条　调查员于所任调查之区域内须于一定期限内调查完毕呈送初选监督。

第八条　调查员所需旅费多寡由初选监督酌定，但每人每月不得逾十六元以上。

第九条　此项细则照章应由初选监督拟定，个由本处酌定大端，以期全省一致。如初选监督有特别情形，亦得酌量增损呈由候选监督核定施行。

四川省档案馆藏，《四川谘议局筹办处第一次报告书》，全宗号：巴县宣统，案卷号：1-94

初选监督办事日期表第二号（第一号残缺）

一、筹定投票所之地址。投票所者，即各投票区内投票之选出；开票所者，即初选区内开票之处也。据议员选举章程第六条，凡初选监督，应于所辖各投票区内就中等定一适宜之地，以为将来选举投票之处，其地址勿论假用公所或假用房宇，总宜择其中设有左右二门者，以便各投票人得以左进右出，应不至临时拥挤有乱所中秩序。惟筹定之后须一面呈请本属复选监督核定，一面即于颁发选举告示时指明之。至于开票所地址，据议员选举章程第四十九条，仍由初选监督于该治城所在地方就近选择一处，呈请本处复选监督核定，并于所发选举告示中载明此项，限于三月初五日以前办理完毕。

二、颁发选举告示。据议员选举章程第二十八条，凡初选监督应于初选期三个月以前颁发选举告示于所辖各投票区，以便各投票人（凡具有选举权资格者于投票时即称为投票人）得以及时到本区投票所投票。兹值开办伊始，虽不能于期前三月颁发，亦不可迟缓。至于选举告示中所应载明之事，亦有数项，兹为列举如左，以便遵照：

（甲）初选日期及其时间。据议员选举章程第十四条，凡届选举年限各初选区均应以正月十五日为初选日期，兹因我省开办□□已由本处酌改为五月初一日矣。该初选投票之期不得展前更后，至于投票时间仍须照议员选举章程第三十三条，以是日午前八时至午后六时为卒。

（乙）初选投票所及其开票所之地址。设投票区既有一投票所，则某投票人应在某投票所，投票日当预为指定，故颁发选举告示之时须载明某投票区限以某处为投票所，以便该区内具有选举权之人届期知赴某所投票。至于开票之所每初选区内虽只有一处，亦应于选举告示中预为指定之。

（丙）投票方法。此方法详定于议员选举章程第四十一条至第四十八条之中，兹为证明其大要如左：

（一）投票人以列名于本属投票所之投票簿者为限。

（一）投票人届选举期应亲赴投票所自行投票，不得请人代理。

（一）投票人应在投票簿中所载本人姓名项下签字毕，方准投票纸。

（一）投票人每名只准领投票纸一页。

（一）投票无名单记法，每投票纸只书被选举人一名，不得自书本人姓名。

（一）投票者于投票所内除开于投票事宜得与职员问答外，不得涉及私言并不得与他人接谈。

（一）投票完毕后投票人应即退出，不得逗留窥说。

（一）投票人倘有顶替及违背定章等事，管理员及监察员得令退出。

以上甲乙丙三项所列各件皆应于选举告示中逐一说明，先期张贴于所辖各投票区之内，其如何排列、如何措词由该初选监督酌量，为之要使各投票人得以一览即知，不至临时惝恍有乱投票秩序而已。

此项限于三月十五日以前办理完毕。

三、制投票簿及投票匦。据议员选举章程第三十八条，凡各投票所所需之投票簿应由该初选监督按照所辖投票区数分别造具完成，届期分交各投票所，以便该所举行初选之时，各投票管理员及监察员得以按照簿中所列姓名给发选举投票纸以及审查投票人之有无冒名顶替。权造具此簿之时，除记录该投票区内所有各投票人之姓名外，并须注明其年龄、籍贯、住所等项。兹将本处酌拟投票簿式刊列如左，以便仿照。

凡初选区皆应仿照以上所拟簿式刷印若干篇，由选举事务所管理员将各投票区内所有各投票人之姓名等项分别照式□□订为若干册，呈请该初选监督于每篇骑缝处□□以印信，以便届期分交于各投票所。至于每投票区，亦应备置一个，照章当由该初选监督计算所辖各投票区数，仿照本处所发式样先期制成，以备应用。□□此物须以坚牢适用为主，不必过永华美，致耗财力。

此项限于三月二十日以前办理完毕。

四、拟定初选投票所及开票所办事细则呈请复选监督核定。据议员选举章程第三十六条，凡初选区内所有各投票所以及开票所办事细则，应由该初选监督拟定后，呈请复选监督核定施行。今本处欲期一致，已为酌定大纲目录本表之后，以便遵照，倘该初选监督有特别情形须详细增订者，亦应呈由本属复选监督核定，以符定章。

五、保荐初选投票开票管理员及监督员呈请复选监督派定。凡初选区举行之时，每投票所内应置管理员及监督员各一人或各二人，以办理一切投票事宜。据议员选举章程第六条，其投票管理及监督员，应由该初选监督于本地官绅中按照所辖各投票所应需员额多寡分别保荐若干名，一面呈由本属复选监督派定，一面即由该监督知会各员，以便届期到所，办理一切。至于开票所所需开票管理员及监察员各一人或各二人，照章仍由该初选监督于本地官绅中先期按数保荐，呈本属复选监督派定之。

前二项限于四月初十日以前办理完毕。

六、传习投票开票管理员及监督员。查议员选举章程所有对于初选投票开票管理员及监察员之规定，其职务虽极简单而责任则甚大，稍有疏虞即生选举变更或当选无效之结果，故凡初选监督于各员派定之后应即限期齐集选举事务所，由司选员将各员所有应办事项及其所负责任详为解释，以便该员确有把握，庶不至临时惝恍，□□□□。

此项限于四月十五日以前办理完毕。

七、分交投票纸投票簿及投票区于各投票所。据议员选举章程第三十七条，凡初选区举行初选之时，其所需之投票纸应由本属复选监督先期照式制成，于初选期前二十日分交所辖各初选监督，以备应用。前本处所颁发初选投票纸之期，约在四月初十日前后，如该初选监督届期尚未奉到，应即迅速专差照该区应需数目加一倍领取回署。所辖各投票区各处需用投票纸若干，分别给发于各投票所，但给发之先，须于每投票簿及投票匭亦由该初选监督按区给发之。

八、榜示有选举权者之姓名于各投票区。凡投票人必列名于某投票所之投票簿，始得赴某投票所，投票员不待言。惟投票人于投票之时，不特于本投票区内具有选举权人可以选举，即该属各投票区内具有选举权之人亦得选举之，故该初选监督应于选举期前将该初选区内具有选举权者姓名榜示于各投票区，以便投票人得以观觉。

四川省档案馆藏，《四川谘议局筹办处第一次报告书》，全宗号：巴县宣统，案卷号：1－94

四川谘议局登告陈请建议方式

（摘录本局陈请建议规则）

第九章

陈请建议

第九十六条　本省自治会及人民有以某事件陈请建议者，当作陈请建议书，由议员一人介绍达于议长。

第九十七条　陈请建议书当署明本人衔名、住址，押用本人名印，如系自治会及法律所认之会当署首领人，衔名押用会中图记。

第九十八条　陈请建议书当用普通国文，字用正书。

第九十九条　经本局委员会审查不合前三条之式者，本局可不收受。

第一百条　本局认为合式之陈请建议书，当由议长定期付于会议，但与本局议事日程所载系同一事件者，不必作为议题。

第一百一条　前条之会议以一次讨论决其可否，经可决者，当将原书誊缮一通，用本局名义之公文呈于该管官府。

第一百二条　凡不能就原书通体决其可否者，当付委员会分别可节采者与不可采者加以批评，草成文稿，再开会议。

第一百三条　议员有采取原书各节依本局规则作成提案者，即依本局会议各案之例，不适用本节规则。

陈请建议书式

为陈请建议事云云

为此谨请

四川谘议局查照不胜公盼

陈请建议某府厅州县某官衔会长或总董某姓名　年岁　押印

绍介议员某姓名　印

《蜀报》第一年第三期，《附篇》，宣统二年八月朔日出版

初选投票所办事细则

第一条　每投票内应设立一投票所，以为投票之处，其地址该初选监督预为筹定，呈请本属复选监督定之。

第二条　各投票所均限以五月初一日为举行投票之期，不得展前更后，其投票时间以是日午前八时至午后六时为卒。

第三条　每投票所应值投票管理员及监察员各一人或各二人，以办理一切投票事宜。

第四条　各投票管理员由该初选监督于本地绅士或教佐及正副警长中按照所辖各投票区应需员额多寡先期保荐若干名，呈当请本属复选监督派定之，其投票监察员亦同，但监察员照章以本地绅士充为限。

第五条　各投票管理员及监察员派定之后，即由该初选监督分别知会本人，并限于选举期前三日齐到选举事务所，练习一切投票事宜。

第六条　投票管理员及监察员均作为名誉职，不支薪水。

第七条　凡投票管理员不得与于选举及被选举之数，惟监督员中本有选举权或被选举权者，不在此限。

第八条　凡投票所应分设左右二门，以便投票人之出入，其余设置由投票管

理员量场为之。

第九条　凡初选监督，所有分交各投票所之投票纸、投票簿及投票匦由该所投票管理员及监察员共同掌管之。

第十条　凡投票时所需书墨等具，由该所管理员先期预备，以供各投票人之应用。

第十一条　凡投票管理员，应于投票期前一日将左列各项逐一写明，张贴于该投票所外，以供各投票人之观觉。

（一）投票人须于本所投票簿中列有签名者，始得如所投票。

（一）投票人来所投票均以五月初一日午前八时至午后六时为限，过时不候。

（一）投票人来所投票应由左门进右门出，以免拥挤而便稽查。

（一）投票人须亲赴本所始得投票，不得请人代理。

（一）投票人来所投票须先于本所投票簿中所载自己姓名项下书一到字，始得领取投票纸。

（一）投票人如有自行污损者，应将原纸缴还，由管理员验明复发。

（一）投票人于投票纸上只准书被选举人一人之姓名，不得夹写他事及自书本人姓名。

（一）投票人写被选举人之姓名不可潦草，如其字迹模糊不能谘议者，该票即作为废纸。

（一）投票人于各投票区内具有选举权之人皆得酌量选举,不必以本投票区为限。

（一）投票人领取票纸之后,即照式书毕,投入匦中,不得延搁及携带出所。

（一）投票人纸既经投入匦中，虽有误写之处，不得取出更正。

（一）投票人于投票之后，应即退出，不得逗留窥视及互相交谈。

第十二条　前条所列各项如投票人有不了然者，由投票管理员临时解释之。

第十三条　凡投票管理员及监察员于该投票所之日均应先时齐集，以便部署一切，如因他故不能及时到所，于期前三日呈请初选监督派员代理。

第十四条　凡投票之日，其投票所周围该投票管理员、监察员均得呈请初选监督酌派巡警审查一切。

第十五条　凡投票之日，除投票人外，如有擅自入所者，投票管理员及监察员得令退出。

第十六条　凡投票管理员及监察员，于入所投票之人须审查其是否列名于该所投票簿之中及是否本人，如遇有假冒顶替，应得令其退出。

第十七条　凡投票管理员及监察员，于入所投票之人须俟其在投票簿中所载自己姓名项下签字完毕，始得给予投票纸。

第十八条　投票人如有询及投票方法者，该管理员及监察员须详写说明，但不得涉及私言。

第十九条　投票人如有互相交谈或于投票后逗留窥视者，该管理员及监察员须即禁止或令退出。

第二十条　投票人如有携带凶器入所者或以暴行胁迫妨害其他之投票人者，该管理员监察员得送交初选监督照章处罚。

第二十一条　投票人如有暴行于所中各职员或骚扰投票所，以及阻留毁夺投票纸投票及其他有关选举文件者，该管理员及监察员得照前条办理。

第二十二条　投票管理员及监察员于投票完事之后，应将该所始末情形会同造具报告连同投票匭移交开票局，并专报初选监督，其所领投票纸如有余剩者亦应照数返还，不得损失。

第二十三条　投票监察员如与管理员有意见不同时，得建议于初选监督。

第二十四条　投票管理员及监察员不得干涉投票人之投票以及暗记被选举人之姓名，违者即照章处理。

第二十五条　投票管理员及监察员不得泄漏投票纸上之姓名与擅开投票□□，以及取出投票□□中之选举票，违者照前条办理。

第二十六条　各投票所所属笔墨纸张等亦由初选监督酌量支给。

第二十七条　各投票所于投票完毕后限十五日以内一律裁撤。

第二十八条　凡初选区，当选人不是定额再行投票者，各投票管理员及监察员仍应遵照本细则办理。

第二十九条　本细则如有未尽事宜，核初选监督得就本地情形详细增订，呈由本属复选监督核定施行。

四川省档案馆藏，《四川谘议局筹办处第一次报告书》，全宗号：巴县宣统，案卷号：1－94

初选开票所办事细则

第一条　凡初选区，皆应于治城所在地方设立一开票所，以为初选开票之处，其地址由该初选监督书定后呈请本属复选监督核定之。

第二条　凡开票所，应置开票管理员及监察员各一人或二人，以办理开票一切事宜，其各员任用方法应照初选投票所办事细则第四条分别办理。

第三条　开票管理员及监察员派定后，仍由该初选监督分别知会本人，并限于开票期前三日奔赴选举事务所研究一切办法。

第四条　开票所以该区各投票□□区齐之□□为开票日期，其时间由该初选监督酌定后即行榜示之。

第五条　开票管理员及监察员须于投票期前一日齐到开票所，以便接收各开票区之投票匭，其过有缴还投票纸余数者，亦应期数收存按区登记以便核查。

第六条　开票之日该初选监督须亲自到场督同各员开票。

第七条　开票之日于开票之时，各投票人许其来所参观，惟人家不能容时该管理员得以限制人数。

第八条　开票管理员于开票之先，须另置一草簿，以便登记各被选举人所得票数。

第九条　开票管理员及监察员于检票之时，应先将选举票与各投票簿逐一对照，以分别其有效无效。

第十条　凡票纸上所书被选举人之姓名，果为投票簿中所记载且不犯第十二条所列各项者，该管理员应记录入草簿，其过有所书被选举人之姓名而与投票簿中所载不符以及不著一字者，须另以他簿记之。

第十一条　凡投票时如遇选举票纸有左列情事者，应一律作废为废纸。

一、写不依式者。

二、夹写他事。

三、字迹模糊不可认识者。

四、不用投票所所发之票纸者。

五、选出之人不合选举资格者。

第十二条　开票管理员及监察员于检票完事之后，应即时算各被选举人所得之票数，分别记录簿中，交由初选监督，即时按照复选监督□□□□□□□。

第十三条　凡所有选举票纸，勿论有效无效，该管理员及监察员于开票完毕后，均应送交初选监督管理，本属选举年限内一律保存之。

第十四条　凡开票管理员及监察员如于开票时间来到之前私开投票匭，以及用其他方法领取出投票纸与泄漏数选举人之姓名等弊，均应照章处罚。

第十五条　开票所管理员及监察员均作为名誉职，不支薪水。

第十六条　开票管理员不得与于选举及被选举之数，惟监察员，如本有选举权及被选举权者，不在此限。

第十七条　开票所自开票之翌日□□统限十五日以内一律裁撤。

第十八条　该初选区如因初选□□□，再行开票时均得照本细则办理。

第十九条　本细则如有未尽事宜，该初选监督须详细增订者，应呈由本属复选监督核定施行。

四川省档案馆藏，《四川谘议局筹办处第一次报告书》，全宗号：巴县宣统，案卷号：1－94

谘议局议事规则

第一章　总　则

第一条　本细则遵照谘议局章程第四十五条规定，经总督批准，凡本局会议及协议，均适用之。各审查会开于议事，若无别项规定，并照本细则办理。

第二条　凡本局一切选举事宜，除法令及本细则有规定外，其详细另以专则定之。

第二章　开会组织

第三条　凡常年会，各议员当于九月初一日，总督所指定之时间齐集于本局遵章举行开会礼式，临时会则从总督所酌定之时日。

第四条　凡议长副议长之选举，当于开会之即日举行，常驻议员则于开会前三日内选举。

第五条　凡议员之部别及座次，议长当于开会之即日令各议员抽签定之。

第六条　各审查会当于开会之次日即行组织，维特别审查会不在此限。

第七条　每次开会组织既定之后，议长即当将所定开议日期报告全体议员，并向总督呈明其日期。

第三章　分　部

第八条　议场座次分为三部，以全数议员分占其分部抽签之法，由议长决定表示。

第九条　各部议员当取相等之数，如平分有余，则先第一部，次第二部，可多一人。

第十条　议员之部别每会期改定一次，各部置部长一人，保持本部秩序，设理事一人，辅助部长。有事时为其代理，俱以各部员互选定之，每会期改选一次。

第四章　审查会

第一节　通　则

第十一条　本局审查会分为三种：一、全局审查会；二、常任审查会；三、特别审查会。

第十二条　除议长、副议长外，凡议员皆有为审查员及组织审查会之责。

第十三条　凡审查会之选举组织，议长、副议长皆须临会监理，其会议审查时均得出席发言，但不得与于可否之数。

第十四条　凡审查会之会议，审查不得涉于委托事件以外。

第十五条　凡审查会不得于本局会议时间开之，但经本局会议许可者，不在此限。

第十六条　除全局审查会外，凡审查会，皆由议长于本局内指定开会处所，不得入于议事堂内。

第十七条　审查会开会日时由议长定之，议长不定，审查长定之，但须于会前报告议长。

第十八条　凡审查会，总督及所派之员得到会陈述意见，审查会亦得请由议长知会各行政官之出席。

第十九条　凡审查会开议时，禁止局外人旁听。

第二十条　就审查会审查之事件，其发议者可出席，又议员中有意见者，以文书或口述表示但不加入可否之数。

第二十一条　凡审查员在审查会得数次发言。

第二十二条　审查会之议事以过半数决，若可否同数时，取决于审查长或其股长。

第二十三条　凡审查会，审查长如欲自列于讨论之数，在全局审查会，由部长顺次行审查之职务，在常任审查会，由各股股长行审查长之职务。

第二十四条　凡审查会会议审查事毕，当将其结果及经过作成报告书报告议长，其报告于会议审查事毕至迟不得过一日。

第二十五条　凡审查会当作会议录，记载到会者姓名、表决人数、议决之要领及其重要事件，由各股长掌其职务，亦得使本局书记任之。前项会议录应由审查长及各股长署名押印，于闭会后一星期以内送交本局办事处保存。

第二节　全局审查会

第二十六条　全局审查会以全数议员组织之，设审查长一人，于每次正式会议期前由全数议员互选。

第二十七条　有左列事项时，由议长决定或议员动议得十人以上赞成者，当开全局审查会：一、议题繁重，虽经延长会议时间，仍不能议决者。二、议员对于同一提案有数种以上之意见，过于分歧者。三、关于会议事宜之必要整理者。

第二十八条　全局审查会非有总议员三分之一以上出席不得开议。

第二十九条　开全局审查会时，议长当退座，就议员席。

第三十条　全局审查会以书记长之座为审查长之座，以书记行书记长之职。

第三十一条　全局审查会议事既毕，审查长当即请议长还座听其报告，或作成报告书交与议长。

第三十三条　全局审查会所议事件不能取决时审查长当退席，请议长还座决定。

第三十四条　全局审查会如有违反谘议局章程或议事细则，及紊乱议堂秩序者，议长当自行还座，解散会议。

第三节　常任审查会

第三十五条　常任审查会以事务审查之必要酌设，各股分类审查为议事之预备，其分股及员额如左：一、财政股主任委员二十五人，审查关于财政及预算案、决算案事件。二、法律股主任委员十三人，审查关于法律规则、章程事件。三、庶务股主任委员十九人，审查财政法律以外庶政之应兴应革事件。四、惩戒股主任委员九人，审查关于议员惩戒及议员资格事件。

第三十六条　各股主任委员于每会期开会之始，由议员互选，或以全体议员议决，由议长委任之。

第三十七条　各股互选股长一人，理事一人，股长整理审查会之会议并维持其秩序，理事掌审查开会之议事录及其文书，股长有事故时理事为其代理。

第三十八条　常任审查会即以全体审查长为其审查长，掌由议长送交审查之议案配分之于各股，并负督促其开会审查之责。

第三十九条　审查事项有关两股以上须协议者，由审查长得各该股股长之同意，开连合审查会，其股长理事之职务，审查长行之。

第四十条　凡审查会非有会员半数以上之出席，不得开议。

第四十一条　就于审查事件，各主查股得请议长，函请各官署局所及各团体，将关于该项之文件抄答。

第四十二条　主查股审查已毕，当即取决作成报告书，由审查长送交议长，提出于正式会议。

第四十三条　前条之审查报告除由议长认为应秘密者外，当即行印刷配付之于各议员。

第四十四条　议长得定期限，要求审查会为审查之报告，若无故迟延时，议长得自临审查会，督促取决，再有不负责任者，议长得将该股重行选任。

第四节　特别审查会

第四十五条　特别审查会议特别审查员十人组织之，但视事之繁简，得由议会议决增减其数。

第四十六条　特别审查员由全数议员互选，其当选人再行互选理事一名，审查长即以全体审查长充之。

第四十七条　特别审查会因特别事件发生，经正式会议决由议长定期组织，并定期使行审查及报告，报告完毕即时解散。

第四十八条　本节规定以外得准用第二节、第三节之规定。

第五章　正式会议

第一节　开议散会延会及中止

第四十九条　会议日时由书记长检查到会议员已满半数以上摇铃，议员入席，议长就座前立，宣告开议。

第五十条　开议通常自午后一点钟起，五点钟止，但开议后经过二小时，由议长宣告休息二十分钟。

第五十一条　议事日程所载之议题，既已毕议，可不待五点钟宣告散会。

第五十二条　议事未毕，已至散会之时，议长得宣告延会，但有紧急事件，不在此限。

第五十三条　既到开议时刻，到会议员不满半数以上，议长可询众议定犹豫之，期间既已届时由书记长检查，仍不满数，再定犹豫，期间尚不足数时，得宣告延会。

第五十四条　会议遇有左列情事一时，议长得宣告中止，但议员不得以此出于议堂：一、依议事日程应议行政官提出之案，而行政官及其委员尚未到会时。二、议场将有骚扰之虞时。

第五十五条　议长未宣告开议以前及宣告散会延会中止以后，无论何人不得就于会议事件在议场发言。

第二节　议事日程议题及报告书

第五十六条　议事日程由议长预为定明，于会议之前二日印刷分布于各议员，并同时呈明督抚。

第五十七条　凡议题及其次序并开议之日时，当备载于议事日程。

第五十八条　议题之次序先资政院咨询事件，次总督提出之案及咨询件，次本局提出之案，次地方自治会争议事件，次人民陈请建议事件，但有紧急重大事件可变更其次序。

第五十九条　凡由议员提出或人民陈请建议之案，若与总督提出之案系同一事件者，不得作为议题，但对于咨询事件不在此限。

第六十条　由议员提出或人民陈请建议之案，如系同一事件，而有二案以上者，得由审查会之审查而并为一案。

第六十一条　虽属同一事件，而两案意旨反对，或其主要之点各列，性质上不相妨者不适用前条之规定。

第六十二条　议事日程指定之日时，如于所载事件不能会议，或会议不能终结，或临时发生紧危事件，议长得变更议事日程。

第六十三条　凡议案及关于议案之审查报告书应分布于各议员者，当于开议该事件之前二日，连同议事日程一并印刷分布。

第三节　议　案

第六十四条　议案分为二种：凡本局权限所能议决照章得呈请总督公布者，为提议案；虽非本局权限所能议决而事关国家及人民公益可呈候总督采择施行者，为建议案。

第六十五条　凡议员之提议建议须有五人（此）〔以〕上始得作为议题。

第六十六条　议员之提议建议须作成议案及理由书，与赞成人连同署名押印送交本局办事处，由议长定入议事日程。议案及理由书之方式别以专则定之。

第六十七条　凡议案在一二读会中，发案人得自请撤回或修正，但须报告正式会议得多数之赞成。

第四节　读　会

第六十八条　凡一议案之决议必经三读会，但议长认为简单之事件，或由议员五人以上之请求，经正式会议决得省略三读会，或并第二读会第三读会同日行之，其开第二读会第三读会之期日则由议长酌定。

第六十九条　第一读会就原案之大意议决其应开第二读会与否。

第七十条　第一读会书记长朗诵原案之后，总督及所派之员或提议员得辨明其旨趣，议员如于原案有疑义者亦得请其说明。前项之朗诵，议长得以便宜省略之。

第七十一条　经过前条会议之后，凡案由总督发交者，当即付审查会审查，待其报再开第二读会取决。由议员提出之案须即决其应开第二读会与否，如应开二读会，即付审查会必待其报告再行开议。凡决定不开第二读会之提案，即作为已废者，本会期内不得再行提出，第二、第三读会并同。

第七十二条　第二读会就原案逐条讨论议决其应开第三读会与否，如其议决条项字句有尚须整理者，当付审查会待其报告再开第三读会。

第七十三条　第三读会以第二读会之议决为议题而决其可否。

第五节　讨　论

第七十四条　议员对议事日程所载之议案欲加以讨论者或质问曰（疑为“并”）发言，发言人须预将自己姓名及对于某议案之意见，或质问或反对或赞成，须先通告于本局办事处，至迟必于开议之前一日送到，迟则与未通告者同。

第七十五条　凡通告以收到之先后记入发言表，议长依发言表使质问者先发言，次反对者，次赞成者，使与反对者交互发言，若不应议长之指名者，失通告之效力。

第七十六条　未通告之议员，非各通告者辞毕后，不得发言。如欲发言者，须起立呼议长，并报自己座次号数，待许可而后发言，即以起立之先后为发言之先后。若有二人以上同时起立，则从议长所指定。

第七十七条　延会或议事中止时，发言未终之议员得于再行讨论之际，继续前之发言。

第七十八条　凡发言须登演台，但极简单之发言及特承议长许可者，不在此限。

第七十九条　议长无论何时，得使发言者登演台。

第八十条　凡讨论不得出于议题之外。

第八十一条　议员于同一议题不得两次发言，但质疑问答及唤起注意者，不在此限。

第八十二条　总督所派之员，议员之提议者，审查长及报告之审查员，因辨明提案及其报告旨趣，均得数次发言。凡辨明提案意旨者并不登演台，但经议长之要求时，不在此限。

第八十三条　议长如欲与于讨论之列，当使副议长临议长之座，代理其职务。

第八十四条　议长既与于讨论，该问题未决以前不得还座，当退就议员之席。

第八十五条　讨论终结，由议长宣告之。

第八十六条　讨论尚未终结，议员有提出讨论终结之议者，得十人以上之赞成，议长可取决于众议员而宣告之。

第八十七条　议事细则如发生疑义时，由议长决定。

第六节　修　正

第八十八条　凡一议案不能通体可决或否决者，议员得提议修正，其修正之意旨须作成修正案提交议长付议公决，但修正之点甚单简，可以当场取决者得止用口述。审查会审查之结果亦得提出修正案，但开议时应先决议员提出之修正案。

第八十九条　凡修正案须于第一读会以后，第二读会以前提出。

第九十条　修正案有二种以上时，议决之先后次序由议长酌定。

第九十一条　已成立之修正案非经众议许可不得撤回。

第九十二条　于第三读会时仅得修正提案之字句，但实在发见议案中有自相矛盾及与现行法律规则有抵触者，不在此限。

第九十三条　修正案既被否决，则仍就原案决之。

第九十四条　修正案、原案均不能得过半数之赞成，议长认为不可废弃者，得付托审查会将该案特别草定再付会议。

第七节　表　决

第九十五条　议长认为讨论终结，当宣告该问题使议员表决。

第九十六条　宣告表决之后，无论何人不得再就议题发言。

第九十七条　议员非现在议场者，不得与于表决之数，其现在议场者，不得不置可否，并不许依违两可。

第九十八条　表决之方法分为三种：一、起立。以问题为可者，就坐中起立，议长使书记长检查起立人数多寡，以定可否之数。二、指定。使书记长朗唱议员座次号数，以问题为可者起立应之，否者不应。三、投票。以问题为可者用红色票，否则用白色票，各记姓名，依普通投票法检查可否之数。以上三种方法应用何种，由议长临时酌定。

第九十九条　凡表决以书记长检查人数、票数，就其结果报告议长，由议长宣告之。

第一百条　表决方法如有议员十人以上认为可疑时，议长可决众议用他表决方法。

第一百一条　关于法律规则案，议长使书记长朗读议案，每条朗读之后，经相当时间无发言者，则认为已决，由议长宣告移于次条之朗读。

第一百二条　议员既表决后，不得自请更改，但表决后之次日以内，有到会议员三分之二认其决议为未当者，得连名提出理由书请议长再行付议取决。

第八节　议事录

第一百三条　议事录应记载左列事项：一、谕旨；二、关于谘议局成立及开会闭会之事项并其年月日时；三、开议延期中止及散会之月日时；四、每一会议议员到会数；五、付于审查会审查事件；六、总督及所派之员其他行政官到会日时并其衔名；七、议长、审查长及审查员报告之件；八、已付议之议题及发议者之姓名；九、决议之事件；十、表决可否之数目；十一、谘议局本省自治会及人民陈请建议之件；十二、本省自治会争议之件；十三、其他议长认为必要之事。

第一百四条　议事录应于每次闭会后，次第编制印刷分别呈送资政院、总督及本省司道官，并分布于各议员及其他应行分布之处所。

第一百五条　议员对于议事录所载之事实，如有所疑，得要求议长使书记长答辩证明。

第一百六条　议事录由议长、副议长及书记长署名押印。

第九节　速记录

第一百七条　凡议场上之演说报告，速记生当依次照录，交主任书记编为速记录。

第一百八条　速记录当于退场后一日悬议场外，由发言人检阅，二日内无异议者，即钤用关防归本局办事处保存，并由议长酌量印刷分布，此后不得再请更改，即于二日内请更改者，仅限于订正字句，不得变易其旨趣。

第一百九条　依谘议局章程第四十三条之规定，被禁止发言之议员，其辞不记载于速记录。

第一百十条　秘密会议之速记录不付印刷。

第六章　常驻议员

第一百十一条　常驻议员之职务依谘议局章程第十二条所规定如左：一、受议长之委任协议办理事件。二、应总督之召集以备询考事件。

第一百十二条　关于协议办事规约别以专章定之。

第一百十三条　应总督之召集至会议厅所有讨论事件，应即报告议长，使书记录存本局办事处，以备参考，并于次期开会时，择要报告全体议员。

第一百十四条　凡常驻议员须常川在局办事，若以其他要故不能驻局者，必限在省城内有一定处所，不得各回本地方常驻。

第一百十五条　除星期休息及庆祝日年暑假由本局酌定期间外，常（註）〔驻〕议员若因冠婚、丧葬及重大之疾病欲休假者，当以请假书开具理由送交议长得其许可。既得许可者，其出发返归准用本细则第一百四十七条之规定。

第一百十六条　无故不到局有未请假确有溺职情形者，得由议长执行本局所定之罚则，开常驻议员特别会协议处分之。

第一百十七条　常驻议员欲辞职者须以辞职书开具理由，送交议长开常驻议员协议会决定。辞职者有谬妄情词时，准用本细则第一百五十条之规定。

第七章　呈请批答

第一百十八条　依谘议局章程第二十六条，本局得以各项疑问呈请总督批答。

第一百十九条　议员有欲提出疑问呈请批答者，如得五人以上之赞成，可即详具理由书交由议长审定，用本局名义之公文呈请总督批答，议长认为应行疑问之件，可得径请批答，但须以时报告于议员。

第一百二十条　由审查会提出之疑问，不待他人赞成即可交由议长审定，以公文呈请总督批答。

第一百二十一条　如系讨论某提案所生之疑问，非待其批答不能议决者，并可呈明情由及预定会议日时请求速答。

第一百二十二条　若批答不得要领时，得要求总督或其代理委员到会再行详细质问。

第八章　陈请建议

第一百二十三条　凡本省自治会及人民有陈请建议者，当作成请议书，由议员一人介绍达于议长。其请议书应备之条件：一、请议者之姓名、住所、身分、年岁并盖印图章；二、请议者如系自治会及法律所认之会，当押用会中图记，并署首领人衔名；三、用普通国文字依正书。

第一百二十四条　议长接受请议书后，在开会期中付托审查会审查，在闭会期中委任常驻议员审查，其不合所定方式者，交由议长发还本人。

第一百二十五条　请议书经审查合式且旨趣情词皆无弊者，当即具报告书提交议长付议公决。

第一百二十六条　凡陈请建议事件，在开会中以一次讨论决之，在闭会中以常驻议员协议决之。经可决者，照录原案加入本局议决之意见，呈明总督核夺剳复。

第九章　公断和解

第一百二十七条　凡总督所交自治会之争议事件，当先付审查会审查，待其报告，然后付于会议。

第一百二十八条　开议期日由议长定之，预先告知两造，使其临场辩证。

第一百二十九条　开议时先由审查会报告审查之结果，次两造互辩，议长认为辩论已明，当止其辩论而宣告之，使听评判。

第一百三十条　评判之法当场由议员选出五人或七人为评判员，使为合议评判，告于议长，由议长对两造及议员宣告之。评判以评判员过半数之同意决定。

第一百三十一条　与争议者同邑，或有亲戚关系，及系主查之议员，皆不得被举为评判员。

第一百三十二条　评判宣告之后，两造若无不服之辞，则其公断和解为已确定者，两造有异议时，议长可付议公决，但评判员不得与于表决之数。议员对于评判有异议时亦同。

第一百三十三条　评判付议公决被否决时，议长当再组织评判。第二次评判所决定，无论何人不得再由异议。

第一百三十四条　评判确定之后，本局当于三日内作成评判理由书呈请总督核办饬遵。

第一百三十五条　凡争议事件，只提交卷到局，两造并不临场者，议长于收受后，当即组织评判，据评判员之报告，作成评判理由书，余准用本章之规定。

第一百三十六条　在闭会中即以常驻议员当评判之任。

第十章　申　复

第一百三十七条　资政院或总督咨询事件到局之后，当即付审查会讨论审查，拟定申复意旨报告议长，使书记草定申复文稿。

第一百三十八条　申复文稿在开会期中当即印刷分布于议员付议公决，若在闭会期中即照谘议局章程第十二条办理。

第一百三十九条　议员有欲修正申复文稿者，当准用修正案之规定。

第一百四十条，对于修正之稿欲再加修正者，即以再修正之稿与原稿对决可否，但不得请为第三次之修正。

第一百四十一条　申复文稿既议决后，当于十日内具文申复，若咨询之件定有期限者，则须如期申复。

第一百四十二条　就咨询事件由本局议员认为重要必须提案者，限于本局权限范围以内之件，可得提出议案。

第十一章　呈请公布施行

第一百四十三条　本局议定可行不行事件，照章当即呈请总督公布，或更正施行。初议之件，其呈请至迟亦必在闭会七日以前，复议之间至迟亦不得过闭会七日以后。

第一百四十四条　呈请公布及更正之件，当誊录副本保存于本局办事处。

第十二章　议员缺席请假及辞职

第一百四十五条　议员因万不获已事故，或因疾病一时不能到会者，当开具理由，提出缺席书送交议长，若因仓卒事故不及预先通告者，则于下次到会之始对于议长申明其事，但一会期除疾病外缺席不得过十次。

第一百四十六条　议员因事故三日内不能到会者，当开具理由、预定日数，提出请假书送交议长，受其许可；请假至一周以上者，当付议公决；无期限者，不得许可。

第一百四十七条　得请假之许可，离谘议局所在地，其出发日并返归时须报告议长。

第一百四十八条　假期已满仍不能到会时得再具请假书，受议长之许可。若因事变不能呈请者，事后当将理由申明，请议长之承认。

第一百四十九条　议员欲据谘议局章程第十九条第三项辞职者，须以辞职书述其理由达于议长付会议决之。在会期外，则由常驻议员协议报告议长处理之。

第一百五十条　辞职书中如有谬妄情词，议长可付审查会或常驻议员审查，待其报告照谘议局章程第五十七条分别办理。

第十三章　警卫及秩序

第一节　守　卫

第一百五十一条　为保持本局之纪律秩序，由本局呈请总督派遣警官巡警，受议长之指挥司局内守卫事务，其名额及职务之执行分配如左：甲、开会期中。一、守卫长一人，副长一人，以警官巡官充之；二、大门守卫二人；三、二门守卫二人；四、议场门首守卫四人。乙、闭会期中。一、大门守卫二人。凡守卫俱以巡警充之。

第一百五十二条　守卫非得议长之命令，不得擅入议场以内。

第一百五十三条　在议场以外局门以内之纪律秩序应维持者，守卫可请于议长得其许可而执行之。

第一百五十四条　有违反旁听规则者，守卫随时制止之，但其情节重大须受议长之指挥处理。

第一百五十五条　无论开会闭会期中，守卫时间每日从黎明起至午后十二点中止。在守卫时间中，凡守卫不能擅离其职务。

第二节　议场秩序

第一百五十六条　议场内议员当守之规则如左：一、凡到开会时间号铃后，应即入场，不可任意迟延，以致先后参差不齐。二、议事中间议长以号铃报知宣告休息二十分钟，过即赓续议事，在休憩时既到会之会员不可无故径自出会。三、入议场时须着端重之便服，不得为一切奇异装束。四、伞杖及其他不应用之物不得携入议场。五、议场内不得吸烟。六、闻开议之号铃时，无论何人俱当沉默。七、议事时不得发嗤鄙或赞叹之声致妨他人言听。八、议事时除为议题之参考外，不得阅其他报章及书等类。九、凡议事中既到会之议员，若以事故欲出议场，须受议长之许可。十、议事中议员不可私语或隐几假寐及其他有妨议事之举动。十一、就一议题，凡发言者讨论时刻至多以十分钟为限。十二、议题未议决前不可更端就于其他之议题发言。十三、凡讨论不可涉于他人身上之褒贬毁誉。十四、讨论议题当就事理上言，不得以人转移。十五、散会时，非议长退座，不得退座。

第一百五十七条　有犯前条之规则者，议长及部长皆得规正之，若由议员发现，亦得报告唤起议长之注意。

第一百五十八条　议场骚扰认为难于整理之时，议长得中止当日之会议及宣告散会。

第一百五十九条　关于本节规定认为有补充之必要时，本局仍随时公订规约，呈请总督批准，与本细则所订有同一之效力。

第十四章　罚　则

第一百六十条　依谘议局章程五十六条至六十条之规定，本局对于议员得执行两种罚则。

第一百六十一条　凡议员不守前节规则，屡经劝告不顾，恤照章应停止到会者，议长、副议长得征部长审查会之意见，告其情状而执行罚则。

第一百六十二条　凡议员违反谘议局章程，应予除名者，或由议长、副议长发见，或经他议员指发，议长俱当先付审查会审查，待其报告，然后付于会议。

第一百六十三条　关于罚则之会议禁止旁听。

第一百六十四条　犯罚则之议员会议时不得列座，但经议长之许可及审查长之招致得入议场自为辩证。

第一百六十五条　罚则之可否已经议员表决时，无论何人不得更持异议。

第十五章　附　则

第一百六十六条　本细则以总督照章批准之日为实行之日。

第一百六十七条　本细则如须修改，当依规则案之规定决之。

附录：旁听规则

第一条　本局议事除谘议局章程四十一条所定及罚则会议之外，皆不禁止旁听。

第二条　旁听分为本省官员座、外国来宾座、公众座、新闻记者座。

第三条　凡本省官员欲入局旁听者，先日以姓名通函本局，求取旁听券，本局即当按名付与。

第四条　凡外国来宾欲入本局旁听者，先日由洋务局通知本局，并报明来宾姓名、人数，即当按名付与旁听券。

第五条　公众欲入局旁听者，当由议员介绍，每议员一人得介绍旁听二人，其旁听券每日由书记长送交各部长分布各议员。

第六条　凡省内报馆，由本局每日各送旁听券四张。

第七条　无论何人非持有旁听券不得入局。

第八条　本局所发旁听券，如已满座位之数，无论何人不能要求再发。

第九条　入旁听座者，当守之规则如左：一、不得著奇邪不经之服饰。二、不得携带兵器凶器及其他危险之物。三、不得饮食或吸烟。四、对于议员之言论不得发声臧否。五、不得涉于喧扰妨害议事。六、不得闯入议场。

第十条　凡违反前条规则者，议长得使守卫告戒（诫），或扶出旁听座，并不许在（再）在局停留。

第十一条　虽非秘密会议，因旁听座有骚扰情形，议长得使守卫挥旁听者全行退出。

《四川官报》第三十二册，庚戌年十二月上旬

二、文　牍

四川谘议局筹办处批华阳县申送确定选举人名册一案文

据详已悉。该县确定名册总数比较宣示名数尚有增多，妥慎周详，殊堪嘉尚，照章予以记大功二次，移司注册，以示奖励。此后投票开票各事，仰仍悉心办理，本处乐观厥成焉缴。为申送事案，奉宪台札发议员选举章程第二十一条，凡初选区选举人名册告成之后，应即呈由复选监督申报，并初选监督办事日期表第一号第十项申送人名册，名册确定即应照式造具申送各等因。本县选举人名册计得总数　　人，前已遵照表列八九两项依期宣示，从本月初五日起至二十五日止并出示晓谕，如有错误及遗漏，赶于宣示期内来所呈明更正补录，业经禀奉督宪在案。兹届二十日限期已满，即为确定所有上项合于资格，及另榜宣示，住籍互易，来所呈报，不一而足。知县当即遵章判定、更正，一律补入选举人名册。其有犯局章第六条情事之一及第七条地位之一，并前奉宪台札饬，犯有第六条第五项情事，须切实调查者，仍派前往之调查员就近调查，并令于宣示期内分驻各区投票所，待收更正补录之呈词，交由知县核定分别办理。当此风气初开隐匿者，固多滥者亦在所不免。知县会同司选员再四开道，详加综核，渐知选举宗旨所在，冀免斯弊，名册得以依期确定。计得确定总数　　人比较宣示人数加多　人，共计　　人，其住籍互易以及学册有名而未知其住所者，均分别榜示，令其来所呈明附入第一区名册投票时，即归第一区投票。至未来所呈明之人，虽经

榜示仍难悬揣登载，自应取消，除确定选举人名册申送复选监督汇转外，理合申请，宪台府赐察核批示饬遵。伏乞照详施行，须至申册者。

《四川官报》第七册，己酉年二月下旬

四川谘议局筹办处批华阳县办理初选调查已毕分区宣示并派调查员前往各区更正补录禀

禀悉。该令现将调查办毕，业已造册宣示，以首要之烦而能妥协迅速如此。阅禀，实深嘉慰其办理住籍互易之人造册一事，尤见精细照章，应予记功一次，记大功一次，以示鼓励，仰候移司注册饬尊缴。

附原禀：敬禀者案奉本府转奉

宪台札发初选监督办事日期表第一号，并令依期赶办各事，一一随时禀陈，等因。奉此，卑职遵即按照办理所有开所以来编制草册分派调查等事，均先后禀陈，仰蒙宪批在案。卑职伏查办事日期表内分设调查员调查之后亟应造具选举人名册，及填榜宣示期限严迫，未敢稍事逾延。兹据各区调查员调查齐备，先后到所呈缴草册，其原造草册错误及遗漏者，均经该调查员等不惮烦劳，切实调查，从而更正，及增补者较之草册开列人数加多一倍有余，其有虚伪可疑复加调查亦即时取消。此项草册屡经调查，计得总数二千六百九十人。卑职当即会同司选员核定录入合格名册，一面填榜宣示，兹已于本月初四日将卑县所属投票区选举人名榜示，分别填就，即于初五日宣示于各投票区之投票所。惟查宣示期限系二十日，从初五日起，应至二十五日止。卑县地方辽阔，调查难周，榜示之后，难保无未被登录及已被登录而有错误之处，并出示催促，凡合于选举资格之人及时呈请补录，或予以更正以便限满确定入册申送。其已逾宣示期限，应选举章程第二十四条办理，于各投票区投票所张贴，并令各区调查员于宣示期二十日内每日限定时间、住所，以便该区有上项呈请之人就近呈请，或于选举事宜未能了解亦可由该员随时讲演指遵。此卑县按照办事日期表内所列第七项第八项依期办理之实在情形也。再卑县地处省城，与成都毗连，住所、籍贯互易者多。凡住所未在本县而籍隶本县，以及学册、官册载有姓名并无住所者，均归入第一区，另行榜示。一面登报广告，令本人到所呈明入册。期限已过而不来所呈明者，即不列入以昭核实。至外府外县之人，在卑县住有定居，置有定业，除照章办理外，如距本籍甚远，不能回县呈明者，许其来所呈明，由卑县移知原籍取消其选举权及被选举权，以便入册与本籍及确有住所之人，届时一律投票。如此变通办理，似于宣示限满、确定申送两有裨益。拟请核示饬遵，是否有当，除分禀复选监督外，理合禀请，宪台俯饬察核批示饬遵。为此具禀，须至禀者。

《四川官报》第五册，己酉年二月上旬

四川谘议局筹办处通饬文

为通饬事，照得宣统元年二月十二日奉　总督部堂赵　批据秀山县禀报遵办初选事务情形一案。奉批，各属选举事务所俟选举办竣，即应裁撤来禀，缕陈所中用款皆以全年计算，殊属误会。仰即查照更正，无论何种用款，均应裁至本年五月该县初选事毕之日止，以后概予停支，以节靡费。此外，各属亦恐有未能了了者，应由谘议局筹办处通行饬知，一体遵办。所□收取桶捐一节，事属可行，暂准由经征分局代收，但取足济用而止不必拘定岁收七百千之数。仰谘议局筹办处转饬遵照，并移行经征总局知悉缴等因。奉此，查初选事务所各项用款，一俟五月内初选事务完毕，即行裁所停支，切实报销各该处所筹选举经费，无论何项款目均以收足预算之数为限，不得藉此多取，久不截止，曾经本处编列日期表及先后批檄饬知在案，兹奉前因合行通饬。为此，札仰该即便遵照，毋得故违干究。再各该处所委调查员及本处所委司选员其职务终了，均应裁撤，以节靡费。各调查员统限于该处调查完毕名册申送以后，司选员统限于五月内初选各事办竣以后，一律销差，仰即转饬知悉，切切此札。

《四川官报》第五册，己酉年二月上旬

四川谘议局筹办处札饬遵缴投票匭匭价文

为札提事，照得各属开办初选举各事宜，每区应设投票匭一具，虽经本处刷印票式一纸发给，但恐各州县制造未尽合法，兹由本处饬令省城天成工厂如法精造多具，每县各发一具，以作标本，前已发交。

领回仿造在案。兹据该厂算明，每具价银捌两。前来除由本处照数拨款付给外，合行札提。为此，札仰该遵照，即将此项价银如数解缴至处，以重公款，毋销稽延。切切如此。

《四川官报》第七册，己酉年二月下旬

华阳县钮遵督宪批示仁寿县禀文生贾纯武一案演释谘议局选举罚则章程白话告示

为遵札示谕事，照得本县按照初选监督办事日期表第二号第二项颁发选举告示，早经出示晓谕，排印多张，分途张贴，想你们早已得见了。示后虽说有罚则一层，究竟略而不详，因为注重在投票的日期及时间、地址、方法三大宗，叫你们遵照，好去投票的意思。现奉到谘议局筹办处札饬，转奉制台大人，批示仁寿县禀文生贾纯武等，扯毁选举榜示，并捏词上控，拟请褫革衣领，照章监禁罚金。这个章程，订在谘议局选举章程第六章罚则内，第一百条，加暴行于办理选举人员，或骚扰投票所开票所，或阻留毁夺选举票投票匭，及其他有关选举文件者，处二月以上二年以下之监禁，附加十元以上百元以下之罚金。这仁寿县文生贾纯武，就犯的是这条章程了。仁寿县的初选监督，据这条章程，拟他的罪，原系监禁二年，附加一百元罚金，是应该的，也很公允的，拟就具禀制台大人。制台大人见是宪政编查馆章程规定，无不照准实行的，故当即批示，所拟罪名相符，本应从严惩办，姑念选举仍系创举，竖儒无知，从宽酌予监禁一年，附加五十元罚金，不可谓非法外施仁了。制台大人，不特为对于贾纯武个人，施法外之仁，并令登报通饬各属，赶将选举章程所列的罚则，广为晓谕，并演成白话，散布民间，俾免误触法禁，是为至要，不可谓非爱你们百姓了。你们有选举权的人，想都是读过书的，就是程度稍低，也是能够识字目写选票的，就是读书识字，不能够取得这五种选举权，也是有的，但只要自家发愤，今年莫得选举权，过了三年，又值选举期，也会取得这种权利的。如果有了被选举资格，今年被人选举，也是不可知的。总之，切不可遇事生非，去犯那罚则，希冀侥幸苟免呢。古人说得好，前车之覆，后车之鉴；又说往不可谏，来犹可追。个人的行为，倘有过失，尚可改悔自新，毖后惩前，法律上也是许他的，况拿他人做错的事，做个鉴戒，不去蹈他的覆辙，岂不好吗？制台大人，叫将仁寿贾纯武的事通饬你们知道，就是这个意思了。论起仁寿县贾纯武的出身，当初原始文生，如今犯事，才褫革了，文生合于五项资格之一，是有选举权的，使他不以一衿自足，认真求学，略有观念，也不至弄出这个乱子来。否则恪守法律，安分守己，不去多事，到了五月初一日，自家去投票选举人，何等体面，也不至受这监禁与罚金的罚了。就是从前著有劣迹经调查员查出取销，也应匿迹销声，力图自新，复这种权利，又何须捏词上控，去犯这罚则呢？你们看去，这样人还是值得值不得呢？本县开办初选举，造册以来，尚无这等劣生，无理取闹，然不可不先事预防，故前次告示已经略说大概。如今，制台大人，叫先和你们说知，正是爱惜你们，免致误触法禁，到那时才悔后迟呢！像这仁寿选举榜示，彼时尚未确定，有犯犹且如此，如今要届实行选举的日期，这日期内的事更为重大，你们如要以身试法，制台大人有言在先，如果本县中有了这样事，禀将上去，决不会稍从末减的。至谘议局选举章程，第六章罚则，从第九十五条起，第一百四条止，共计十条，都是说得明明白白，清清楚楚。但其中有关系办理选举人员的，经本县率同几经研究，几经选择，均系略有法政智识，公正绅士，如果实有弊端，本系自应照章一律处罚。除将这十条罚则和初选投票所细则，各照写一张，张贴各区投票所，以便遵行外，所有罚则内列之第九十六条（冒用姓名投票），第九十七条（以财务利诱选举人及与受说合），第九十八条（以暴行胁迫妨害选举人及选举关系人者），第九十九条（选举人及选举关系人携带凶器者），第一百条（加暴行于办理选举人及地方，或阻留毁夺选举票投票匭及其他文件），既监禁，又罚金，你说可怕不可怕呢！以上五条，均为投票人及非投票人，选举时所易犯的，特为摘要录出，你们务须触目警心，不可有意去违犯呢。要知这个选举事，是有荣誉的事，倘求荣反辱，就真是值不得了。若莫得选举权的人，更不能到投票所去胡闹，本县前次出的选举告示，是叫你们有选举权的人到五月初一日都去投票，不可抛弃权利，有一人不去呢？兹奉谘议局筹办处札饬，宣布制台大人德意，是叫你们有选举权的人专心投票选举人；莫得选举权的人，赶紧由愧生愤，养成这种资格，更不可取犯那罚则，替你们打算，真是周密得很了，你们切不可当作照例空文，言谆听藐。待到了投票后，清平无事，选举得人，就是你们阖邑的幸福，阖邑的光彩，那时真不愧首善之区呢。本县承乏斯土，为初选监督，实不能不希望你们投票人和阖邑百姓，大家挣口气呢。其各凛遵，特示。

《四川官报》第十三册，己酉年四月下旬

四川谘议局筹办处遵督宪批通饬文

为札饬事，照宣统元年三月二十四日奉　总督部堂赵　批据署仁寿县盛令光伟禀文生贾纯武等扯毁选举榜示，并捏词上控，拟将为首之贾纯武衣顶褫革，照章监禁、罚金，余人遵批责释，恳乞核示一案。奉批，据禀该县文生贾纯武自认扯毁选举榜示，复同胡世杰等赴省上控，诘以徐国桢等营私舞弊情形，并不能指出证据，实属挟嫌诬陷，胆大妄为，核与选举章程第百条毁夺选举文件罪名相符，本应从严惩办，始念乃系创举，竖儒无知，从宽酌予监禁一年附加五十元罚金。仍候行提学司将该生衣顶褫革开释以后，永远不准干预地方公事，以昭炯戒。贾波臣、邹述堂等仍勒传责惩，俾知儆惧。徐国桢既无营私舞弊情节，应无庸议。仰谘议局筹办处饬遵，并登报通饬各属，赶将选举章程所列罚则广为晓论，并演成白话，散布民间，俾免误触法禁，是为至要此缴等因。奉此，除札饬仁寿县遵照办理，并一面登报外，合行遵批通饬。为此，札仰该遵照，即便演成白话告示，广为晓论，散布民间，俾免误触法禁。是为此要，切切毋违此札。

《四川官报》第十二册，己酉年五月上旬

第二编　四川谘议局第一年会议文献

一、纪　事

开　会

宣统元年九月初一日，督部堂赵、制军马、布政司王人文、提学司赵启霖、按察司江毓昌、巡警道高增爵、劝业道周善培、盐茶道尹良、成都府于宗潼、成都县史久龙、华阳县钮传善等在午前八钟齐集谘议局。议员除特别有事者外，实应召者一百〇四人。午前九钟行开局礼如式，讫十钟行议长选举。第一次实投一百零四票，蒲殿俊得七十六票，当选为议长。第二次实投一百〇二票，肖湘得五十八票，当选为副议长。第三次实投票一百〇四票，罗纶得四十七票，吴季昌得二十六票，俱不及过半票，照章加倍开列，指定再选，罗纶得五十五票，当选为副议长。

选举宣告毕，督部堂宣示开局训词，其文曰：维今上登极之元年，为各省谘议局一律成立之日，川省居长江上游，以二十余万方里之大，七千三百余万人口之众，巍然为西南屏蔽，其谘议局所处之地位，所负之责任尤至重且要，而于国家有莫大之关系。自去岁奉旨筹办以来，官率于上，绅应于下，经营规画，不遗余力。兹幸初复选业已告竣，谘议局如限落成，各属选出之议员，先后咸集。其中或蜚声黉序，为学界之美贤，或驰誉乡邦，为缙绅之表率，且有筮仕京外，负笈东西，而奋然投身应选，思有所效力于乡国者，济济跄跄，备极一时之选。本督部堂渥承恩命，忝领此邦，乃得与我贤士大夫雍容晋接，揖让周旋，相与聚首一堂，举行此至隆重至庄严至有关系之开局礼式，此诚亘古所未有，全省所具瞻，而私衷所不胜欣喜过望者也。惟是谘议局创办之始，一切无所观摩，而国民与闻政事，亦在正当练习之初，各议员躬逢盛会，讨论一切应如何而后能图厥成功，如何而后能绝夫流弊苟欲善保其终，必当慎谋于始。本督部堂熟计前途，有不能不相与共勉者数事，窃愿为□□□畅言之：

一曰融畛域。今日何日？乃我全国官民上下协力同心，共图自强之日也。人皆谓谘议局一旦成立，则官绅之竞争于是方兴。本督部堂则谓谘议局既经成立，则官绅之感情益臻联络。何则？夫设谘议局之前，官有所困难，而不能谋之于绅，绅有所疾苦亦不能诉之于官，故始则相疑，继则相远，终遂成为痞隔之症。若谘议局既经成立，则官所困难者，绅得而共谅之；绅所疾苦者，官得而维护之；官与绅隔阂尽除，方互相亲爱，互相扶助之不暇，尚何畛域之可言乎？所虑者意气用事，私见未融，官则挟一官之见存，遇事而私心自用；绅则挟一绅之见存，遇事而意存批剔，遂不免别生龃龉耳。不知今日之绅，即异日之官，此省之官，即彼省之绅，本属一体，易地而观，原无区别之可言。且绅固爱其乡土，而官亦何尝不自爱其名誉。苟有可以利国利民者，自非大愚不灵及一二贪私自利之辈，谁不乐助其成，以报上知而慰群望，而顾先存一不肖待人之心，谓此之所主张者皆公皆是，彼之所主张者皆私皆非，有是理乎？此后商办一切，务望推诚相与，择善而从，切勿预存此疆彼界之见，致各怀尔诈我虞之心，庶几同舟共济，宏济艰难，或可收易危为安，转弱为强之效，此本督部堂所期望于我议员者一也。

二曰明权限。畛域化矣，而分际不明，则仍不免有淆杂纷争之患，则权限又当明焉。以近时国家主义盛行之日，一切权力皆属之于国家，官吏为国家之机关，机关无权，其所执行之权力，皆国家之权力也。议员为人民之代表，人民无权，其所有议政之权，亦国家之所付与也。人有恒言，曰官权、曰民权，其实除执行国家之意思及为国家之所认可者外，官吏与人民何尝有毫末权力之可言哉。然既因执行国家之意思而有官权，则当自保其执行之权，而于人民议政之权，不容有所遏抑。既因国家之许其议政而有民权，则当自守其议政之权，而于官吏执行之权丝毫无所侵犯。屡奉先朝明谕，大权统于朝廷，庶政公诸舆论，又曰建言之权在人民，执行之权在政府。圣训昭垂，凡我官民，皆应共守，不可稍有违背。且即以议政之权言之，亦自有其畛域，非竟漫无限制者。以资政院所应提议之件而于谘议局提出之，则为上侵。以地方自治会所应讨论之事而于谘议局代议之，则为下替。故除谘议局章程二十一条所列举者外，皆非谘议局所应过问，此亦犹行政官之有上级下级之分，行政司法之异也。抑更有进者，本督部堂历官各省，无不以通下情、达民隐为急务，莅蜀以来，延接士绅，广搜舆论，区区重视人民之意，当为诸君所共见。然先之建言者，其心无一权之见存，故准驳皆无所容心，傥后之建言者各挟一权之见来，则方寸已先存成见，欲解此结，则与其曰此权也，不如曰此义务也。官绅各尽其义务，相与浑然而忘之，谆然而出之，坦然而受之，则将来成就必有加人一等者，此本督部堂所期望于我议员者二也。

三曰图公益。公益二字，为近人所乐称，其反对之词则为私益。公益私益云者，即古人义利之分也。诸君以公民之资格，受公众之推选，今者不惮跋涉，不辞劳瘁，牺牲其珍贵之光阴，抛弃其有用之职业，仆仆然相与萃集于兹，谋所以兴利除弊，造福国民，固除公益外，无第二目的矣。虽然公私之辨界在几微，求利禄私也，博声誉亦为私；持己见私也，询众议亦为私。爱乡里公矣，而因乡里之利益而忘其省，则爱乡里亦私，爱本省公矣，而因本省之利益而忘其国，则爱本省亦私。公私本无一定，惟就其见理之深浅与其所图谋、所希望之大小、久暂以为衡，其根荄虽存于个人心性之间，其效果遂见于全体国家之际。失之毫厘，差以千里。故有所谋本公，而不知其适蹈于私，本以求益而不知其反以招损。彼古今之才人杰士，发愤救时，而其后或反为厉阶者，则公私几微之界，辨之不早辨也。凡我议员将来出而临事务，冀公听并观，无所偏倚，无所徇执，以共趋于大中至正之途，国步艰难，庶其有济。若夫假公济私，是己非人，自好者且不为，岂足为我议员虑。此本督部堂所期望于我议员者三也。

四曰谋远大。凡立国于今日者，在其民有高掌远跖活泼进取之精神，然后能独立争雄，以与世界竞争之大势相应，而其集中之点，实在国家。就四川而论，物产丰饶，河山四塞，居天府之雄封，据神州之奥壤，此其势似可无求于外矣。然试问藏卫有警，川西之民得甘食乎？秦陇新疆多事，川北之人得安枕乎？又使滇黔不靖，湘鄂告灾，川南、川东一带，得晏然无忧、闭户而自守乎？然此犹就其近者言之也。更就其远者言之，则四川居二十二行省之中，实为国家之一部，政府犹头目也，各省犹手足也，头目有患，则全体为之不灵，而顾沾沾焉于一手一足之是卫，求其安全无恙也得乎？彼东西各国之国民，其于国家也视之为公产，爱之为父母，遇急难则不惮捐生命、竭资财以拥护而拯救之，故能巩固邦基而扬光辉于世界。我国近年以来，爱国之说腾于人口，而省界县界之见犹未能遽化，往往为合群卫国之障害，故不惮谆谆告诫，期与诸君一排除之，非谓议论范围可驰逐于域外，而于政府全局统筹之计划，不可疑为偏重之负担，非谓本省利害可姑置为缓图，而于邻藩阢陧不安之情形，亦当知为切身之痛痒。如医然，必知全经之脉络，而后不触不背，可以治一经之病证。谘议局为二省舆论之机关，谘议局议员为一省人民之代表，其所谋者亦当以一省之利益为限，然非胸有全局，必不能奠安一省。故界限宜严，而眼光戒小。此又本督部堂所期望于我议员者四也。

五曰务实际。语曰：言之非艰，行之维艰。又曰：议论多，而成功少。凡此诸弊，皆坐见事太易，不求实际之所致也。夫天下事，固有视之甚易，而其中细微曲折，非身历其境不知其艰难辛苦者。亦有本系良法美意而行之于古则合，行之于今则窒，施之于彼则见其咸宜，施之于此则反以为害，盖缘情势不同，习惯互异，虽有贤智，不能骤更。即以就定之谘议局选举章程及城镇乡地方自治章程言之，其大端虽系取法各国，而其中采取之主义，施行之方法，实大半依据本国之惯例习俗以为衡，及行之各省又不无斟酌变通之处，使必执一格以绳之，其能密合无间者鲜矣！诸君学识优裕，阅事甚多，因不虑有好高骛远之病，惟以与闻国政之日浅，究于政界情形得诸传闻者多，得诸实验者少，或不免稍有隔膜之处。查各国议院成法，皆设有临时调查委员会，凡遇有本院提议，或政府交议事件，皆先交该会共同研究，详细调查，必确得其真知真弊之所在，然后公议而决定之，其法至为妥善。将来院中讨论各事，似可参酌照办，庶几坐言者皆可起行，不致有空疏无补、过高难行之患，而彼此隔阂诸弊亦可悉免。此又本督部堂所期望于我议员者五也。

六曰循次序。为治之道，非勇往直前固不足以图功，而求治太急，不分其事之缓急轻重，兼营并骛，遽欲于旦夕之间，责莫大之效，其势亦有所不能。盖凡办一事，必其财力有余，人材足用，而后循序渐进以图之，方能徐底于成，固非咄嗟间所能悉办也。譬之治生，必糊口而后求温饱，先温饱而后求服玩。譬之筑室，必有基址而后筑墙壁，有墙壁而后饰门户。断未有糊口无资，而服玩是好，亦未有基址不立，而门户先具者。推之政事，何莫不然。比见海内人士，以我国时势积弱，待治孔殷，于是朝建一策焉，以为可图强，夕上一书焉，以为可致富，推其心岂非真诚爱国，而以凌躐之故，或行之而不效，或搁之而不行，欲速反迟，谁之咎欤！今幸国是大定，人心咸趋于宪政之一途，凡自治、巡警、教育、实业诸大政，皆于九年预备之中，定有先后施行之顺序。凡我官绅皆可遵循途辙，次第图成。本督部堂审度川省情形，于可以提前赶办者，无不竭力图维期早成立，其有不容凌躐者，亦不敢操之太蹙，致多窒碍，但使官绅协力依次办去，当不致误九年筹备之期。诸君热心公益，力求实际，其各本积极进取之精神，为循守秩序之举动。此则本督部堂所期望于我议员者六也。

以上各节，皆仅就平日所见及者，略述一二，藉供参究。其它议员应有之权限，应尽之职务，与夫平日发言建议应守之规条秩序，则有宪法大纲及钦定之局章、续奏之解释在。诸君以阖省之人望，为阖省之代表，而又值谘议局第一次成立之时，会为将来无量数谘议局之模范，必能谨守绳墨，发抒怀抱，本其爱乡土之心而爱其省，本其爱本省之心而爱其君国，爱其政府，推及于政府所委□之官吏，相与一德一心，黾勉从事，以跻其所代表全省人民于康乐和亲、文明强盛之域，而为国家之光也，固无待本督部堂之谆谆浩诫，徒为词费云尔。

议长代表全体议员口述答词，曰：四川地形偏远，交通机关又复不甚发达，虽称地大物博，人民众多，而于政治上之思想，政治上之能力，较之京畿及东南各省，其萌芽不免稍后。乃今日我辈同人，居然能与各省一律躬际盛运，对于本省政治得以从容议论，此固由朝廷培养之厚，施泽之宏，与夫我四川士大夫父老子弟，感激发愤，不自菲薄之所致，而实则我行政长官以及各贤有司提倡诱导，催促其进步，使有今日，其力尤多。此殿俊所敢代表全川人致其感谢者也。今又承督部堂称述朝廷德意，谆谆然以六事相期，我辈虽不才，何敢不勉。而在殿俊私意，则谓当时时服膺者，尤在化畛域、明权限两端。盖谘议局之设，其根本无非为整兴国事，则上下心目中皆当以国事为前提。国者对于他国之词，除国以外，无所谓界，即无所谓畛域，绅与官同为本国人，即所办同为本国事，在理论上本无畛域可分。事者离乎人之词，事须如此者，不当徇人以丧己，亦不当扬己以求异于人。心中不存人己之见，而惟知有事平心研究，何事不善？所谓权限，即因事而明，然而天下事非知之艰，行之维艰，诚有如督部堂所言者。平日口言化畛域、明权限，一旦临事，忽然意气发动，不但畛域不化，甚至蹂躏权限而不恤，其心中只有我之意见、我之利害、我之名誉、我之所谓是非得失，不复有人，遑知有国？遑知有事？既不知有国、有事，则所谓谋公益、图远大、循次序者，更复从何说起？古人云：为治不在多言，顾力行如何耳。今日督部堂开诚布公，与我辈相见，其能化畛域，明权限，已为上一所共见共信，殿俊尤愿与我全体议员共相策励，时时悬国事两字于胸中，而以化畛域、明权限两端期诸实际，使将来所议之事，议无不协，行无不利，所以付朝廷立议院基础之厚望者在此，所以赞助督部堂措施善政者在此，即我辈所以对全川父老子弟者亦在此。

议长述答词毕，时为午后四点钟，互行一鞠躬礼散。

《四川谘议局第一次议事录》，成都印书馆，1910 年铅印本，四川大学图书馆线装书库藏

会中之组织

自九月初一日举定议长后，次日正副议长及议员入局视事。先选任编制、文牍、庶务、会计四科书记，整理应用什物，购制参考书籍，分设议员办事室及书记办事处。次撰拟会议细则、并旁听规则五十二条，警卫规则十三条，提议细则

八条，书记办事处细则二十八条，由全体公决，呈请督部堂批准施行。次组织全部委员会，正副议长临会，监理签分座次，分为三部，用单记投票法，于每部各举部长一人、理事一人，主保持本部秩序。部分既定，组织委员会，首用单记投票法，选举委员长一人、理事一人，主理全局委员会事件。次用抽签法，依主查事项，分定甲、乙、丙、丁四科委员。甲科十七人，主查督部堂提议咨询并资政院咨询事件。乙科十七人，主查议员提议事件。丙科十三人，主查本省自治争议及本省自治，又人民陈请建议事件。丁科十五人，主查议员惩戒事件。嗣因有特别重要事件，复由全部委员公推十三人组织特别委员会，主查提定要案。组织既竣，以九月十五日开议。

《四川谘议局第一次议事录》，成都印书馆，1910年铅印本，四川大学图书馆线装书库藏

闭　会

本期会议，因开议稍迟，延长会期五日，以十月十六日午前九时闭会。是日督部堂、布政司、提学司、按察司、巡警道、劝业道，俱衣冠在局，议员到者九十九人，于十一钟入会场，议长、副议长协同议员向行政官行鞠躬礼讫，各就座。议长起立报告会中经过事件，并向督部堂申谢维持之意。略云：本局自开议至今日，中间除去休息，实在议事者，不过三十日，其由督部堂交议者五案，均已分别议决。由本局提议者三十七案，议决者十有九案，其余咨询事件，亦均经过讨论，可以次第申复。考东西各国议院，每会期提议事件不下数百件，然闭会时计所决议者不过数十件而已。议案之有无价值，原不在乎多少计较，此次本局决议，虽止二十余件，然事前预备调查，皆不如东南各省之早，以短促之时间，解决繁重之事理，虽无特别成效可举，我同人实已尽心竭力，当为人所共谅。至于以千年未有之创举，第一次开会竟能以秩序始，以秩序终，不至辜负朝廷设局

之意，则全由督部堂虚衷商榷，尽力维持，始能至此，我同人对于督部堂惟有极诚感谢而已。由今日毕会以后，我同人相聚又须一年。本期会议虽已尽心竭力能以秩序终始，然此事当力求进步，不能沾沾自足。我同人无论在家在局，均宜时时以局事为心，以本省兴革利弊为念，虽散处各地，仍为聚首一堂，庶明年会议更有把握，更能详实，凡我同人当能齐心共勉，无待鄙人之哓哓也。

议长报告毕，退就议席。督部堂就座前起立演说。略云：议长报告，甚为明晰。本督部堂政务殷繁，新政又素缺研究，忝膺民寄，不胜怀惭，其可告于人民者，惟此心无私耳。对于诸君之谢辞，实觉惶愧，今亦略述鄙意以质诸君焉。凡论事须破除意见，乃见真理。官绅共处，尤宜平心。须知在此者不必尽是，在彼者不必皆非，须要虚怀静气反复审查，不可专顾一面。东坡先生读书用八面受敌法，今诸君身负重任，为本省兴利革弊所当兼顾者，不特八面而已也。窃望留心经过事件，于已决之事加意研究，未决之案更端讲求，则孰得孰失，当必较然，下次开会自有进步矣。国之强弱，全视人民之自治力如何。国家设立谘议局，原为救亡起见，非徒尚空言者。近今列国环伺，群然思有所逞于吾国，亦以吾民无自治力耳！往年在东省时，闻外兵所至劫掠，独有一家，入其门器物位置整然，地无纤尘，家人聚堵，毫不纷扰，遂不敢犯而去。果使人民自治皆能如此一家，尚何敌人之足虑？且川省绝少外患，人皆称为干净土、安乐窝，若人人能自治，则席兹天府，发愤为雄，其将来之盛强岂可限量？诸君既为人民公选，大家提倡自治，使人民实力充足，不骛浮嚣，庶谘议局之设，不徒以空言塞责，诸君归里所宜注意者在此。此外尚有两事，亦宜留心。一则解散会党，一则破除迷信，此二者皆足为自治之阻力，不可不扫除之。至于地方官吏，贤否不齐，本督部堂亦尚知之，然欲求人人循良，实不可必得之事，惟有去其太甚而已。果有违法纳贿等情，照章据实纠举，本督部堂决不袒纵，然不可求之过苛，责之太骤。盖朝廷设立谘议局，虽曰监督行政，实以辅助行政。且监督之事有限，而辅助之事无穷。若仅趋重监督一面，官绅感情或至反生隔阂，于事实反多障害。至于改革事业，尤须以渐而成，若操之太促，一利未兴，或反生诸弊，要之。今日官绅总宜和衷共济，不可彼此相非，权限之争亦不可过急，惟当平心察理，以求于事有济。本督部堂历仕以来，此心尚可自信，凡举一事，并不以反对我者为憾，不以迎合我者为喜。惟望诸君不独切实监督，更须竭力辅助。助我者我当视为益友，规我者我当视为畏友，诸君勉之。

次，布政司就座前起立，略云：谘议局成立，则舆论有采取之地。诸君能如督部堂所云，和衷共济，始终为一，即我辈所馨香祷祝者也。

次，议员江三乘登台演说，略云：今日督部堂相告者皆为金玉之言，我等不可不勉。惟三乘对于反对、迎合二语，尚欲更进一解。天下事无所谓反对，亦无所谓迎合，惟当以道理之是非为断。对于其是者，无论为官为绅，当极力赞成，不得谓之迎合。对于其非者当极力匡正，不得谓之反对。即曰反对，亦反对其事，而非反对其人。迎合亦非迎合其人，而迎合其事，诚如督部堂所言，惟求事之有济而已。明知为是而故避迎合之名，不肯赞成，明知为非，而故引反对之嫌，不能匡正，其失于己而害于事则一而已矣。此义虽单简，我国人不可不朝夕服膺，以答督部堂之盛意，故今日特一言之。

次，议长登台演说，略云：殿俊因督部堂辅助、监督之说，窃有所感。顷日本伊藤博文游历我国，尝谓人云：中国人民最好守消极主义，国之不强，实由于此。今虽各省已开谘议局，然议员若仍守定从前不出钱、不办事之宗旨，则其国终不能不亡。斯言也，实可谓深中我人民之病。然在谘议局未开以前，若竟以不出钱、不办事为我人民之罪，则殊不然。从前我辈固当因办事而出钱矣，所办之事所出之钱安在？盖几如石沉海，而出钱者既不能与闻于始，亦莫能过问于后，惟拊心抱痛，莫可谁何！惩羹吹虀，于是不问事之当办、钱之当出与否，总以无事省钱为免灾脱祸，此其罪岂在人民哉！不许其监督，则不能必得其辅助，此定理也。至今日则谘议局成立，资政院亦将继起，庶政公诸舆论既有明文，即今日督部堂亦明认监督之义。办事之得失，用钱之当否，在一定范围中，我人民皆得置议，若仍不出钱、不办事，使庶政不举，而国亦不救，则真无以自解于伊藤之说矣！故在今日，为中国人民及代表人民，当极力破除旧习，事之当办者，当竭力整顿，以为行政之辅助，一面又当尊重法律，可为行政之监督，因不出钱而废事，以致不能救亡，不可也；但知出钱而不问事，以致钱销而事仍不举，尤不可也。辅助、监督两义，如弹丸然，破之则失其转圜之用，此吾同人所当共守，而官绅当共谅、共信者也。

演说讫，议长副议长退就议员座，率同议员向督部堂行三揖礼，督部堂离座答揖。复向各行政官行一揖礼，各行政官离座答揖。行礼讫，时为午后一钟，议长摇铃报告闭会。

《四川谘议局第一次议事录》，成都印书馆，1910年铅印本，四川大学图书馆线装书库藏

资政院议员之选举

十月十六日午后二钟，各行政官及议长、议员于行闭会礼后，休息十分钟，议长报告选举资政院议员，各行政官及议长、议员等复入议场就座。书记长检查议员到场人数，合算议长、副议长共计一百零二人，按部散票讫。各议员用连记投票法依部次投票。书记长检查投票总数，报告当选人姓名。第一次李文熙、高凌霄以得票过半数当选。第二次照局章指定投票互选法办理，刘咸荣、张政、刘伟、郭策勋、万慎、汪世荣、王树槐、沈敏政当选。第三次复用指定投票互选法，吴季昌、王昌麟当选，陈洪泽当选为后补。当选人共计定额四川六名，以二倍计算，应得互选当选人十二名，候补当选人一名。选举毕，由书记办事处造册呈请督部堂备文咨送。

《四川谘议局第一次议事录》，成都印书馆，1910年铅印本，四川大学图书馆线装书库藏

常驻议员之选举

十月十七日午前十钟，举行选举常驻议员。督部堂赵、布政使王人文、巡警

道高增爵、成都府于宗潼、委员吴士泰临场。选举方法悉按局章办理。是日议长、副议长及议员到场者一百零一人。书记长检查票数，报告当选人姓名。第一次张兆麒、刘黎光、赖良辅、刘云栋、刘汝安、王大侯、李正清、陈念祖以得过半数票额当选。第二次照局章指定投票互选法办理，刘咸荣、程莹度、李云龢、胡念祖、刘昕、夏慎初、江三乘、周常昭、樊显绪当选。第三次复用指定投票互选法，刘煜章、魏怀照、李树春、刘席珍当选。杨晖吉、张光溥、杨士钦、江潘当选为后补。当选人共计：互选当选人二十一名，候补当选人四名。选举讫，由书记办事处造册呈报督部堂立案。

议员总览表

全体议员

议长：蒲殿俊　副议长：肖湘　副议长：罗　纶

议员：	傅怀斌	郑家相	胡念祖	白述铭	彭烈襄	王昌麟
	刘厚基	李有年	刘志成	王绍先	刘华兴	徐永恒
	刘咸荣	邓　昶	肖中鑫	詹金镛	刘藜光	张　政
	张兆麒	李正清	王朝治	刘　昕	刘成璋	马如珩
	刘　纬	干朝钧	魏文光	王廷佐	唐与龄	汤苏民
	魏怀照	汪世荣	夏光普	吴锡昌	杨协中	刘灼先
	李树春	王钧轴	王树槐	彭光远	江　潘	夏慎初
	高凌霄	池梁矩	周常昭	文光汉	陈念祖	范　涛
	刘云栋	杨士钦	谭以大	刘声元	郭策勋	刘体正
	王大侯	李文熙	程莹度	刘华英	江三乘	王家瑞
	冉崇根	高攀桂	陈光续	刘席珍	刘麒义	陈颂廷
	冷忠培	傅　浚	陈洪泽	李琼林	孔宪章	刘汝安
	刘克孝	史震恭	杨晖吉	蒋锡光	沈敏政	罗元吉
	李云龢	张光溥	王用诰	王用楫	向献芹	张怀仁
	李德芳	樊显绪	董清峻	陈崇懋	刘贞元	杨崇高
	万　慎	曹元琛	刘煜章	邓为亮	伍　鋆	吴季昌
	赖良辅	王焕廷	王绍陶	荣　安	耀　龄	

分部议员

第一部

部长：李德芳　　理事：董清峻

议员：王用楫　罗元吉　王用诰　詹金镛　史震恭　王绍先

李树春　白述铭　刘席珍　郑家相　刘志成　沈敏政

江三乘　李琼林　李文熙　彭烈襄　刘贞元　冉崇根

刘煜章　刘　昕　邓为亮　樊显绪　王绍陶　吴锡昌

汤苏民　王家瑞　江　潘　王焕廷　邓　衵　杨仕钦

刘麒义　曹元琛

第二部

部长：万　慎　　理事：吴季昌　傅　浚

议员：赖良辅　杨崇高　马如珩　谭以大　文光汉　荣　安

李云和　刘克孝　刘华英　肖中鑫　陈光续　王树槐

陈洪泽　王昌麟　伍　鋆　王朝治　陈颂廷　刘　纬

王用楫　刘厚基　胡念祖　魏怀照　张光溥　高凌霄

高攀桂　陈念祖　蒋锡光　向献芹　王大侯　冷忠培

刘华兴

第三部

部长：刘汝安　　理事：程莹度　彭光远

议员：刘藜光　陈崇憋　刘成璋　张兆麒　耀　龄　刘云栋

杨晖吉　干朝钧　张怀仁　王廷佐　孔宪章　张　政

刘声元　池梁矩　李有年　傅怀斌　范　涛　唐与龄

魏文光　王钧轴　夏光普　李正清　刘体正　杨协中

郭策勋　刘咸荣　周常昭　刘灼先　汪世荣　夏慎初

分科审查员

委员长：万　慎　　理事：程莹度

甲科：罗元吉　王用诰　詹金镛　白述铭　刘灼先　冉崇根

邓为亮　王家瑞　马如珩　李文熙　刘汝安　刘藜光

张兆麒　耀　龄　蒋锡光　刘　纬　魏文光

乙科：李树春　郑家相　王绍陶　吴锡昌　邓　昶　杨崇高
谭以大　文光汉　李云龢　王用楫　胡念祖　王树槐
程莹度　刘声元　池梁矩　王钧轴　汤苏民

丙科：沈敏政　刘煜章　王焕廷　刘麒义　曹元琛　高凌霄
刘克孝　肖中鑫　王朝治　陈颂廷　向献芹　傅怀斌
刘云栋

丁科：李德芳　刘席珍　冷忠培　刘厚基　张光溥　高攀桂
陈念祖　干朝钧　孔宪章　李有年　夏光普　李正清
王大侯　刘咸荣　汪世荣

特别审查员

彭光远　李德芳　李云龢　江三乘　周常昭　刘咸荣
江　潘　刘席珍　刘声元　董清峻　张　政　杨士钦
刘　纬

资政院议员

李文熙　高凌霄　张　政　刘　纬　万　慎　郭策勋

常驻议员

张兆麒　刘藜光　赖良辅　刘云栋　刘汝安　王大侯
李正清　陈念祖　刘咸荣　程莹度　夏慎初　李元和
胡念祖　刘　昕　魏怀照　江三乘　周常昭　樊显绪
刘煜章　刘席珍　李树春

《四川谘议局第一次议事录》，成都印书馆，1910 年铅印本，四川大学图书馆线装书库藏

议员选定

谘议局选举资政院议员造具当选及候补当选人名册呈报督宪，并据当选人刘咸荣呈请辞退，当经督宪批准外，特照章复加选定六名：一、李文熙，一、高凌霄，一、张政，一、刘纬，一、郭策勋，一、万慎，各员执照则候颁到式样再行填给。

《四川官报》第三十五册，己酉年十二月上旬

选补议员

本省谘议局议员被选为资政院议员六名遗额，照章应于各该府复选当选人名表开列在前者挨补，现由督宪将执照札发，以便选定转给矣。

《四川官报》第三十五册，己酉年十二月上旬

二、议 案

巡替经费

本案以九月十六日午后四时付第一读会，议长、副议长、议员出席者共九十四人，巡警道临会。议长宣布原案后，刘声元、高凌霄、李树春、江潘、陈念祖相继讨论，以多数决付委员会审查。九月二十三日午后四时，本案入第二读会，议长、副议长、议员出席者共八十三人，巡警道临会。刘声元代表委员会报告审查之意见讫，议长宣告本案中分两节讨论。杨士钦、刘汝安、江潘对于第一节相继讨论，主张全裁练费，赞成者七十四人。对于第二节反对征收营业家屋税，赞成者八十二人。以多数否决，不开第三读会。九月二十八日照章呈请更正，十月初一日批复到局。全案录左：

原案 警察所以保卫治安，与宪政筹备清单内各项要政均有息息相关之致。省区巡警经费，除每年奉拨解部银三万两，拨助劝工局、幼孩厂银二万两，又拨充高等巡警学堂、省城巡警教练所常年经费三万余两，实归警察之用仅止银拾四万柒千余两。明年省、渝两处审判厅成立，其司法、巡警应由省区养成备用。以省、渝两处共应添设司法、巡警二百人，计之薪饷服装，岁即需银万余两。再加入聘员教练、缉捕、口食、往返途资约计，又复需银万余两。矧消防、卫生等事项均待扩充，尤须大宗的款。再查通省各厅、州、县警费支细，且大半款非确定，只能整济一时。现因通设巡警教练所，更形缺费。将来乡镇警察渐次筹设，其经费亦宜预为筹划。查各属警费多由练费挹注，警察虽已开办，练费仍未停支，以致练款、警款界限不分，警费因之缺乏，办理诸多掣肘。今为全属警察通筹永远固定之费计，惟有裁并练费，划归警察。其裁并之法，应就城厢、乡镇分别办理。治城内将旧日筹定练费截留二成以资练丁之用，以八成划归警察，专供办理城厢警察之用。如练费向系临时筹集者，应即酌量改为常款，定章抽收，统以二成留作练费，以八成划归警察。至于乡镇警察，转瞬即届开办之期，各乡练费亦照城厢办理。俟团练裁尽，再行全充警费。惟提并练费，仅查照其固有之额，为数究属有限，断难敷推广之用，他省已有开办家屋税、营业税之处，拟即调查章程，参酌川省情形，省内外一律仿办。办成之后，先尽省、渝及各州县城厢警察用款，有余即拨归乡镇，以资补助。

决议案查原案内开：通省各厅、州、县警费奇绌，现因通设巡警教练所，更形缺费，将来乡镇警察渐次筹设，其经费亦宜预为筹划。据此理由所定筹费之法，分为裁并练费及开办家屋税、营业税两端。本局审查各厅州县治城内练丁、堂勇、亲兵名异实同，往往倚庇本官，敢为不法，警察不能过问，即不为警费计，此项已宜亟裁，警察始可望其进步，况尤糜费巨资，坐分警察之财力，此之当去，夫复何疑。自今各厅、州、县所有城乡练丁、堂勇、亲兵向由地方支给之款，应即一律裁并。原案截留二成一节，请勿庸议。其练费向系临时筹集者，多因临时事变，防卫城池而设，若改为常款，则与加捐无异。应否定章抽收事，须另案提议，不能与裁并旧有之费并为一谈。其各乡练费无论多非的款，即间有之，而在乡镇警察未筹办完备之时，捍卫乡里所资非细，划拨裁并之计，目前实未可骤行，此宜更正者一也。又查营业税、家屋税各国有定为国税者，有定为地方税者，现在京师外省间有开办之处，性质亦各不同，京城铺捐、车捐则系奏明兴办本地公益，非专供警察之费。伏查预备立宪事宜清单，宣统三年颁布地方税章程，宣统四年颁布国家税章程，城乡地方自治章程第九十二条，公益捐分二种：一特捐，二附捐。而城镇地方自治亦系限宣统四年初具规模，是前项营业、家屋两税应办与否？应为国税抑应为地方税？应分济地方公益抑应专为警费？均应上待钦章之颁布，下采议事会之议决，非此时所能兴议开办。况川省现在官信民智尚缺交孚，因调查户口饬钉门牌一事，即已屡起惊哄，谓将有头会箕敛之举，今欲骤令各厅、州、县开办两种新税，适中其疑，谁能保必无事变？加以商业向不发达，何堪重其担负！蜀地偏远，本非交通辐辏之区，省外厅、州、县尤少列肆如云之处，或一椽仅庇，或庑下凭人，屋价本已不巨，凭值亦自无多，家屋课税重则力不能胜，轻则其细已甚，即令置民困于不顾，而筹款之初计亦只以敛怨终之而已。况推广乡镇警察限在宣统四年，事前之筹备，仅可责诸治城内之警察分局及巡警教练所，届时之经费，更可问诸城镇乡自治会，在今日并无期限相迫，尤无须早行抽税，此宜更正者二也。

批复 议复巡警经费一案，当经饬令巡警道阅看。兹据议称，查谘议局对于该道原案所请，更正者约有四端：一谓各属治城内练丁、堂勇、亲兵之费，应一律裁并，勿庸截留二成。一谓练费向系临时筹集者，不能与裁并旧款并为一谈。一谓乡镇警察尚不完备之时，各乡练费不克骤提。一谓营业、家屋等税窒碍滋多，现在均不可行。各等语。但该道原请提议案内，其云练费向系临时筹集者，系指偏僻州县，向无专储练款，每届冬防，始行筹集而言，非指偶遇事变，募丁防卫城池之资，即各乡练费，当乡镇巡警尚未完备之时，不克骤提，亦该道所虑及。又家屋、营业等税，原案请交局议，本系取决众论，并非意在必行。以上数端，既经呈请更正，应请如呈，暂不议及。惟各乡练费，目前虽难提拨，究应预先定明，作为将来开办乡镇巡警之专款，以立基址。至各属城内练费，大都为数无多，是否随处皆有，尚待详细调查。其堂勇、亲兵之费，有向资警款挹注者，亦有由各属自行捐廉支给者，今局议悉请裁并，自当查酌办理。第宣统二年即为厅、州、县巡警一律完备之年，力求完备，莫先教育，而各属现设教练所，均乏的款，警费尤概属奇绌，今即按照局议，将各治城内练费一律裁并，其已勉足敷用者，自可无待另筹，若该治城内向无练款，或虽经裁并仍不敷支者，其在实行顶算以前，自应查照向例，饬由各地方官绅酌过情形，另行妥筹补助等情，本督部堂体察情形，逐细复核，应如所议办理，会就批行查照并候行巡警道知照。

《四川谘议局第一次议事录》，成都印书馆，1910年铅印本，四川大学图书馆线装书库藏

保护森林

本案以九月十七日午后二时付第一读会，议长、副议长、议员出席者共九十三人，劝业道临会。议长宣布原案后，刘声元、陈念祖、王树槐、高凌霄、程莹度、罗纶相继讨论，以多数决付委员会审查。九月二十六日午后三时本案入第二读会，议长、副议长、议员出席者共九十五人，布政司及委员徐樾临会。程莹度报告委员会审查之意见讫，陈洪泽、程莹度、刘声元、董清峻、杨士钦、谭以大、万慎、陈念祖、罗纶、高凌霄相继讨论，大致赞成原案，惟尚有易滋疑虑及烦费之处，必须修正。十月初三日午后一时本案入第三读会，议长、副议一长、议员出席者九十二人，布政司、劝业道及委员陶思曾、史悠彦临会。议长宣告委员会修正案，程莹度代表委员会说明修正案之意，王昌麟、李有年、池【梁】矩对于修正案相继讨论修正字句讫，议长宣告取决，赞成修正案者七十八人，及多数所决。十月初四日呈请公布，十月初六日批复到局，说明理由，交局复议。十月十四日午后一时授议，议长、副议长、议员出席者七十五人。议长宣布批复理由，各议员相继讨论，对于无主森林作为国有一节，皆不赞成。而于该庙会不得以此项森林修补还债，主张改为不得为无益之修补，并不得指树借债较为正当。其余仍持原议。经全体赞成遂为复议之决定。十月十一四日以复议案呈请公布，十月十七日第二次批复到局。全案录左：

原案　振兴林业，已奉明诏。蜀地多山，植木尤急。惟民求近效，既喜早伐，复不补种，川北一带山因之童，无可兴云，遂多旱虐。虽屡饬牧令劝民多种少伐，亦有热心林业试种桑、楮、杉、柏及诸果物者，又以自卫力薄，官力亦难周防，往往被人盗伐，无可申理。方今乡镇警察尚未成立，猝难议及森林警察，惟有暂定地方自行保护之法。其法宜于各州县农务分会之处，于州县普设林业专会，统于农务分会，而专任关于森林调查、保护、劝导之事。所谓调查者，乃调查已有之森林，分为无主及公有、私有三种。无主者，指其地无一定业主、无确据可以证明为某人所有森林，即由会调查标记，作为官有森林。标记之后，非经地方官绅公众认可，伐卖以充地方公用，且议定轮伐标准补种章程者，不得擅伐。公有者指庙会公产所有之森林，由会调查通告该庙会代表人来会注册，以后非有庙会全体兼得地方公众之认可，不得由住持僧道及现充会首数人擅伐。私有者，指其地为一家族或个人所有之森林。为家族所有者，由会通告该家族代表人来会注册，以后非得该家族多数赴会陈明，不得由一、二子姓私伐。为个人所有者，勿论已成之林或新栽之林，均可赴会注册，但未成林者，不得任便伐卖，并由会保护，他人不得盗伐毁损。保护之法，则仿各州、县、乡禁会之意，由各地方自立罚规，遇有盗伐毁坏之事，报会凭众如规议罚，不服然后送官，以免讼累。其罚则有力者罚其出钱补种若干倍，无力者罚其出力任栽若干树。调查、保护皆指已有之森林而劝业者乃劝人添种，由会随时劝人，并觅荒地由会自种以为人劝，并且会拟定名誉奖励之法，种树至若干者，由会评奖。此奖分两种，一为由会议奖，一为禀官议给。调查、保护、劝导，其法大略如上，非调查则无可着手，无保护则莫可信从，惟民智未开，一言调查，或且妄生疑虑，应取决众议妥办，以收林业之效。

委员会报告书 原议保护森林之法，宜于农业分会外普设林业专会，专任调查、保护、劝导之事，而尤以调查为入手，分为无主、公有、私有三种，首严擅伐，并勉补种，至周且详。惟调查易生疑虑，应先由会内派人演说，使知调查仍系保护之意，并非占私有者为公有，指有主者为官有，以夺个人固有之利，且并无税及森林后患，惟加意保护，使森林日繁盛以兴地方利源而已。似此家喻户晓，当可释其疑虑。至保护、劝导之法，原案亦尽可推行，但现今经济困难，多一会必多一费，不如即就农业分会兼办此事，而以劝员为之，弥缝其缺。盖森林为专门学，属农学之一部，此时保护森林会附设于农会之中，学理事实均无窒碍。至调查森林，应从无主官荒、未经他人禀请开采者下手，且必地面相连，树株在万数以上始能谓之森林，由官保护。其公有、私有各林，应听地方绅民自行组织复令保护。即注册一层，亦听民自便，不加勉强，庶林政得以推广也。

修正后决议案 振兴林业，已奉明诏。蜀地多山，植木尤急。惟民求近效，既喜早伐，复不补种，川北一带山因之童，无可兴云，遂多旱虐。虽屡饬牧令劝民多种少伐，亦有热心林业试种桑、楮、杉、柏及诸果物者，又以自卫力薄，官力亦难周防，往往被人盗伐，无可申理。方今乡镇巡警尚未成立，森林警察猝难议及，惟有暂定地方自行保护之法。其法即令各州县农务分会兼任关于森林调查、保护、劝导之事，而以劝业员相辅并进。盖林学为农学之一部，性质既属相依，而不必别立机关，不必由官府别派专员，尤可以免生烦费。其调查之法，就已有之森林分为无主及公有、私有三种。无主者，指其地现无一定业主，或无明确证据可以归为某人、某庙会、某公共团体所有之森林而言，由农业分会调查其占地面积及种类、株数，加以标记，并议定轮伐及补种章程，呈报地方官及劝业道立案，作为官有森林。此后非经地方官绅及各地方自治会公同认可，不得伐卖。伐卖之时，并须通知农务分会，伐卖所得之价，专充地方公用，不得移作他用。公有者指庙会公产所有之森林而言，由农务分会调查通告该庙会代表人，将其占地面积及种类、株数来会注册，不必标记存案。惟自注册之后，非有庙会全体过半数认可，兼赴农务分会陈明，不得由住持僧道及现充会首之少数人擅伐擅卖。即经认可伐卖，所得之价亦止准作该庙公用，他人不得借事抽提。私有者，指其地为家族或个人所有之森林而言。为家族所有者，由农务分会通告该家族代表人来会注册，以后非得该家族代表人及多数人认可兼赴农务分会陈明，不得由一、二子姓私自伐卖，余均如公有森林办理，惟家族以外之人不得藉端干预。为个人所有者，勿论已成之林或新植之林，均可赴农务分会注册。不注册者亦不勉强，惟遇有他人盗伐毁坏等事，会中不任保护之责。其曾经注册者，即由会中保护，而伐卖与否，仍听其自便，他人不得干涉，但于伐卖时须告知会中，以便改注册籍。以上无论公有、私有，凡赴会注册者，皆不取费。此调查之大要也。其保护之法，则除官有森林外，其余森林，仿各州、县、乡禁会之意，由各地方自立罚规，分别呈报地方官及农务分会存查。遇有盗伐毁坏，报告农务分会，照规议罚，不服然后由会送官，照规酌办。其罚规有力者罚令补种若干倍，无力者罚令出力任栽若干树，既资警卫，亦免讼累，此保护之大要也。其劝导之法，乃以劝人添种为目的，由农务分会主持，会同劝业员口笔并用，务求婉切而足以使人兴起。并可由会中购赁荒地，实试种植，以为众劝，惟不必加以强迫。前项劝导之外，再由会中拟定名誉奖励之法，种树若干者，由会中公评给奖。奖分两种，一由会公给，二由官赠给。此劝导之大要也。三者之中，自必以调查为入手第一着，而调查之宜虑者，事前之疑忌，临时之骚扰，皆不可不防。如以上所定办法，既不特别派员设会，其足以为启疑致扰之端者，本已删除不存，将来实行之时，应由劝业道拟定章程，饬交各农务分会照办，如该处农务分会未成立时，俟分会成立再行照办。章程应定明办理次序，以无主官荒现无他人开采者为始，其余森株，守定此次所定调查之法，不许逾越范围，强行干预，并明示界说，必地面相连且树株在万树以上者，始得谓之森林，其余宅地附种或离立栽植，并不在调查之限。一面将所定细则饬会中详切解说，使知官府提倡，不惟无从而取利之心，并无强所不欲之意，庶几林政得以渐次推及矣。

批复 据呈修正劝业道保护森林一案，较之原案，无大出入，修正之处，皆为省烦费，息疑阻，用意甚是。所未备者，当于细则详加规定，以臻完备。惟原议大纲中尚有应行增损者：一、以劝业员相辅而进句下当加：无农务分会地方，即以劝业员执行调查、保护、劝导之事（其理由：因森林亟须调查，而农务分会成立尚无定期）。二、免生烦费下应加：如一县之内标记过二十万株或注册至一百处以上，即行特设林业分会（其理由：因林学虽为农学之一，而林政实为农政之一大部分，故美国既有森林协会之独立总机关，又有各州森林监督委员之分立总机关，现为初办省费，不妨以农务分会兼办，若标记注册之数过多，即非特设专会，不能实行保护之事）。三、官有森林下至不得移作他用一节应删去。改为：此后应听国家处分。但有关保安之森林，自须官民同意乃可伐卖，其平日保护，暂委托农会办理（其理由：因官有森林，即是国有森林，将来国有森林产业，必有另订办法，此时本省讨议，不宜指实。且公有私有森林之伐卖，现在官府及农会尚不过于□束，则国有森林，自治团体更不宜多所干涉。至平日保护，原应由官吏直接经理，特以迹近烦费，就便宜上，暂时委托农会兼理）。四、亦止准作该庙会公用，公用上当加“有益”二字。借事抽提下当加入：庙会亦不得以之修庙还债（其理由：若以修庙，适以扩张神权，若以还债，适以供给僧道会首之挥霍影射）。五、若该处农务分会未成立时，俟分会成立再行照办数语应删（其理由见上）。六、树株在万数以上者，“万”字应改为“五千”（其理由：因万树之株，恐不多有，数至五千有，已蔚然成林，宜加爱护。且先从事无主及公有，既有五千树，即不能听人肆伐）。以上六事，应再会议讨论具复，再饬劝业道拟订细则，呈候核定公布可也。

复议案 振兴林业，已奉明诏。蜀地多山，植木尤急。惟民求近效，既喜早伐，复不补种，川北一带山因之童，无可兴云，遂多旱虐。虽屡饬牧令劝民多种少伐，亦有热心林业试种桑、楮、杉、柏及诸果物者，又以自卫力薄，官力亦难周防，往往被人盗伐，无可申理。方今乡镇警察尚未成立，森林警察猝难议及，惟有暂定地方自行保护之法。其法即令各州县农务分会兼任关于森林调查、保护、劝导之事，而以劝业员相辅并进。无农务分会地方，即以劝业员执行调查、保护、劝导之事。盖林学为农学之一部，性质既属相依，而不别立机关，不由官府别派专员，尤可免生烦费。如一县之内标记过二十万株或注册至一百处以上，即行特设林业分会。其调查之法，就已有之森林分为无主及公有、私有三种。无主者，指其地现无一定业主，或无明确证据可以归为某庙会、某公共团体所有之森林而言，由农业分会调查其占地面积及种类、株数，加以标记，并议定轮伐及补种章程，呈报地方官及劝业道立案，作为官有森林。此后非经地方官绅及各地方官、自治会公同认可，不得伐卖。伐卖之时，并须通知农务分会，伐卖所得之价，专充地方公用，不得移作他用。公有者指庙会公产所有之森林而言，由农务分会调查通告该庙会代表将其占地面积及种类、株数来会注册，不必标记存案。惟自注册之后，非有庙会全体过半数认可，兼赴农务分会陈明，不得由住持僧道及充任会首之少数人擅伐擅卖。即经认可伐卖，所得之价亦只准该庙会有益公用，他人不得借事抽提，庙会亦不得以之妄兴土木及指树借债。私有者，指其地为家族或个人所有之森林而言。为家族所有者，由农务分会通告该家族代表人来会注册，以后非得该家族代表人及多数认可并赴农务分会陈明，不得由一、二子姓私自伐卖，余均如公有森林办理，惟家族以外之人不得藉端干预。为个人所有者，无论已成之林，及新植之林，均可赴农务分会注册，不注册者亦不勉强，惟遇有他人盗伐及毁坏等事，会中不任保护之责。其曾经注册者，即由会中保护，而伐卖与否，仍听其自便，他人不得干涉，但于伐卖时须告知会中，以便改注册籍。以上无论公有、私有，凡赴会注册者，皆不取费。此调查之大要也。其保护之法，则除官有森林外，其余森林，仿各州、县、乡禁会之意，由各地方自议罚规，分别呈报地方官及农务分会存查。遇有盗伐毁坏，报告农务分会，照规议罚，不服然后送官，照规酌办。其罚规有力者罚令补种若干倍，无力者罚令出力任栽若干树，既资警卫，亦免讼累，此保护之大要也。其劝导之法，乃以劝人添种为目的，由农务分会组织，会同劝业员口笔并用，务使婉切而足以使人兴起。

并可由会中购赁荒地，实试种植，以为众劝，惟不必加以强迫。前项劝导之外，再由会中拟定名誉奖励之法，种树若干者，于会中公评给奖。奖分二种，一由会公给，一由官赠给。此劝导之大要也。三者之中，自必以调查为入手第一着，而调查之疑虑者，事前之疑忌，临时之骚扰，皆不可不防。如以上所定办法，既不特别派员设会，其足以启疑忌扰之端者，本已删除不存，将来实行之时，应由劝业道拟定章程，饬交各农务分会照办。章程内应订明办理次序，以无主官荒现无他人开采者为始，其余森林，守定此次所调查之法，不许逾越范围，强行干预，并明示界说，必地面相连且树株在五千以上者，始得谓之森林，其余宅地附种或离立栽植，并不在调查之限。一面将所定细则饬会中详切解说，使知官府提倡，不惟无从而取利之心，并无强所不欲之意，庶几林政得以渐次推及矣。

第二次批复 复议尚属妥洽，但官有森林即是国有森林，此时暂且如此，于保护为未无益，将来国有产业须有特别条例，自应改照办理。若深山大泽须招募商民开垦者，仍由本督部堂主持，不适用此次所议之办法。公有森林妄兴土木句下加入“归还垫欠”四字较为周密。余均如议，仰候札饬劝业道拟定细则，详候核定即行公布施行。

《四川谘议局第一次议事录》，成都印书馆，1910 年铅印本，四川大学图书馆线装书库藏

征收小学学费

本案以九月二十日午后一时付第一读会，议长、副议长、议员出席者共九十五人，劝业道、盐茶道临会。议长宣布原案后，杨崇高、刘声元、孔宪章、王用楫、王树槐、高凌霄、郑家相、李德芳相继为大体之讨论，以多数决付委员会审查。九月二十六日午后一时本案入第二读会，议长、副议长、议员出席者共九十五人，布政司及委员徐樾临会。刘声元代表委员会报告审查之意见，程莹度、万

慎、刘声元、罗纶、高凌霄相继讨论毕，议长宣告原案要点在普通一律征收，应就此点取决，反对者九十二人，以多数否决。十月十五日呈请更正，十月二十一日批复到局。全案录左：

原案　初等小学为国民教育，义主普及，无俟缀言。查学部奏定分年筹备事宜，推广两等小学，为本年应行遵办之件。近复奉颁变通中小学堂章程，于初等小学完全科之外，酌定初等小学简易科，分为四年毕业或三年毕业，限三个月内由各省将筹办情形报部，督催如此其严。就所定学科言，较之旧章简易五科，尤为省便，照此规定推行，自易为力，普及之效直事半而功倍。惟是各属学务经费艰窘者居大多数，间有善于支配之处，亦仅免目前之困难，求其随地扩充，仍束手而无策。即使地方财力饶裕，尚可筹添，而新政繁兴，势不能专供学务上之指拨，其或能勉力设措者，什不过一、二。夫学税之说，近时言者固不乏人，见诸实行，殊难猝办，欲求普通适用之法，计惟有出于征收学费之一途。查光绪三十三年，学部奏定各学堂征收学费章程第一节，初等小学堂征收学费每学生每月至多不得过银元三角，并得体察地方情形，暂时酌量免收。第十三节本章程发布后京外各学堂添招新班，一律照办。又公立、私立各学堂收费与否及收费之数目，应听其自行酌定。又入学在前之学生，未经征收学费者，暂时酌量免收各等因。此项章程对于公立、私立各学堂收费与否，听其自便。是征收学费之例，其范围以官立学堂为限。所云初等小学，暂时酌量免收，又自为例外之词，仍以收费为正办。川省各属初等小学，大致由劝学所支给，或官立中学及高等小学，或师范学堂所附设者谓之+。其城乡各处提款筹办，常年经费出自义塾、庙会、肉厘、斗称、平息等项，与夫一切杂捐者，皆谓之公立。然此名为公立，其办法实与官立无异。为推广教育计，则公立学堂多多益善。所有征收学费一节，应予共同规定。现拟各属初等小学无论官立公立新班学生一律征费，暂照新章酌减三分之一，每生每月征费以银元二角为度，其旧班学生，亦拟每月各征银元一角，于优待之中略寓众擎之意以外，高等小学无论官立、公立（初等实业学堂应俟另行规定）尤当照章征费，并比照初等小学办法，新班学生暂以三分之二为率，每生每月征银元四角，旧班亦以次酌定每月各征银元二角（其有寄食或寄宿学生，原征食宿费，仍各照旧办理，不在此数），高等小学堂经费稍宽，庶乎组织完善（省内外各项学堂除照例免征学费者不计外，其自中学堂以上，向收食宿费，或兼收学费，各就本地及本堂情形酌量规定，目前尚难划一，故本篇所提议，仅以初等小学与高等小学为断，小学学费收数本微，当预为规定，以归一律），且免初等小学生以希图免费故，任便规避，躐入高等（各属学堂其办理最不得法者，莫如两等并设之小学）。开办之初，在事绅董不知两等小学视单独设立之高等小学或初等小学规制当较巨，只因学生中有三数人年龄已长，资性较优者遂设为两等小学，流弊杂出，不胜枚举，近已札行各属调查区域户口等项，俟申复到日，各为规定应设初等小学简易科数目，此项两等小学自应就便清厘，除应行存留者不计外，其办不如法者，应将程度较高之学生提入单独设立之高等小学，而原有之高等小学，亦多未完善，分别改良，非宽筹经费不为功，故高小学生亦应征费以资贴补。近据各区、省视学调查报告，各属高初小学，其学生之父兄对于本堂教员，尚有因仍习惯，致送贽金节礼或月修等项，业经就近会商地方官绅为之酌定，由堂征收学费，亦化私为公之法。如此则堂内原有之经费可供推广小学之需，节经札饬立案遵行，察阅情形，尚无窒碍，能否普通一律，以资补助，而便扩充。此尤须就多数意见公同决定者也。

委员会报告书 初等小学本为国民教育普及之基础，提学既欲普及教育而又欲征收经费，揆之实际实有不能。盖现在各属学务，甚不发达，推其原因略有三种：科举思想深中人心，学堂奖励尚未实行，学生望而却步一也；各学堂师范生毕业者甚少，其现任教课者半属学识有限之人，父兄不肯以其子弟事盲二也；各州县小学既有补助经费，求学者尚属寥寥，盖迫于生活问题，不能求学三也。有此三因，即不征收学费，小学犹恐不能发达，况又议经费，恐于学务毫无裨益。且义务教育属国家行政，其经费应由国税支出。此时欲征收生徒学费，于法理亦属不合。日本明治十三年，根本正等提出全废国民教育授业费建议案，大旨谓普通教育属国家之公务，故不当征收生徒之修金，其经费即由公税支给。又提出库款补助小学校教育会发案，补助之数以市町村学龄儿童之数为比例，每年以预算定之。其理由书言，今合计征收就学儿童之修金约三百三十余万元，并合计后此就学儿童增加之数约共四千余万元，其款全废，悉由国库负担之。据此二案，详查四川各州县学务近况，小学之不能抽费决无异议，请付二读会。

决议案 查原案内开：学部奏定分年筹备事宜，推广两等小学为本年应行遵办之件。近复奉颁变通章程，于初等小学完全科外，酌定简易科，限三个月内将筹办情形报部。各属学务经费艰窘者居大多数，随地扩充，束手无策。据此理由欲求普通适用之法，计惟有征收学费予以共同规定。现拟各属初等小学无论官、公立新班学生一律征费，每生每月以银元二角为度，其旧班拟每月各征银元一角。高等小学照章征费，比照初等办法，新班学生每生每月各征银元四角，旧班各征银元一角。意在普通一律，以资补助而便扩充。查初等小学为国民普及教育之基础，故谓之义务教育，揆之法理，义务教育系属国家行政事宜，其经费应由国税支出。日本旧制，全国小学多征收学费，然其议员屡建议于其国会，欲全废之，是其明证。部章虽定初等小学征收经费，然固许以体察地方情形，暂时酌量免收，又入学在前之学生未经征收学费者，亦应免收。今为图教育之普及而征收学费，又为谋征收之均一而及于入学在前之学生，是准之法理、部章均属未合。况现在各属教育，皆不甚发达，推原其故，虽由奖励之未实行，师范之鲜通材，而生计窘乏要为最大之原因。民间幼孩往往才能胜衣，即从事田亩或执役市井，有不取一钱并酌与膏奖而犹逡巡不肯入学者，若更闻征收学费，则势当益形裹足。且查各处官、公立两等小学，类皆就地筹款，取于一般人民者为多，今一律征收学费，则小民必谓平日已隐肩其负担，子弟乃不能稍蒙其利益，事理既甚不平，而势家富人或借口征收学费并其从前应出之钱亦吝不肯出，是将征之学费尚未实施，而固有之的款已隐虞摇动，此小学一律征收学费之碍难通行也。川省幅员寥阔，风气攸殊，各属小学虽间有旧征学费者，必其地方开通较早，人民欣响学务之念较切，不能推之于边远各属一律办理。今为扩充普及起见，诚不如仍遵部章，收费与否及收费之数目，听其自行酌定。凡各属官、公立小学已经征收学费者仍旧征收，未经征收者暂置勿议，庶于兴学实际诸少滞碍。

批复　查提学司提议小学征收一案，系照部章办理，并参照本地地形就部定收费数目酌减为三分之二，已属从宽拟定。现在幸行宪政，扩充教育，逐年有应办之事，即逐年有应筹之款。当兹公私艰窘，令学生酌纳学费稍资补助，本系正当不易办法。来呈谓有种种窘碍，是仅就一端而论，所见不免略偏。盖当办学之始，为极力开通风气起见，或不妨免征学费，以示招来，若以一时权宜之计，遽执为通行经制之规，则终年仰屋兴嗟，旧者既无力改良，新者亦无时开办，教育普及终复何望？至谓小学为国民教育，其费应出自国库，不能责诸学生。然考之东西各国成例，各等小学，亦罕有无纳费之学生者。即以日本事例而言，彼议院主废小学征费，争议经年，迄未见诸实行，岂非以理论之与事实固有不能骤合者乎！惟地方有通塞，即学费应有增减，自应就原定征费数目略分等差，不能一概而论。且查各国学校通例，皆有优待及免费办法，前者所以奖励勤学，后者所以体恤单寒，于一律征费之中仍离有变通宜民之义，法良意美，似可酌量仿办，应候行提学司通盘筹划，斟的尽善，再行详候核夺，逐渐施行，藉资兼顾而图扩张可也。

《四川谘议局第一次议事录》，成都印书馆，1910年铅印本，四川大学图书馆线装书库藏

筹办银行

本案因督部堂有筹办银行咨询之件，以九月十六日午后一时付第一读会。议长、副议长、议员出席者共九十四人，布政司、提学司、巡警道临会。议长宣布原案后，刘声元、江潘、刘汝安、董清峻、谭以大相继讨论，以银行为实业之源泉，在川省地方尤为急务，非可仅以申复了事，应由本局别草议案，详订办法，期在必行。此议得多数赞成，遂公推特别委员十人为本案起草。九月三十日午后一时本案开第一读会。议长、副议长、议员出席者共八十八人，布政司及委员饶凤绾临会。周常昭代表特别委员会报告起案之意见讫，李树春、李德芳、池【梁】矩、程莹度、干朝钧、罗纶、魏怀熙、高凌霄、陈洪泽、刘席珍、谭以大相继讨论，指出应行修正之点，以多数决仍付特别委员会修正。十月十四日午后乙时，本案并开第二、第三读会，议长、副议长、议员出席者五十四人。议长宣布修正案，周常昭代表特别委员会说明修正案之意（指）〔旨〕，李树春、高凌霄、刘声元相继讨论修正字句毕，议长宣告取决，赞成修正案者五十四人，以多数可决。十月十四日呈请公布，十月十九日批复到局。全案录左：

原案

（甲）银行办法之概要有八

一、各地银行适用部颁银行通则，复变通加入殖业之内容。

二、定为股份有限公司，无论官款、公款、私款均一律作为股份。

三、资本最低度须得二万两以上。

四、各地承办人应由布政使饬地方召集商会、农会、铁路股东分会等就中公推。

五、各银行成立，应请布政使将向来发商生息之款入款五千金，其愿多入者另行交涉，但利息必与他入股者同。

六、股东股息以六厘为准，但开业以后只能分红，不得再派利息。

七、凡存款银行者，其利息至高不得过一分二厘。向银行借款者，其利息至高不得过一分五厘。

八、各厅、州、县所设立之银行，应定名为某厅、州、县某某银行与其它银行有别。

（乙）因办银行之要求条件有二

一、应用官款创办银行学堂，或就法政学堂内附设。

二、先指拨藩、盐库发商生息款为各州县银行股本。

（丙）公益银行通行规则

第一条　公益银行系斟酌四川经济情形变通办理，除本规则特定外，一律遵守公司律及银行通则则例。

第二条　公益银行为股份有限公司，其资本总额至少须银二万两以上。

第三条　公益银行无论以私人及地方公款、官款均可创办及入股，其股票概用记名式，但不准外国人与外国公司购买或抵押。

第四条　凡开设公益银行得请拨藩、盐两库交商生息银五千两以上作为存款，每年付息二分之一。

第五条　公益银行之招牌，无论用何名号须明示公益字样。

第六条　公益银行之股票不得有红股。

第七条　公益银行之股东会议，在公司律一百四条规定之情形，该股东无议决权。

第八条　设立公益银行，凡依本规则及公司律又银行则例规定，应行呈报注册事项，须照录一份存置本店及分店所在地之商务公会或其它公所，任人阅览，有更改停闭时亦同。

第九条　创办公益银行，其股本限至开贸时止，得付利息，其利率至高不得过百分之六，但须明订于合同。

第十条　公益银行放出款项，得索股实保证人或产业物件及股票债票等为据。前项担保情形准照殖业银行则例第六条及第八条至第十四条之规定办理。

第十一条　公益银行经理存款，分定期、活期、特别三种，其定期至短以三月为限。

第十二条　存款之最少限，初次存银须十两以上，续存须一两以上。前项存银未达三十两以上时，其利率最低限活期日计，每十两不得下八毫，定期以月计每两不得下三厘。

第十三条　前条第二项之利率，银行须斟酌市面及行情之涨落，每日悬告店门，并制成利率日表，依银行通行则例第五条、第六条之规定附随呈送及报告。

第十四条　第十二条第二项之存款，虽为定期者而于未满期间内亦可通融取用，但其利率即照活期计算。

第十五条　公益银行得以股东总会之议决，依殖业银行则例第二十条至二十二条之规定发行债票。

第十六条　公益银行依通行则例第十条之规定，与他银行合并时，其合并后存续者须为公益银行。

第十七条　公益银行之合并，须得公司律第一百十五条规定之总会决议，欲为前项之决议时，布告共旨，得于股东总会之会期前一月内及公会中停止股票之特卖。

第十八条　公益银行为合并决议后，由其决议之日起，限十五日内须作成财产目录及出入对照表并及更订详细章程，呈请地方官转报度支部查核。

前项期间内，银行应将合并决议为布告及各别通知，对于银行有应收款项物产之人，令其于一定期间时述承认与否之旨，但其期间不得下于六十日。

第十九条　对于银行应收款项物产之人，如于前条第二项期间内不答述时，视为承认合并者；对于银行应取款项物产之人，有答述不承认者时，银行非清了其交涉或供相当之担保，不得为合并。违反前项规定而为合并时，不得以其合并对抗不承认之答述者。

第二十条　不为第十八条第二项之布告及通知而为合并时，在合并前发生之对于银行应收款项物产人，得视为未合并。

第二十一条　合并后之公益银行，承继被合并者之权利义务。

第二十二条　本规则由核定施行。

修正后决议案　银行为金融机关，夫人而知之也。言其利益之大者，则使民间闲散奇零之财有所存储流通，不至置于无用之地，且有滋生之利息一也。欲为农、工、商各种实业，资本不足有所藉资以发挥其心计，不至力藏而已二也。持市面金融之平，不使市价有骤涨骤落之奇变，则刀锥之子，不能乘人危急则取重利三也。汇兑通行，则官运款项可以省搬运费日之烦，而无道路危险之虑四也。总之，银行虽非生产之地，切生产事业皆从此出。故各实业之勃兴，财政之整齐，悉自有银行始。中国京师及东南大埠，比年银行接踵而起，利赖已可概见，而四川独尚未萌芽。省城、重庆虽不少票号、钱庄，顾其性质与银行异，大抵自营之意多而补助社会之目的少。此外，地方稍偏僻者且并是而无之。四川生户：事业属于商者十二三，属于农者十七八。农之所聚各地方皆是，而官私银行由他处支分而来者，以逮票号、钱庄止限于二三商业繁盛之区，前举第一二三利益，各地因无由沾溉矣。加以比年实业不进，而捐税日增，州县小者税款常至十万，大者至二、三十万金，此皆收括现银解去不返。一地方之生产除本地方销费外，其能易回现银、现钱者有几。岁岁如是不已，地方固可枯槁立穷，救荒之不暇，更何能有母财以兴实业，此又非恫惧之虚词也。川人号喜窖藏，中富以上非谷则钱，大抵多寡必有存储以为非常之备，此旧日情形则然。今则事势窘异，百石之谷，百缗之钱，其能立刻指囷提贯而出之者，一县辄不数人。城市所在，持百金易钱则银价可以骤跌，以百缗易银则银价可以立腾，若当丁粮、厘税起解之日，市面恐慌之象尤不可名状。乡间假遇缓急，则有出息至三四分不能借入一文者。似此岌岌危殆，补救振兴固非一途而足，而第一先着则舍各地方皆有银行殆一切无可措手。今拟创兴地方银行，其目的盖有三种：一以救目前之枯涸，二以缓征敛之烦苦，三以促将来之发展。银行初起，固不能有极大资本。然使一邑中得留二三万金以资流通，虽不能人人而济，以较岁括数十万现银、现钱去而不返，固犹聊胜于无。譬如人有微血，犹足以为营养，尚不至贫血立毙，则目前之枯涸固可以暂救矣。各厅、州、县局所征献扰民之弊不胜毛举，而银钱进出勒价舞平实弊窦之巨。其所以能然者，多因地方偏小，银钱有限，银锭缺乏时则故意索银，制钱缺乏时则故意索钱，以行其挟制留难之技。地方若有银行，则当征解月份，银钱皆取给有地，而征敛苦民之势固可以稍杀矣。若夫银行基础既立，口渐扩张，必能使地方各业皆得挹注以为生利之母财。迨各地方皆有银行，一旦联合成一极大之组织，凡事业之宏伟旁薄者，将无所不举。作始简而将毕巨，将来之发展实可预计得之。斯则筹办地方银行最终之目的，而不得不于今日早植其根底者也。用特撰定筹办纲要十四条，恳请督部堂饬属提倡诱导以速其成，于国家税源，人民生业培养实非浅薄。而犹有请者，各国经济行政对于人民应兴之业，既为陶铸人材于事先，复为补助资力于创始，非独为行政应尽之责，实即滋长人民富源，以厚其负担国税之力，策实必出于此。川省行政各费，固皆仅少无馀。然藩、盐库发商生息之款，常有数十百万。虽不能如日本对于邮船会社远洋渔业等岁出巨资为其倾助，稍事转移作为股本以坚地方银行信用，而仍不失发商生息之效用，则两利并存，事固无不可行。应请饬由藩司照办者此其一。地方银行既亟须兴创，任事之材固不能具斧斤而待梁木。然非一面进行，一面造就应用人材以为改良扩充之备，则所谓最终目的将不可得达。是宜于省城、重庆两处次第设立银行学堂，招集士商子弟，教以银行实务簿记等学，逐年增班，使学成者归地方备用。开办之始，专以官家财力支给，尔后各地方银行逐渐成立，所需经费即可协议分担。应请饬由藩司及提学司筹办者此其二。以上设立地方银行之计划，在川省实非常切近，不可不行，而亦非甚高难行，今更陈筹办纲要如左：

一、省城、各府、厅、州、县应各有地方银行一所，遵照奏定银行通则第一条，经营各种事业。其成立虽不设期限，地方官绅及农商各会皆有提倡之责，如能于一年内组织成立者，创办人当由督部堂加以名誉奖励。

二、各银行之组织一切照公司律股分公司办理，其名称当以地定名，曰某府、厅、州、县地方银行。

三、各银行均以本地绅商为发起人，其资本募诸本地方个人，或以本地方公款及本地方各种团体之资财附入，均一律作为股本，同为股东，均照公司律享有股东权利，但其集资本总额至少须满三万元始得呈请立案开业。

四、各银行欲立案开业时，须依照公司律拟定章程，并将资本呈请地方官查验不虚，然后转详督部堂及藩司立案。由藩司在生息项下拨款附股，由创办人直接向藩库具结承领，照缴股票。其银行资本满三万元者，藩库即附股七千二百元资本，多者比例递加。此项附股，一切股息红利均照各股东一律，惟不参与股东会议决及选举之数。

五、各银行章程各自议定，照章呈报注册。惟不得与公司律及银行通则相背，且不得违反左列各项。

（甲）资本之数一律以银元计算。

（乙）每股一律以十元为定率。

（丙）存储他人之款，无论多寡，利率每月至低不得在千（元）〔分〕之四以下，至高不得在百分之一以上，但本人自愿存储不取利息者，不在此限。

（丁）借出之款每月利率至低不得在千分之八以下，至高不得过千分之十三以上。

（戊）放出之款至长期不得过两年。至多数或一人一团体不得过资本总额十分之一，但还清再借者，不在此限。

（己）无论何人在银行中不得有虚本。

（庚）每股股息周年百分之六，以开业之日一律截止。

（辛）每年以腊月底截帐，以次年正月内结算，开股东会报告决事。开会时请地方官临会监视。其结算报告册表及开会情形须请地方官转详藩司备查。

（壬）结算如有红息，划为二十分。以二分捐助本州县公益，以三分提为本银行公积，以二分提充创办及执事各员花红。

六、各银行因事业发达欲加募资本之时，须开股东会议决，将加募之额数情形呈请地方官详请藩司立案，并续领库款附股。

七、此地方银行欲与他地方银行交通汇兑之时，须互定合同契约，呈由各该地方官转详藩司立案，并登报布告。

八、地方银行得承解各该地方衙署局所征解之款须由该衙署局所与银行订立专条，详准藩司始得照办。

九、地方银行得代四川川汉铁路公司存储款项，并代募股本，与公司协定契约办理。

十、地方银行得代各自治会存储款项及借款与各自治会，但其所定办法须随时呈报地方官存查。

十一、地方银行借出款项得令借款之人指定财产作为抵押。

十二、地方银行借出款项，如系以人作保，本人不能践约之时，一定着落担保人代还，如或成讼，承审官吏须一定照断，不得别出调停迁延之说。

十三、地方银行得发行期票，但其期不得过六个月，其数不得过资本十分之四。

十四、地方银行如亏折股本至十分之四时，由查帐人呈报地方官转详藩司核办。如有故意侵蚀情事，当责令经管人赔偿。若无别项情节，当饬令股东会设法弥补。若查帐人知而不报，则查帐人当任其责。

右陈各节及筹办纲要于设立地方银行之理由，与夫着手之次第，上下公私交有其益，为川省实业根本计，宜无过于此者。

批复 川省银根短细，一由于进出口货不能相抵，二由于金融机关不活动。设立银行乃补救之一策，本督部堂素所赞许。惟查部定银行则例既无地方银行名目，藩库亦无如许息本可以附款。各属绅商果能集有相当资本，无论筹办何种银行，仅可照通行则例办理。公家必为量力维持、保护，但使交易均平，信用昭著。各自治会及署、局、公司款项，自往存蓄交解，亦无庸订立专条，致多牵制，其限官吏断追，尤于司法有所侵碍，断难邀部允许也。

《四川谘议局第一次议事录》，成都印书馆，1910年铅印本，四川大学图书馆线装书库藏

附加税与正税划清界限分别征收

本案以九月二十六日午后二时付第一读会，议长、副议长、议员出席者共九十五人，布政司及委员徐樾临会。议长宣布原案，刘志诚、傅怀斌、王树槐、陈

洪泽、李树春、程莹度、刘声元，彭光远、杨士钦、陈光续、周常昭相继讨论，以多数决付委员会修正。十月初四日午后四时本案入第二读会，议长、副议长、议员出席者共八十七人，劝业道临会。议长宣布修正案，刘声元代表委员会报告修正之意见，王树槐、李树春、张兆麒、刘声元、董清峻、谭以大相继讨论修正字句毕，议长宣布取决，赞成修正案者七十八人，以多数可决。十月初六日呈请公布，十月初九日批复到局，说明不可行理由，交局复议。十月十四日复议，议长、副议长、议员出席者五十四人。议长宣布批复理由，各议员相继讨论，对于本案仍持原议，得五十四人全体赞成，遂为复议之决定。十月二十一日呈复，仍请以本案公布，十月二十七日第二次批复到局。全案录左：

原案　查各厅、州、县解省正税以肉厘、酒捐、油榨捐为最普通，而本地方得以附加者向惟肉厘一项。当烟捐未停之时，学务、警务及劝业各项费仰给之。现在烟灯捐既已消灭，各处筹备各项要款均系于肉厘上，每只猪附加钱一百文或二百文不等。此虽禀经各衙门批准而因由经征委员代收，遂使地方仅有附加之名而不能得附加之用。原各厅、州、县每年所几解省肉厘皆系比较上年按月分解。当衰月所收正厘不敷比较，委员既得截留附加各款以为填补，而旺月所收有余又不拨还，以致地方所需各项经费仍无着。现在各处绅士虽已请由地方官察明各衙门，而所奉批示仅谓衰月所收正厘不敷应将附加各款填补，而旺月所收有余应否拨还并未说明，是以各处经征委员更得有所借口。此皆由界限不清混同征收之故一也。各国国税与地方税皆严为区别，断无因国税短少，以地方税填补之理。倘不及时分划，不惟目前附加之款竟归虚悬，而现在既将旺月所收余额一律解省，将来比较自必援以为例，万一税源稍减，势必有将各项附加全额以为填补正厘之一日。窃以为两全之法，仍应以昔年所解正厘作为比较标准。衰月所收不敷，许以附加各项暂为借款申解，旺月所收有余，即行如数拨还。经征局不致误认为正厘盈余，地方公用，亦不至因垫解之故，骤形拮据又须别筹，加重地方负担。应请议决呈请公布。

委员会报告书　查各厅、州、县解省税厘以税契、肉厘、酒税、油捐为最普通，而糖厘次之。基本地方得以禀知加收作为地方行政经费及各种公用，昔向惟肉厘一项。当灯捐未停之时，学务、警务及劝业或慈善事业各项经费皆仰给之。现烟灯捐既已消灭，各处筹补前项要需，均系于肉厘上，每只猪加抽钱一百文或两百文不等。此虽禀经各衙门批准而因由经征委员代收，遂使地方仅有加收之名，而不能得加收之用。原各厅、州、县所有解省肉厘均系比较上年按季分解或按月分解。当衰月所收正厘不敷比较，委员既得截留地方加收各款以为填补，而旺月所收有余，又不拨还，以致地方所需各项经费仍归无着。现在各处绅士虽已请由地方官禀明各衙门，而所奉批示仅谓衰月所收正厘不敷，应将地方加收各款提补，而旺月所收有余应否拨还并未说明。是以各处经征委员更得借口截留，以为文过要功之计，皆由界限不明混同征收所致。各国国税与地方税必严为区别，不能因国税亏短而以地方税填补之，良有以也。我省地方自治行将成立，所需经费有增无已，倘不及时分划，不惟目前加收之款竟属虚悬，而现在既将旺月所余额一律解省，将来比较自必援以为例，万一税源稍减，势必有将地方加收各项全额以为填补之一日，而地方行政经费及各种公用亦因此骤形拮据，不免别筹，加重地方负担有断然者。就现在所见酌拟两种方法胪陈如左：

一、凡由经征分局代收之地方行政经费，无论肉厘、税契均不得截留填解。查经征总分各局章程第二十一条：分局收数应另定比较办法，分别功过奖励。据此规定无非虑委员不能核实征收或任意中饱以致正厘亏短。故以每年各局所收正厘总额能否比较上年藉定委员功过。然则所谓比较者，乃定委员之责成而非地方之责成，即使比较不敷，乃委员之咎而非地方之咎。今许其截留垫解，不惟垫解之后，地方各项要政因之废弛，而委员恃有加收各款以为弥补之计，反得置身法外，而不免懈怠征收或任意中饱者。应否此后由经征分局代收之款，无论肉厘、税契，衰月、旺月委员均不得截留。如此则地方行政经费得以保全矣。

二、凡系由经征分局代收之地方行政经费，应置收入底簿分别解省，正款与地方加收经费登记，由各地方随时对照查核。查各地方行政经费，每年多寡，皆随解省正厘总额以为伸缩。倘正额有逾比较，则地方加收之款自应增加。今既由经征分局代为经收，彼每年所收正厘能逾比较若干，地方既无人稽查，则所有代收各款多寡更无从悉。假令司其事者营私图便，举正厘已足，比较之数饱入私囊，因而取地方加收之款以为挹注，此固事实上所恒有者。应请此后经征分局置收入底簿二本，凡一种厘税而含有解省与存留地方两种性质者，须分别登记，随时由各地方官绅到局对照查核，收入之数随时拨归各地方。如此则地方公用不致虚悬，即地方人民亦不致重加负担也。

修正后决议案　查各厅、州、县契底、肉厘、酒税、油捐等项均由兴办地方公益而起，其立案多在解省正厘以前。迨后因而加收正厘，官督绅收，分别解省，存留界限本严，于正厘公益两无所误。自上年设立经征分局以来，将前项公益各捐无论立案在前在后由局代收拨归地方应用，而局员因先顾正厘一语，竟将地方应收之款于比较不敷之月挪作解款，如何拨还，并不声明，致地方兴办公益时有停歇之虑。若永沿为例，万一税源稍减，势必有将地方应收各款全额以为填补之一日，而地方公益经费劳绌即不能不另行筹措。民力有限，不独加重之负担难胜，且恐竭泽而渔仍不可得。至于国家税、地方税淆乱不明，致宪政及财政前途坐增窒碍尤无待言。查解省正厘因为正供，而地方公益亦为国家事务之一体，在理固难偏废，且前项各捐皆各有专案，经征局不过任代收之责，并非由局中正款划拨而来。乃经征总、分各局经费，划提税契五分之二，无论收数盈绌，俱以此为比例，并无通融。夫局员津贴与地方公益孰轻孰重，在局则不闻割局员应得之款以增正供，在地方则竟挪公益之资借填局员。比较事情政体实两俱不宜。若不严为区画，目前既妨害公益，而将来地方自治成立，其财政基础尤有不堪设想者。为今之计，宜申明整理者厥有二端：一、凡有经征分局代收之地方公益经费，无论立案在前在后，不得挪移垫解。查经征总分各局章程第二十一条：分局收数应另定比较办法，分别功过奖励。据此规定，无非虑委员不能核实征收或任意中饱以致正厘亏短。故以每年各局所收正厘总额能否比较上年藉定委员功过。然则所谓比较者乃委员之责成而非地方之责成，即使比较不敷乃委员之咎而非地方之咎。今许其挪移垫解，不惟垫解之后地方各项要政因之废弛，而委员恃有解收各款以为弥缝之计，反将懈怠征收，或且任意中饱。应请通饬，此后由经征分局代收之款，无论衰月、旺月委员均不得借填比较。如此，非独保全地方公益□□□以为励行比较之助矣。二、凡由经征分局代收之地方公益经费，应另立底簿，将解省正款与地方公益经费分别登记，由各地方经管官绅定时对照查核。查各处地方公益经费，每年所出多寡与解省正厘为比例，伸则互伸，缩则互缩，倘正厘有逾比较，则地方应收之款自应增加。今既由经征分局代为经收，每年所收正厘能逾比较若干，地方既无人稽查，则所有代收各款之多寡更无从明悉。很令司其事者营私图便，带正厘已足，比较之数饱入私囊，因而取地方公益之款以为挹注，此固事实上所恒有者。应请通饬此后经征分局另立收入底簿，凡一种厘税须分别解省与存留地方公用者，各行分簿登记，由各地方经管官绅议定互相稽查之法，并定时到局对照查核。收入之款，尽定案之数拨归各地方，不与正厘相混。如此则局员与纳捐之人，皆无从上下其手避咎取巧，而收数益能核实矣。以两端于分析及整理财政均关重要。应请督部堂通饬经征总、分各局及地方经管官绅一律遵守，不得藉先顾正厘之说，再行任意通挪。从前所有迁就办法而限于本年内一律更正。其现在本系绅士经收之款非经征局代收者，一仍其旧。于地方公益及自治前途，裨益非鲜。

批复 查所议各款堪备采择。惟尚有误解及不能执行之处，其原委事由如下：

一、各属契底、肉厘等项不全由兴办地方公益而起。契纸发生于税契，税契在开国之初即已征收，载在定例。肉厘先有三费二百文，光绪二十七年因赔款每只猪加二百文。酒、油税均先有百货厘金。庚子以后改办统捐。所有地方行政经费在各项附加者多在以后，所称在正厘以前系属误解。

一、附加各税多属地方行政税，非公益捐。即间有公益捐，亦应视其性质分别言之。查附加税以税契、肉厘为最多。其禀准原案多系开办警察各项经费之用，不在自治范围之内，是以附加税内，尚须分地方行政费与确定地方公益捐。

一、提补之案非由经征局开办而起，实为本省征收国税之单行法。如免提补，是使国税减少，当另筹提补之法始能取消。查经征局现收各税，惟肉厘有提补之款，此案始于前任许藩司。因各属纷纷请加肉厘，以致价贵销滞，正厘减少，于是有倘正厘不足须在附加款内提补，详准遵行已历年所，系属单行法案。是减少原由确因地方附加税增多所致，实于国税相妨。今若取消提补之案，则国税每年实须减少五万金之谱。照宪政编查馆议复于大臣折内谘议局无议减国税之权。然既免提补则国税岁减五万两，本督部堂未便执行。倘该局能另筹每年的款五万两，则肉厘提补之案自可取消。此系该局提议地方行政牵及国税，是以饬议。

至经征经费，除税契另有专章外，其余肉、酒、油三项皆有原定经费，其首人辛力等项皆在其内。惟从前有向归绅收现并归局收者，则其经费亦并归局。有此于正厘无涉，并于附加税亦无涉。至委员不能枵腹从公，局用经费岂能挪补比较。其税契经费除扣支外，本有盈余。然已拨作地方官公费之用，已详本督部堂第二次奏报经征事宜案内，可于经征成案中考之。

一、经征局代收之款应照奏案办理。所有本系地方绅士经收之款不能如旧。查经征局之设，为统一财权及奏定外省新官制预备，系属国家行政，将来应行归并者甚多。即考东西各国亦从无一处而设两税官之制。惟自治经费，应照地方自治章程第九十二条、九十六条办理。其余凡在定章应由局收之款，委员放弃责任者应由本督部堂严饬经征总局查明分别处分。

一、附加税正厘之比对原章，较立簿更为详密，不必赴局核对。查经征局成案本有契、肉、油、酒四项，应将收数由地方官会印榜示一条。查簿只一、二人得见，榜示则万目共睹，倘所填之数不实，则人人得而指明之，岂仅附加一项耶！

以上各节均由该局复加审查详议裁夺。

复议案　本局复加议定，原案并未误解亦无不能执行之处，勿庸更加修正，除将复议理由书另册附呈外，应请仍将原案照章公布施行。

（原驳）各属契底肉厘等款，不全由兴办地方公益而起。

（复议）本局原案查各厅、州、县，契底、肉厘、酒税、油捐等项均由兴办地方公益而起。其立案多在解省正厘以前，非谓全在解省正厘以前。中间无论立案在前在后一语尤为明白并无误会。即就事实而言，肉厘先有三费二百文。三费事务原为筹各地缉费、厂费、解费而设，使民不得受命、盗重案之累，此固地方公益而非国家行政，此固立案在前，而非附加在后。况原案之重要论点在正厘与代收款项之区别，而不在争其发生先后。假即地方公益各款其附加皆在正厘以后，但使各有专案即应与正厘划清界限，不能与偶然语误遂执为不必划分之理由。况原案并未言立案尽在正厘以前，则尤不能以误解目之也。

（原驳）附加各税多属地方行政税非公益捐，即间有公益捐亦应视其性质分别言之。

（复议）地方行政税者，国家为地方行政征收之租税也。地方公益捐者，地方为自治行政征收之租税也。两者在法理上不过有用途之异而实无性质之别。况我国现今国家行政与地方行政既未有法定区别，而地方行政与自治行政亦尚未尽分明。现在已颁布者，仅城、镇、乡地方自治章程，厅、州、县自治之范围如何，尚难预知。即就警察论，有国家警察，有地方警察，将来行政方针应取何种主义，亦非现在所能悬谈。惟就目前而论，警察经费概由各地方自行筹画，其经费即不能不认为地方公益之款，是公益捐与地方行政税实有不能分别之势。且原案所论正厘与附加款之区别，欲破原案之论旨，必先破正厘与附加各款之区别而后可。今正厘与附加各款，既各有专案，即原案划清界限之说不可得破，无论为公益捐，为地方行政税，要之同为附加款，即同非正厘，即不应与税厘相混，此又不必多生分别者也。

（原驳）提补之案非由经征总局开办而起，实为本省征收国税之单行法。如免提补，是使国税减少，当另筹提补之法，始能取消。

（复议）查经征局现虽惟肉厘有提补之款，该局现收各税及代收附加各款不止肉厘一项。各税既皆定有比较，局员若于比较不敷之月将地方应收各款挪作解项，使地方公益经费穷绌，不能不另筹别法，加重民间负担，此实势所必至。鉴于肉厘之已事，诚有不能不先事虑及者。至谓肉厘提补之案，始于前任许藩司，因各属纷纷请加肉厘，致价贵滞销，正厘减少，于是有正厘不足，须在附加款内提补之案，并谓本局提议地方税牵及国税是以饬议云云。查本局原案在矫正正厘与附加款淆混之弊，非问其弊始于何人。原驳以前任藩司为解，实所未喻。至认划清界限即为议减国税，其理由尤为纡曲。原驳谓若取消提补则国税每年应减少五万余之谱，乃谓五万金者，现在既无预算决算，确实与否无从深论。即使其然，是止为国税之歉收而非由本局之议减。许藩司前案明，正厘不足在附加款内提补，则正与附加款各为一事，不相牵合，已所公认。申之曰提补，则明非国税中应收之数，而事属通融挪借，理尤昭然。今所欲划清界限者，特使正厘与附加款各还本位。而止此而谓之议减国税，然则若使募集公债而民不应募，应募矣而至期请还，亦可谓之议减国税乎？必不然矣。至谓各属纷纷请加肉厘，致价贵滞销，正厘因有提补之案。以正厘欠收为附加款所致，遂以正厘短少之额责偿于附加款，此理由尤非正确。何也？以本局所调查，正厘不足，有由于局员多收少报者，有由于局用公费之分耗者，其直接原因绝不在附加之款。果附加款可为正厘之妨害，则于各厅、州、县详请附加时，当严加限制，不应允许；既允许矣，则正厘歉收非独请者之过而亦许者之过。且果使价贵滞销足为正厘减少之原因，则正厘与附加款当得同一之结果。乃本年七月督部堂又以填补土药税，每猪一只加征钱二百文，岂不愈使猪肉价贵滞销乎？今独谓附加款能使正厘减收，而彼项正厘增加不能使此项正厘减收，于持论似觉未真，而独归咎于附加款，以为偿取之地，则尤非事理之平矣。要之本局原案，不过请免提补附加款之本非正厘者入正厘，并非划拨正厘内之本非附加款者以归于各地方，不但于国税未尝有减，亦且未尝用议，语意极明，未可宛转牵附，至责本局以另筹的款。无论本局非收税机关不能负此责任，试问正厘减收其直接之原因安在？若或弊在多收少报及局公费太多，则其责恐当在经征局，而建言划清界限者不尸其咎。至谓委员不能枵腹从公，经费不能挪补比较，向委员经费从何而出？在原驳明明曰各项原订经费并归局有，于正税无涉，于附加税亦无涉，是固明明于正税附加税之外别收之一种规费。以化私为公之理言，正宜以之填补正厘。乃恐委员枵腹不忍提补，而独忍令地方公益因提补之故将至于竭蹶罢废。何其为委员计则周，而为地方公益计则略乎！且经征分局委员经费，每局岁常数千金，合全省计每岁数十万。所谓正厘歉收之数，岁不过五万。每局岁减数百金即已足敷填补，于委员之果腹固犹无损，较之以附加款提补，致正厘与附加款混淆不清，而且摇动地方财政之基础，其为病孰轻孰重？必有能辨之者矣。

（原驳）经征局代收之款应照奏案办理，所有本系地方绅士经收之款不能仍旧。

（复议）查本局原案，其现在本系绅士经收之款非经征局代收者一仍其旧。从一方言，系为利导地方之习惯起见，即经征局应收之款而向由绅士经收，毫未滋弊，且甚足利赖者，与其易之以滋烦扰，不若因之为有利也。又从一方面，则所谓非经征局代收者，其曰代收，自非经征局应收之款。其曰现在则从前已归经局代收者自不在此限，于统一财权之计画未尝有沮滞也。今必一切揽之经征局而不许地方人自行管理，毋乃于国家财政及地方财政之性质尚有未能分明者乎？如原驳所云，东西各国从无一处而设两收税官之制，即当知东西各国只有以直接国税委任自治团体代收之制，并无以附加税由专官代收之制。将来国家实行统一财政，督部堂之奏案应否更改不敢预断，而必谓地方附加款止可经征局代收而不许地方自收，恐天下无此至强极大之代理权也。

（原驳）附加税与正厘之对比原章，较立簿更为详，不必赴局查核。

（复议）原驳查簿仅一二人得见，榜示则万目共睹，倘所填之数不实，则人人得而举发之，是诚较为详密之规定矣。然本局固非以查簿一节遂废榜示，特谓两者并用则更详密。榜示大众之举，一般习俗视为具文，即因榜示察出有不实不尽之处，谓我无必应举发之责任，亦何苦开罪他人，此报销榜示所以每成虚设也。况官吏之报销，人民尤属不敢挑剔。故仅榜示一法，甚不足以为司征者之监督。本局原案所请由地方官绅议定互相稽查之法，并定时到局对照查核，实以济极销榜示之穷，其责有专归，而查核自不至于奉行故事矣。

第二次批复 查契、肉、油、酒四项，多系先有正税，后有附加税。惟肉厘系先有三费，然系司法经费亦非地方公益捐，此事先后次序本可不辨。惟该局言论最有价值，垂之将来，据为典要，设因偶然语误，以讹传讹，后人执此以观，必将又开辩论。且来呈既自认为偶然语误矣，又云不能以误解目之，此又本督堂所不解者也。至于地方自治自地方自治，地方行政自地方行政，若现在城、镇、乡之自治自有范围。公益捐自公益捐，地方行政税自地方行政税，不能全认作地方公益捐。公益捐之特捐者应归自治团体收，附捐者应归地方官吏收，委任与不委任官吏应处于主动而不处于被动，应实行至正极当之管理，而无所谓至强极大之代理。所呈种种理由，其已经法律规定者，有民政部已奏定之自治范围、自治经费两章及宪政编查馆议复于大臣之解释可以遵守。其虽未经规定而必俟将来规定，现在争执无益者，则有厅、州、县之自治章程与划分国税地方税之年分均有一定界限，官民同应遵守。本督部堂之奏案更改与否姑且不论，而民政部奏奉钦颁之章程岂可不顾？该局固不能背章程以立言，自治团体亦不能背法律而收款。固非言论争辩所能牵混者也。至论事必先问事实，事实必有所发生。肉厘提补之案，发生于许藩司。许藩司详准之案发生于附加太多，是提补确因附加而起。当时尚无委员，不能销从前已定之案，责现在委员以拟还。如谓局用经费可为人民代尽义务，则凡属官绅办事皆应不支薪公，并不应开销局用，岂仅经征之一部分。如委员于章程准收数目之外，果有收多报少及别项收费，则应照谘议局章程第二十八条办理。然查实只能依法处分，仍不能代地方任其负担也。且来文明议减而变其名曰歉收，明明提补而变其文曰挪借，此理尤不可解。夫水旱偏灾由于天时者谓之歉收，今因该局之议名提则减少，则减少国税由该局议案而致，何能谓非议减？至于提补二字是提之于地方税者，补之于国税，直捷了当无所谓挪借，无所谓归还，更与募集公债原理迥异，此亦无可牵混者。至因价贵滞销之说，推及附加之不应批准，并推及于本年之不应续加，尤非探源之论。盖附加之批准，不自本督部堂始。其所以批准之原因，则以其先顾正厘不致亏短解款也。其所以有先顾正厘之说者，以各属附加有无、多寡参差不一，虽壤地相连而轻重悬殊，以各有所趋避，必致亏及正厘，故限之以提补。至本年奏请续加之案，一因土税专支之款无出，不能不另筹抵补。一因于各省，且非贫民日用所必须，取之尚不为扰，是以一律普加，则宰房等无所趋避，即不至亏及正厘，故不必以提补限之。此中具有深意，并非自相矛盾，特局外人未之知耳。总之赔款岁有定额，数巨期迫，不能稍有短延，今欲正附分划，必先取消提补，既欲取消提补，则每年所收之五万金即不能不另筹抵补。此事之相因而至，亦言之所不获已，非责该局以担任筹补也。现在既无筹补之方，只可姑仍其旧，以待后图。末后查簿一节徒烦手续，无益事实，盖榜示为众目所注，较簿据尤易举发，其实行虚设之分，则尤在绅民而不在局矣。

《四川谘议局第一次议事录》，成都印书馆，1910年铅印本，四川大学图书馆线装书库藏

整理川汉铁路公司

本案以九月二十六日午后四时付第一读会，议长、副议长、议员出席者共九十五人，布政司及委员徐樾临会。议长宣布原案后，刘志诚等相继为大体之讨论，以多数决付委员会修正。十月初三日午后四时本案并开第二、三读会。议长、副议长、议员出席者共九十二人，布政司、劝业道及委员陶思鑫临会。议长宣布修正案，刘声元代表委员会报告修正之意见，王昌龄、王树槐等相继讨论修正字句毕，宣告取决，赞成修正案者九十二人，以全体可决。十月初五日呈请公布，十月初七日批复到局。全案录左：

原案

（一）提出之理由：川汉铁路于今开办已及六年，而工尚未开者，其中原因

诚至极复杂，然必以股份难集，资本无多为其最大原因。公司现在之股份收入，准恃每年循例征收之租股。今暂无论租股之弊害，仅恃此款则所入有限，而工巨费重，万难以底于成，斯固可断言者。爰提出本案，以催促铁路工事之早日进行，请本局议决。

（二）本议案提出之要点：

（甲）筹济股本。开办川汉铁路，制军锡原奏筹集股款方法约分四种：（一）官本之股，（二）公利之股，（三）抽租之股，（四）募集之股。其公司主要之财源者，惟此第四之一种耳，余皆不过补助方法。顾自今观察所谓募集之股，应者实形寥寥，成本占最少数。铁路事业将来收益，公足以利国福民，而私亦足以养身赡家，此理人人皆能言之。犹复望而生畏不肯投资购股者，正坐公司组织不善，成不成未可知，利与害自不计耳。故欲筹济股本，应先排除为其障碍之原因，而注重于募集之股。

（乙）修订章程。川汉铁路公司成立虽亦历有年所，而其组织实未完善，树商办之名而无商办之实。总理由选派奏委，不由股东集会公举。其它一切用人行政多未遵照商律办理。出股份者不得商律上应享之权利，人非至愚，孰肯投资？此其最大原因之一。但前制军锡于川汉铁路之奏归商办也，附有续订章程五十九条，此组织至不完全之公司，实因缘于是而后愈益巩固。故为今日力求变计，莫如依据原章程第五十九条之规定议改章程，以期公司之组织完善而举商办铁道之实益。

（丙）清查帐项。前此公司岁入岁出之帐项，虽经部委清查两次，而其结果之报告一纸文书，究不能泯局外者之疑虑，以吾属之股东实未得干与〔预〕于其间也。但当事者之帐目既经两次清查，倘无不合，则借此次之查帐，明其出入，确实现银存放何处，以昭示前此之清白，即用以立今后之信用。凡人醵资经营一种事业，其最所指重者，在于监视出入，较量（镏）〔锱〕铢，稍一不当，顿生乖离情迹。此今日之查帐所以为尤要也。

（丁）整理财政。公司今日存款虽不能谓之巨大，然亦非细小矣。苟使注指得宜，不惟成本巩固亦且子利可权。反而注指弗当，丧资亏本，工废路危，后患实在不堪设想。如现在公司之寄放资本散存各处，毫无统一，欠耗可虑。又其开支每多浮滥，即以昨年之报部清折而论，各局所开销至于五十余万金，寸路未修而耗款若斯之巨，凡此皆宜整理者也。

以上所陈，系定此次川路公司整理之纲要，应议决呈请督部堂公布施行，饬知公司先立标准，所有条目及详细办法付股东会决议。

决议案　四川川汉铁路开办已及六年。今虽已定期本年十月由宜昌开工，而统计全路资本七千万两，现在仅逾千万。工大款微，既已若此，而总、分各公司条理棼如，未开工以前即以岁费巨万，若不切实整理，前受之病，行且益深，将来之功复何可冀。现在公司订于本月初十日召集各地股东开第一次股东总会，饬旧谋新在此一举。会中应办之事，亟宜先定大纲，庶临时有所依据。兹撮其要，一则组织董事局及选查帐人也。凡公司以董事局为纲领，律有明文，查帐人监督款项一切尤关重要，皆非出于公举者不能励行其职。川汉公司自开办至今，不设斯席，丛弊误工厥由乎此。此次开会允当首先从事，盖必董事局、查帐人选举成立而后整理一切，权责有所专属，不至筑室败谋也。二则修改公司章程也。前督部堂锡于公司改归商办时奏定章程五十九条，久过实行之期，而按之事实则无一条曾经遵守。例如章程定公举总、副理各一人，而公司乃忽有总理三人。章程并无监督之说，而忽置监督五人。其它离奇私擅不胜毛举。公司不能无章程，载在公司律，而违反章程，公司律又曾定明罚则。推当事者之意或将以股东会未成为解。今既开会，若再不实行其又何辞？顾当日章程仓卒入告，其中规定亦实有种种不合者。应于此次会中提出公议修改，期诸妥协无窒，且于事实相宜，使执事者范其驰驱，而股东亦有所据以为监督之地。其修改之法宜将关于选举董事及查帐人各条先行提出议决，待选举既定而后更议其余。庶不至因修改章程之故阻滞机关之成立矣。三则清查帐项也。前此公司帐项，虽经部委查，实未能尽塞疑窦。距今又逾两年，则应查者自复不少。此次股东大集，董事局创设，新旧递嬗之交，则尤非可以寻常之清查相比。应将公司帐目由董事局成立之日划为两届，以后另立新帐，由到会股东互选明习会计精于钩稽者若干人，会同查帐人将前届帐目分类分年细查，并将存放款项之处确实考证，限期毕事，印刷报告以示信于全体股东，庶嫌疑可以尽释而宿弊亦可以尽祛矣。四则扫除锢习以昭商业信用也。公司奏归商办，而种种锢习时且较官尤甚。即就表面而言，如股东言事用禀呈，而公司居然于门首悬牌批示，商业分科亦属常事，而领其职者必以监督为名，下至队官兵勇，一切依仿官场，惟恐不象形惟肖。商界骇笑，股东侧目，靡不由此。其它冗人滥费沿习于旧日局所者，中病尤隐而深。若不彻底廓清，非特违迕商规，实亦僭逾官纪。此次修改章程，关于此类均须详细规定，极力禁止。至于文牍往返亦须立定格式，期与官府文书有别。此事于商业关系至重，不得视为小节而忽之也。五则统一会计也。商业以会计为最要，而公司奏定章程于此殊失简略。此年公司存款散置成渝、沪、汉各处，稽考则互不相谋，汇兑则上下轇轕，亏蚀折损危险时时可虑，而事后且将莫可究诘。是应详定会计章程，使万流百派胥归于一，无令仍此纷乱。凡百商业虽分店至数十百所，而财政中枢必汇归于总店，此无待烦称者也。六【则】亟筹募股之法也。公司资本，仅租股一端万不足以集事，此理已人人知之。而顾不能别募股本者，以公司对外则信用不立，对内则股友寒心故也。今既开会且议整理一切，则情谊渐孚，猜疑渐泯，值此开工之始，希望顿增。股东既为主张权利而来，则亦当负筹集股本之义务。应由公司将工事年限，及资本总额比对预算，除岁收租股外，每年尚须募股若干，请股东及各代表人筹议，分地分人共担劝募之责，庶路工不至有中道竭蹶之险矣。七【则】开会至闭会之日，公司上下执事人不得更易或他适也。应行清查之件须向经手者始得明晰，此理易明，勿待解说。要之，铁路系全川应兴之事业，成败即系通省之性命。以上整理大纲，应请督部堂于本月开会以前转行饬知四川川汉公司，此次开会务必按照逐一举行，于公司前途，裨益实非浅鲜矣。

批复　四川川汉铁路公司开办已及六年，股东总会甫议于本月十一日第一次开会，自应由股东会照章将董事、查帐人按定额赶紧选举成立，再由董事局、查帐人将应行整理一切办法遵照迭次奏案禀承本督部堂主持核办，以仰付朝廷振兴路政之至意。所呈提议各节，候行铁路公司俟董事局、查帐人选举成立后参酌采择，以期情谊渐孚，猜疑渐泯，而速路工之成，实深至盼。

《四川谘议局第一次议事录》，成都印书馆，1910年铅印本，四川大学图书馆线装书库藏

申明改正递状审案差传各费章程

本案以九月二十八日午后二时付第一读会，议长、副议长、议员出席者共八十九人，劝业道临会。议长宣布原案后，张光溥、池【梁】矩、李有年、陈洪泽相继讨论，以多数决付委员会修正。十月初六日午后三时，本案并开第二、三读会，议长、副议长、议员出席者共八十人。刘声元代表委员会报告修正之意见，刘汝安、高凌霄、罗纶对于修正案相继讨论毕，议长宣告取决，赞成修正案者八十人，多数可决。十月初七日呈请公布，十月十七日批复到局。备录全案如左：

原案　查原章程主要之点有二：（一）减轻民累，（二）筹审判厅经费。但细察内容所定各费，较之繁富及吏役横行各地，固有减轻之项，较之贫瘠及旧来讼费章程实行各地，则在在均属加增，以云减累或更加厉矣。至审判厅之创设，本属于国家司法行政，则其经费自应在国家司法经费之内，就地筹款甚非所宜。况审判厅之分设省城，固应设高等审判厅，而各地之地方审判厅、初级审判厅亦应次第成立。此项讼费即使可筹亦当留作地方、初级两种审判厅之用，似不必尽取而归之省城，以为高等审判独有之经费，特据原章条驳如左：

一、递状费

第一项　凡递状者须买用官定状格，无论新旧各案均不准再用旧式呈纸，亦不准用红白纸，免致长短广狭参差不齐。现定由官商合股之乐利纸厂专制，分各属每套正付二纸，纸费定价六十文，不准加价浮收。以一半为纸本，以一半为津贴各署局改良公牍纸张之费。此项状格纸费由地方官督饬承发房代售代缴，分期交本官汇解藩司存拨。

查此项状纸必归一律，诚为中外之通例，但据法部奏办状纸章程第三条，诉讼状纸分为五种云云，第六条诉讼状纸由部指定官设印刷局所刷印，分交大理院及各审判厅用之，则此项状纸之发行固在齐一形式，杜绝弊端，而亦含有抽收羡余以济公用之意。今将此发行之权与利归于私人之商团，既于公家无补，且于土纸有碍，殊失政体而滋民惑。应请由省中官立刷印所仿法部所定办理以谋统一，否则现在状纸既未分种，只有单简之一式，可仍照旧颁发式样令各地自行仿造。

第二项　厅、州、县自理词讼状费，每状缴费钱八百文，随状同缴。

第三项　司、道、府直隶厅、州上控状费，每状缴费钱一千六百文，随状同缴。

第四项　院控状费，每状缴费钱二千文，随状同缴。

查法部所定状纸章程及审判厅章程，除状纸费讼费外，并无递状费一种。盖状费云者，舍状纸外固不应他有所谓费也。督部堂下车时即有裁去呈费之明文，谅亦正同此旨。且即以各地向来之呈费言之，多寡固不等，然三八告期之减收，喊控之免收，人民对于此项担负尚有无形之仰缩，今一律作为固定之费，则人民之受损受抑者多矣。况旧有之呈戳挂号传纸等费均未明示，裁革意外之累尤所不免，应请与状纸费并成一项，减定酌中之数，无论在何地诉讼均一律办理，并声明以前陋规一律革除。

二、审案费

第一条　每案审结后缴讼费钱十千文。此项审案讼费划一章程所定之数，凡堂礼书差开单送审一在内。此项讼费必须候官讯明后由官判理曲者照缴，如两造理平各半分缴，俱即日清缴，至迟不过三日。如实在贫难，由问官临时查明酌减，极贫酌免。覆讯之案无费，和息减半，一切传呈铺堂陋规俱永远革除。所收审案费，以一半解省作审判厅经费。

查此项就法理上事实上论之均有冲突窒碍。据审判厅章程第八十四条：凡因诉讼所生之费用责令输服者缴纳云云。第八十七条：凡民事因财产而诉讼者，从起诉时诉讼物之价值按左列之等差征收诉讼费用（下略），百两以下三两（下略）。第八十八条：凡民事非因财产而起诉者照百两以下之数目征收诉讼费用。据此条文是每案以三两为断。今一案而至十千，此与法理上冲突者一也。输服者缴纳讼费实正当不易之办法，但必审判官均为有程度者，而又审判厅已经成立之时方可适用此条。若普通之官吏则受贿徇情，偏听武断，皆能生出判断不公平之结果，所谓输服之前提既不正确矣，欲以定缴纳费之标准，乌乎其可？此与事实上冲突者一也。川省惯例，所谓审案费者，包送案开单铺堂等陋规而言，其吏役横态，关防不严之地方，受累固不止十千，而实行讼费章程，各地则或纳二千六百文，或纳三千二百文，或纳五千二百文，均包括各项陋规在内，固不足十千也。今一律增为十千，病民甚矣。况提取其半以解省，而所留之五千又未明白规定归诸何项，究竟署内得若干？书得若干？差得若干？仅以含糊了之。试问各项公人能不格外需索以自快其私耶？则所谓旧规者，何得而革除之。此与事实上冲突者二也。川省诉讼案件，大县都以万计，小县亦不下四五千，审结之案即约以大县年七百案，小县年三百案，计每年平均县各五百案，亦岁将负担七十余万之巨款矣。小民无告，力不能胜。此于事实上窒碍者三也。应请修改办法：（一）定名为讼费而一切陋规均严为革除；（二）减定酌中之额数；（三）明白分配某项人得若干；（四）通饬各属如有于定额外需索分文者，无论事属何人，均准绅民据实控告。

第二条　凡系债帐田房案件关系财产者，如价在四百两以上，由得受者按每百两缴银二两，免缴审案费。其在四百两以下仍饬缴审案费，俱以一半作审判厅经费。

查审判厅章程第八十四条、八十七条之规定，只有输服者缴纳讼费，而财产诉讼并无更行指定得受者缴纳讼费之办法，即本章程前条亦明白云理曲者缴纳。试问因财产而起诉，其应得受财产之人为理直者乎？抑理曲者乎？就理论上之推定其为理直者无疑，既为理直者则其得受乃正当之权利，又何能代理曲者担缴纳讼费之责耶？况理曲者之办济债务乃其不可辞之责，令既致债权者受讼累矣，而审判之后又得倖逃缴纳讼费之处分，则债务者何乐而履行契约耶？此条规定太为矛盾，应请按照川省惯例并入前条办理，不必另为规定。

第三条　凡罚款无论多寡皆以所罚之数提一半归审厅经费，以上新定讼费罚款亦并归三费局收缴汇解。

查罚款之意义甚不明晰。若就法律上解释之，则大清律例中所定赎金久成虚文，笞者、杖者不能借以邀免焉。有所谓罚款，若就事实上解释之，则现今地方官所谓罚款者，乃舞文之巧术，纳贿之捷径，而吸取人民脂膏之厉政矣。严禁力革尚恐滋蔓以害民，况明目张胆以诏之乎？应请取消此条以保良懦，并应申明例禁以警贪吏。

三、书差传唤口食及命盗案件各费

第一条　词讼案件每案只票差二名，口食由原被两造分给。十里以上每差一名两造各给钱三百文，以上十里加给钱一百文，路远照加，每名只准加至一千为止。又无论原被告人数多寡，每案只准各给钱一份，不得按人数索取。如无原被由票上有名之人共给一份，应给若干均由官于票上标明，至覆讯案件原被共给钱二百文。

查四川差费向以案定，每案一千二百文或二千文不等，蠹役之搕索固无餍足，然照定案实行之地，及势力强大之人，尚足以限制之。今之所定其弊有二：口食由两造分给并无特别制限，差役可以借口需索一也。百里以内无论何案无论何人每案只需四千，是每案均照旧加增矣。应请明定酌减，以期实行。至票上注明数目办法、反复讯费数均可行。

第二条　命、盗案件厂费及书件差役口食等项向由三费局支给，不准向事主需索分文，如有捏报假命案希图拖累者，审实除罚赔厂费外，仍照章加倍判缴讼费以示惩儆。至民间禀递盗贼，每起由三费局支给刑房及值日人役纸笔等项钱八百文，不准使事主及押送人花费分文。

查此条可行，但应请照本款第一项所陈，如有需索，准人指控，方可杜弊。

第三条　有暂时押管人犯，一人只准一差，每差由被押人给口食钱八十文，多索则严办，贫者不给。

以上书差口食、命、盗案件各费，无论书差所有按里应得口食，均须先于票后分款刊刻，给票时用朱笔标明，使人一目了然，以杜朦索。

口食钱八十不为多，但属次数抑日数未明白规定，易生轇轕。

又按此款标目，本书差并举，然各条所定除命、盗案外均未齿及于书。书既向隅，何所求食，舞文弄法又焉能免。应请酌加办法：（一）严饬地方官不许私取各书参费（差亦同）。（二）于各项费用下明白指定归书数目，流弊或可稍省。

修正后决议案　上年督部堂通饬各厅州县遵行递状审案差传各费章程，一为减轻民累，二为筹审判厅经费，用意甚盛。惟考之实际颇有不便及启人疑虑之处。再三推求，盖有宜申明者两端，宜削改者两条。查法部奏定通行审判厅试办章程，讼费列有专条，外省虽可斟酌增减，不得过原额十分之五。又奏定诉讼状章程，状纸由部印刷发卖，各省一律不得歧异。今督部堂所定章程，回视向日官吏任意婪索，为数固显有限制，而此较部章则已一二倍加重。此明系因各处审判厅尚未成立，不能不权宜规定，以杜无厌之求，而民间误认为永久成法，遂致疑其与部章两歧。应申明凡审判厅成立之处即遵部章办理，本章程既不行用，庶上下知所适从。又查预备立宪清单，第三年各省城商埠各级审判厅一律成立，所谓各级审判厅者，自兼高等、地方、初级三项而言。高等审判厅管辖及于全省，于全省诉讼每案提钱五千作为开办经费，尚无不可。若省城商埠之地方及初级审判厅，则管辖限于一城一镇，各有专属，不能以全省财力相供。且即高等审判厅亦不能以常年经费责盈于地方讼诉之人，应申明此项提解到省之审案费，系专充高等审判厅开办经费，地方以下各厅但能以本管辖区内之款挹注，不得沾及全省解款，并申明高等审判厅成立之日，此款即行停解，仍照数放本地存储，以备各本地将来开办审判厅之用。此两端皆亟应申明者也。查审案费第二条，使得受财产者缴纳讼费。夫因诉讼而得受财产者必官判为理直之人，若此项规定则实与前条理由缴费之意自相矛盾，应改废此条并入第一条一律办理。又查第三条罚款二字界限不明，易滋借案苛罚之弊，稽考无据，徒饱私囊。所谓提半作审判厅经费者，亦只以苦民而无裨公用，应径行削去以塞弊窦。此二条皆亟宜改正者也。以上所陈于减轻民累及筹审判厅经费之意实属两有补助，应请督部堂通饬各属于年内一体遵行，并令出示晓谕严禁，无论何人不许于案定各项外需索分文，如有借案多索等情，无论本人控告或他方发觉，一体严办，庶几既顾公益并广仁政。

批复　所陈具见关心民隐，足备采择，惟内有原章本系如此，因续行札饬，外间未知致生疑间者，兹为条列于后：

一、所定状费，系俟审判厅成立之处即遵部章办理，本是如此。

二、提解到省审案一半费，固系为省城商埠先行建筑审判厅而设，既设高等，则以下各级亦应并设，完全不比各州县可以俟至五年后再行成立，此时自不能不借资挹注，毋庸自隘。

三、所提讼费一半以足敷省城商埠建筑，即行停解归各本地存储，备开办审判厅之用，已经通饬。

四、现审案费第二条，财产钱债案情，曲直万变，本与别项民事不同，专指

第一条即有不能适用者，今该局既有疑问，应候另立办法通饬遵行。

五、罚款即部章笞杖等罪之罚金，饬提报解，所以杜私饱，且尚有新章，解部之款岂能削去？其有犯罪较重甘愿罚金百两以上特别自赎者，久已通饬禀候准驳，界限极明，无虞如前此之漫无稽考，得以借案苛罚。

六、新章既行，关于各项陋规尽行裁革，于案定外不许需索分文，本系如此办法。如奉行不力之处，惟有随时惩办而已。至向来有借收警学各项费用者，非陋规可比，不收则公事立刻停办，只可暂行照旧，须俟筹得别款再令停收。

七、案费收入发给收单，已有如此办理者，前亦通饬仿办矣。

以上各节均勿庸再行改正，即将此次之批一并登报公布可也。

《四川谘议局第一次议事录》，成都印书馆，1910年铅印本，四川大学图书馆线装书库藏

更正加征重庆府属煤铁经费

本案以九月二十八日午后三时付第一读会，议长、副议长、议员出席者共八十九人，劝业道临会。彭光远发表更正之理由，劝业道起言，此事关于外交秘密，请开特别委员会亲来说明后再行讨论，议长当即宣告缓议。十月十四日午后四时本案入第二读会，议长、副议长、议员出席者共五十四人。议长宣告再宣布原案，彭光远再申明前议毕，议长宣告取决，赞成者五十四人，以全体可决。十月十五日呈请公布，十月十八日批复到局。全案录左：

决议案 本局提议更正加征重庆府属煤铁经费代还江合公司所欠库款一案。案称：江北厅龙王洞煤矿前因外商揽办，嗣由江北绅商力争赎回，组织为江合公司。赎回之费共去二十二万两，由该公司担任六万余两，川东道库垫支十五万三千余两。川东道与该公司约每年提余利填还库款。近川东道与劝业道会详督部堂另行加征重属煤铁经费，合前有煤铁经费全还库款。江合公司每年以余利七十五

分十成之一解道清还煤铁经费，已批准在案。夫江合公司能协力争回江北厅已失之矿权，其爱国热诚实可钦佩。官府以实力维持于前，又以实款维持于后，顾全大局，通省绅商靡不感激。惟是官府既以全力维持该公司，则认该公司资本为难资周转，宽其期限，陆续取偿可也。即谓库款不能久悬，责令招股，厚积资本，从速填补亦可也。今加征全属煤铁经费以求达维持公司之目的，是使少数股东独受其利，全属人民分担其苦，谋短期之填还库款而受永久之增加负担，公法人情及商家习惯均形窒碍，无待赘言。查各州县铁少煤多，窿户大半贫民所组合。前劝业道通饬每煤一吨抽银三分五厘，照章减半以恤民艰。一般人民尚苦难堪，然认为国家行政经费权力所至，或能勉从。今因少数人专利事业而突以公法征收手段强取于民，疑阻所生，恐旧日煤铁经费尚有意外之变，又加一倍，势更难矣。川汉铁路公司强征租股，人咸谓与公司性质不合，遂碍铁路之进行。然犹可原者，铁路关系全局，凡纳租之人即为入股之人，犹得少分红息。今江合公司本少数人营利事业，而竭重属之脂膏代为偿债，并无红息可分，比较租股疟又过之。总之，就法理言，江合公司为营利事业，属于私法，绝不能以公法强取一般人之财产。就人情习惯言，江合公司亦不能以自己所负道库之债务而责令十五属人代偿。应亟请更正免加征重属煤铁经费，并饬江合公司仍遵前约，每年提余利偿还道库垫款，实为公私两便。

批复　江北矿务一事，官府维持乃应尽之职。江合公司之致力，则为他省绅商中所不多见。该局为舆论代表，知其爱国热诚，该公司办事人可以自慰，一切绅商之为本省办事者皆可共慰，以后必无不了之问题，此诚四川前途之福也。至加征重属煤铁经费，乃为归还库款，非为维持公司。此项库款乃为收回关于四川权利之丧失，并非江合公司所负之私债，即无所谓代其偿还。龙王洞洞老山空，昔归英商，仅有每吨纳地租出井税之义务。现归江合公司于英商所纳地租出井税之外，又责其照章于百分余利中缴纳二十五分之报效，又责再于所余七十五分中缴纳十分之一补还重属窿户加征之费，且较之英商多纳三十二分五之课税。若较本地窿户每吨只纳经费三分五厘者，则又于三十二分五之外每吨多纳出井税六分五厘，地税三分。两相比较，该公司为能勉其难乎？抑为独受其利乎？不待智者而知矣。江北厅矿务影响及于四川全局，而与重庆全属窿户尤有密切之关系。窿户中如有误认江合公司为营利事业者，尚须士绅为之解说。江合公司竭力收回虽止龙王洞一地，而实无异为重庆窿户收回已失无穷之利权，防止将来种种之危害。再为公平之解释，虽谓该公司独为其难而重庆人共受其利，于情理上事势上亦不能不公认者也。所谓加征重属煤铁经费者不过比之他属少征者。故见其加实则按之部章所定者仍见其少。且原案申明以还清库款之日为止，约计不过五年，并非永加，原案又申明将来即以收入公司一成报效之费抵还各窿户，实则预解，并非真加。预解者不久即当收回。若以认作股利一往不可复返，此正不欲使窿户疑阻议为加征之费无地取偿，尤不欲使众人误会以为铁路税股之法又将推之矿务，此中实有苦心。以法理言，江合公司虽为营利事业，而收回江北矿权则与该公司之营业无涉，因保护一般人民财产之目的而由国家垫款收回矿地，则以公法取一般人民之财产归还库款，亦为一般人民正当应有之担负。此理必为该局所见及，江合公司又为该局所钦佩，本督部堂本可勿庸费辞，而必复为该局委曲剖析者，则以一江合公司之毁誉成败所关尚小，若因此而寒地方绅士急公益顾大局者之心，则所关甚巨也。该局为重属窿户申诉疾苦，要求减征，本督部堂亦早知之。不惟重庆，凡四川之窿户无不贫苦，本督部堂既于部定税率一再请求减免于前，岂于该局所求不欲赞成复减于后。惟借拨川东道库之款，各有指项，现值清理财政，五年归还已恐难邀部准，则期限既不能宽，此外搜罗已穷，亦无可以另筹之款。重属窿户有密切之关系，士商尚欲爱护乡里，不欲其预解数年之费。若再征全省煤铁，必又为全省士绅所痛苦，该局知库款之重，不能久悬，本督部堂因该局所陈别筹二法：一、由重属绅商另议可以征收抵还道库十五万三千余两之款；二、宣布通省凡有能集资二十二万两者，本督部堂予批准接受江合公司所得之龙王洞矿地权利及开矿修路器具、材料。以上二法但得其一，则重属加征煤铁经费随时均可取销。如不可得，惟有仍暂照原详加收，候本督部堂饬由司道筹得他款之日再为核办。

《四川谘议局第一次议事录》，成都印书馆，1910年铅印本，四川大学图书馆线装书库藏

发起通俗教育社

本案以九月二十九日午后一时付第一读会，议长、副议长、议员出席者共九十一人，委员史悠彦、牛国祯临会。议长宣布原案，池【梁】矩、谭以大、李德芳、罗纶、高凌霄、董清峻、赖良辅、孔宪章、刘咸荣、杨士钦相继讨论，以多数决付委员会修正。十月初六日午后二时，本案并开第二、第三读会，议长、副议长、议员出席者共八十人。议长宣布修正案，程莹度代表委员会报告修正之意见，议长宣告取决，赞成者八十人，以全体可决。呈请公布，十月十五日批复到局。备录全案如左：

原案　通俗教育为改良中下社会之要素，应由巡警公所会同学务公所酌定筹拨专款，借省垣教育总会所设立通俗教育社，聘请专员四人分司编辑或审订，另选聘主任一人，审订教育宗旨，编订细目，关系重大，应具左之资格，由议员投票选举（被选者不必议员）：

一、国学素优；

二、识见宏通，洞悉现今大势；

三、旨趣纯正。

其应办之种类如下：

一、白话报章；

二、白话普通教科书；

三、改良小说（内括评书唱书及俗呼之大小传各种）；

四、改良戏本；

五、改良宣讲书；

六、选购电戏事迹。

以上各种应办事项其手续如左：

一、详察吾国下等社会情形，对于现今列强趋势，国家前进审订通俗教育宗旨。

二、准所定宗旨，就吾国民族之特短列为细目，以资补救。

三、准所定宗旨，就吾国民族之特长列为细目，以便发挥。

四、准据所定宗旨及细巨，搜求吾国原有之书籍、戏曲等项选用或改订，不足者，然后编辑或翻译新书，或译文言为白话。

五、选用或编辑所取材料应参用中外事迹，使人对照便于观感。

凡既经审订出版书籍，先呈学务或巡警公所检订，随即登报发行。惟一面出书劝告，仍宜一面干涉其应行禁止之书，举例如左：

一、荒淫之类，如《肉蒲团》《绿野仙踪》《金瓶梅》等。

二、荒唐之类，如《西游记》《封神》等。

三、荒谬之类，如《日光经》《月光经》《灶王经》等。

凡应禁止书籍经本社磨勘者，即将名目通告全省巡警出示晓谕。此后有发卖及讲演者由警察取缔，并先将取缔规则宣布施行：

一、《三国演义》《水浒传》《七侠五义》等类应辨明其宗旨。

二、《曹安杀子》《朱氏割肝》等类宜辨明其误点。

此外宗旨意趣虽不纯正，然非中下社会人所读之书，不在此例。

理由书 立宪国民必受国民之教育，未有无普通知识而其国能开明者。川省限于边隅，文明不易输入，优劣莫由比较。顽锢学究、无识妇女、下流社会之人民，既不能全进学堂，又无家庭教育，往往拘墟旧习，阻挠新政，迷信邪说，妨扰治安。似此程度而又占大多数，以与预备立宪相冲突，诚危殆之现象也。推厥原因总不外受小说、戏曲、宣讲以及僧道伪造经书之影响。中国小说善本绝少，非淫乱则荒唐，其最烈者如《西游》《封神》等书，启人迷信，积之又久，以致有义和拳、红灯教之结果。戏曲感人最深，川省戏曲恶劣已极，人戏除诲淫外，每杂以会匪旨趣，而美以英雄豪杰之名。影戏多演《西游》《封神》等书，农夫俗子容易蛊惑，以故壬寅（川西南红灯教）戊申（开县红灯教）之乱，多出于乡民。刻梧花教又见告矣，尚未得最后之报告。至于宣讲，原系劝善，然所劝者乃吃斋念佛之善，割肝杀子之孝，妇孺奉为箴规，以接交僧道为善缘，以割股奉亲为能尽子道。不特此也，宣讲生（指旧日者言）每子晚间作传谕、降鸾、下阴曹、打神拳等狡狯伎俩，说神说鬼，愚人骗钱，不特为拳教之影响，而且有拳教之事实。一遇民教交涉或凶年饥岁，遂至激为大变。类于此者如巫觋之捉寒林、放五猖、拿生魂、抓生替死、踹刀、穿铧，此等邪术最足（感）〔惑〕人。符咒医人，意原不恶，而前年开邑之红灯教即以符水戒烟愚人，故从之者众，而起事最速。种种恶俗，大致不出怪力乱神四字，是非仍从通俗教育着手，改良小说、戏曲、宣讲等类不足以遏乱源。然后一面以白话报章、白话普通教科书输入新知识，俾庸夫俗子渐受文明教育，不致阻挠新政，（防）〔妨〕害治安。知识渐开，理想渐明，道德生计均于此出，此立宪国民之预备也。

修正后决议案 国民教育之普及与否，为国家文野强弱之所由分。而陶铸国民，其训练在学堂，其熏染则全在社会。国不能人人入学堂，不能终日终身不出学堂。社会不良，虽有智识学间，一入其中，非习与俱化，即龃龉多端。荒靡卑劣之风俗，其势力常足以隳学堂诱导之功，不独中下等人，与乎血气未定之子弟皆受其影响也。故欲普及教育不可不改良风俗，而其事必自通俗教育始。四川风俗尚勤俭，重礼防，守本分，好慈善，爱乡里是其所长，而拘旧习，忽远图，信荒唐，贪小利，恶异（已）〔己〕是其所短。历年举办新政，创兴各种事业，如学堂、巡警道、铁路、矿务、轮船、种桑、工业等类，动机非不甚速，而他方之弊害，如因信神而毁学堂，因恶教师而阻门牌，因奖劝工商而竞于淫侈，因趋向新学而画抉提防，又明明为进步之梗。推原其故，行政之失宜，固有以致之，而不能发挥民习之所长，补救其所短，以使风俗渐归一致，斯实为受病之大源。则通俗教育之方针即应从此着眼，举办之初固不能一蹴遍及全省，而先于省城立一通俗教育社以为通省之倡，实今日至急不可缓之图也。此项通俗教育社应请饬提学司、巡警道会同教育总会专任提倡创办之责。其办理之事项，一则发行白话报章，二则改良宣讲书本，三则改良戏曲唱本，四则编译新小说，五则批评改正旧小说。以上五端或同时举办，或次第举办，应视人财丰绌，情事缓急，由社中分别议行。惟宗旨则必对针四川风俗，不得与发挥所长补救所短之意相背。其办理之方法应由提学司、巡警道会同教育总会招集学界会议，先议定社中用人、行事章程。其大要，社员必须捐基本金以一元以上，对于社事有议决即选举、被选举权，设总理及副总理各一人，书记一人，二人主理社事，除膳宿外不受俸给，其余编译纂者之员不限社员，非社员但就能胜其事者酌定薪资选聘，此外并用收置投稿之法，此章程之大安也。章程议定立案即行选举以告社事之成立。其办理之费用，应由提学司、巡警道、教育总会于开创之初先行预算，分别开办及常年费筹拨公款应用。其社员基本金一项，不过以定社员资格，原不能恃以集事。然或热心特别捐资及社员以外之私人团体自愿捐者，社中亦可收受以为补助。要其的款则必由官筹拨，社中出版收回之利益，专备扩充社中事业及推广分社之用，不能移作他款。每年预算、决算，提学司、巡警道及社员全体皆有察核之权。将来社中财产发达足以自立，并可议决停止官拨经费，其办理之补助则由社中鉴定。川省现在小说曲本及演剧之有害风俗者，随时请提学司、巡警道以官府及警察之力干涉之。以上所陈办理之事项、办理之方法、办理之费用、办理之补助，通俗教育社成立发达胥在乎此。通俗教育关系既如彼其重，而社中宗旨之切要对于四川风俗利病又如彼其相需之急，非官绅学界合力并谋，何以克济。是以当陈请于督部堂饬行兴办，且须限令克日成立者也。

批复 所陈川省旧社会种种情状絜长较短，持议极为平允。为策励进行计，自以通俗教育为当务之急，尤当以对证疗治为唯一之宗旨，庶事半功倍，推行较易为力。查改良宣讲一节，往年曾由提学司就省城劝学所招生传习，毕业后择优给凭饬由各指定区域定期演讲。嗣因成都府自治局开办，即将此项事件划归该局经理。改良戏曲亦经成都府商会发起，并由提学司、巡警道分筹补助金。只因社会习染已深，该会处分商务事件又极繁剧，势不能专任其事，以致不甚效收。至于发行白话报，省城教育总会亦曾呈请有案，而该总会经费奇绌，事不果行。目前筹办自当如来呈所拟，次第举行，先从以上三事着手，然后推及于编译新小说，改正旧小说各事，俾免同时并营，转致竭蹶。其设社事宜，如择地、选员等项应由提学司、巡警道会同教育总会商定办法，一面由该司道会筹的款以备开支，一面由该总会酌拟章程，咨呈该司道核转立案，以资循守，候予分行，知照此批。

《四川谘议局第一次议事录》，成都印书馆，1910年铅印本，四川大学图书馆线装书库藏

设立地方财政局

本案以九月二十九日午后二时付第一读会，议长、副议长、议员出席者共九十一人，委员史悠彦、牛国祯临会。议长宣布以李文煦、刘纬两案并议，池【梁】矩、李文煦、刘席珍、刘声元、孔宪章、曹元琛，谭以大、肖中鑫、郑家相相继讨论，以多数决付委员会修正。十月十五日午后一时，本案并开第二、三读会，议长、副议长、议员出席者共八十五人，委员杨嘉绅临会。刘声元代表委员会报告修正之意旨，高凌霄、刘汝安、江三乘、李文煦相继讨论修正字句毕，议长宣告取决，赞成修正案者八十五人，以全体可决。十月十五日呈请公布，十月二十一日批复到局。全案录左：

第一原案

查四川各州县均设有三费局，其支用各款以相验、逮解、缉捕各项为限，此外不准开支。迩来各属局士瞻拘迁就，任意支拨，以致局款多亏，其不应开支之款约分二种：

（一）对于各该管官署之提用。按此项系由州县署内开条支取，每出于定章之外，支用既无限制，局绅复曲意逢迎，甚至视公局为外府，即无关公事者亦从而滥支，视章程为弃髦，以公储为利薮，积久弊生，在在如斯，此弊之在州县者也。

（二）对于各厅汛之滥支。按国家澄叙，官方虽下至承薄亦各有养廉，收受漏规，例应参劾。乃近日印官借名体恤，以广交情，绅粮从而附和之，以至某汛月支若干，某厅岁给若干，相习成风，局款因之短绌，此弊之在厅汛者也。

有此二弊，而管局士绅遂以结交官府为把持盘据之谋，社鼠城狐，植基牢固。似此漫无限制，不唯三费正用行将虚悬，即将来审判【厅】成立，其经费亦无从筹措。是宜一面请由督宪严饬文武各官，务各恪遵前督宪岑通饬，于各局所公款，不得违章滥支，一面于定章中明定局绅任期以为限制，不得以借资熟手饰辞挽留。如此办理，庶几清厘较易，侵蚀无从，官箴局款两有裨益矣。

第二原案

一、不归并之弊。各厅、州、县设局名目繁多，糜费甚巨，近来新政叠兴，除警察、劝工等局，及劝学所、农业、教育、商务等会不可归并外，余如三费、社仓、同善、育婴、津捐、租股、文武会等项（各州县情形不同，局名不一，多有至十余局者）局所林立，尤属不少。每局设局士二人或三四人，每人每年薪水少则七八十金，多则百余金，局士以下收支、书手又需费若干金，合计每年必需费数千金。即此一节而论，分虽似少，合则实多，以有限之财归无穷之用，在私人则便，在公家则不便。况人浮于事，往往责任不专，有事互相推诿，贻误要公，无事互相应酬，借作威福；其巧猾而恶劣者又不免借公谋私，把持盘据，于是通同局书，上下其手，利不一见而百弊随之。此间中饱情形，略及数端，已足概其余矣。

（一）关于银价上之浮收。津捐、租股各项完纳者大半用钱，局中以银扣钱，每两较市价高百十文，每年银价出入约余数千金。

（二）关于尾数上之滥收。过算浮征，局书分饱，已成通例。故凡遇厘位者凑成分位，遇分位者凑成钱位，合并津捐、租股等项计之，每年羡余亦至数千金。

（三）关于积欠上之消灭。三费、社仓、同善、育婴等局，不肖士绅恒居多数。每以局中银钱借用亲友，推其故不过顾全私交起见。然至日久人亡，遂归乌有。即现在之富绅，因此援例，亦概不归还。近查各州、县积欠最多者，总在二、三万金以上。

（四）关于实存上之中饱。局绅通弊，常以局内实存之款借贷谋利或营业便私，即或他局困难，暂在本局通用者亦必须行息一二分，所借之款伪为（已）〔己〕有，故所进利息亦归私囊。

（五）关于浮报上之侵蚀。局中购置器具零用杂费以及一切应酬滥支，一局多报数百金，数局即多报数千金。

二、归并之利。乡镇筹款之难，百倍于州、县，县筹款之难，百倍于省会。故乡镇筹得一款，渐则城内剖之或全数攫之；城邑筹得一款，渐则省会剖之或全数攫之；其有未尽剖攫者，此间阴蚀默耗又不胜层递矣。当此时局艰难，百政需财，而理与其于未筹之款计划之，何若于固有之款撙节之。近知各局积弊太深，又因财源困乏，各州、县间亦有归并者。然未归并者尚多，非以不归并为利，而实以归并之未行，反对党之阻力又足消灭其原动力也。今既欲归多数之局而寓之一所，时与势有不得不然者矣。未并之先，种种浮消滥费，换无限制，已并之后，局中要务仅用数绅担任，兼以局书司事又裁去大半，每年薪水消耗之费不知节省若干。此局受困，彼局济之，公财公用，每年积欠中饱之费又不知杜绝若干。似此冗员冗费尽归淘汰，公家日用必有赢余，将来地方自治经费尤可藉资补助。归并与不归并，孰利孰不利，必自能辨之者。

三、归并之办法。人不并而惟局之并，仍与未并等，局既并而人与之并，所以实行其归并之方法也。方法维何？先并各局为一局，总曰某某厅、州、县财政局，凡旧有各部款项仍归各部支用报销，但须设绅总三人主持全局，绅总由各区票选。财政权以品望素着、家产最富者当之。办事权以热心公益、才智优长者当之。查帐权以公正廉明、长于会计者当之。每月银钱数目进缴、存欠各项据实报销，榜示通衢一次，再用誊写板刷印，分布各区以昭大信。每年预算、决算列表详明，亦使各区均览。绅总以下所用局书、司书人等，务由三绅总选择，然后分部理事，其分配人数之多寡，须以事实之繁简为标准。绅总任期两年为限，任满再由他区选举合格者当之，均劳逸即以辨贤不肖也。如果通行，可由各地斟酌情形，详拟细则办理，庶可清弊政而收效果，请交本局议决。

修正后决议案　凡民生业，无论何项皆须经济货财以为生活资料，此尽人所灼知也。惟国家与地方团体亦然，无论国家行政或地方行政，其最为重要者莫如财务一端。财政不整理统一，则于进步发达之前途，动以经费艰难，妨害实最多也。我国家庶政维新，预备施行宪制逐年筹备事宜，第一即饬度支部于昨年遵拟清理财政章程，本年复有实行调查之举，又于昨年颁布城、镇、乡地方自治章程，第五章规定自治经费其力谋整齐划一之处，条文虽未可曰至密极备，而大纲上亦已略具规模矣。惟是城、镇、乡地方自治究竟限于一局部，通地方全体财政之整理，盖不能不望于厅、州、县地方自治一律成立之时。计自今尚须三年之月日也，而各地方财政之应整理统一，则虽一日不可缓。其理由分别论之如次：

第一，为开办地方自治之预备，不可不先行整理财政，免致临时无所凭藉也。地方自治，经纬万端，盖无一不赖有经济财货以为种种之设施，而支办此者，使仅恃本地方公益（损）〔捐〕，则居民既应国家税租之征求，而地方税又复追逐于后，负担过重，甚非所以利国而福民也。故自治经费原则上之收入，尤重在本地方之公款公产。现今各地方所有各项局所，其收入之财源，固亦有带租税之性质者，然其为公款公产统收利息或征地租，实占最重要之部分，斯为开地方自治时绝好之凭藉也。所可惜者，地方公款公产半皆为豪强之所剥蚀，甚或攫入私囊焉。故宜从速整理，一以保存现有之公款公产，一以其子息节存作为开办地方自治之经费或充基本财产，此预备时代之切要办法也。

第二，现在各地方之局所流弊最大，糜费致多，应急整理以除弊而兴利也。各厅、州、县所有公局名目繁多，虚耗实巨。警察、劝工等局，及劝学所、劝业所并农务、商务各会不计外，如三费局、保社仓、同善、育婴及文武会等各地情形不同，名称亦不一类，多者十数局，少亦有数所，各自独立不相统一。每局设局士二、三人或三、四人，每人每年薪水少者四五十金，多者百数十金不等，局士以下收支司书又若干人，火食杂用各局皆有。分而观之，固不见甚多，若合而计之，则已形成巨数。凡此皆以人动支之款，非属办事必需之费，都可裁并节存以厚积地方公款公产者也。若夫各局独立，彼此不相统属，而无监督之者，则可以任意侵夺，又预算未行、决算不报，其间弊混中饱陪形，盖极然犀照镜之能，实未足以深悉其奸。姑试约略言之。

（一）关于银价上之浮收。如究纳者用钱，而局中则以银扣钱，每两必较市价高百十文，此项浮收，以一州计通常约千百余金。

（二）关于尾数上之滥取。凡遇厘位者则凑成分位，遇分位者则凑成钱位，此项滥取为数亦不少也。

（三）关于积欠上之消灭，或以公款贷借私人，或应当纳付者则置而不收，通作积欠，久遂消灭，甚且彼此通融，因遂削去其帐，如此之弊在各州、县尤多也。

（四）关【于】实存上之中饱。

（五）关于浮报上之侵吞。凡此等类设使整顿得法，鉏弊务尽，有预算以定其出入之范围，有决算以考其预算之遵守，则人民幸免私家之剥削，其负担公益捐，纵即稍为过重，亦纳于此者偿于彼，住民不蒙何等之损害也。而公家以此可不别征租税，足以增进财源，于公于私两皆有补，此则统一地方财政之议所以万不容已于筹办自治之时代也。

整理统一之方法维何？可分数大端言之：

一、谋整理之意在使地方财政归于统一，以节糜费而杜弊端，非欲以囊括地方财产自上提拨作为他用，此其应确知者一也。更非欲以开讼讦之门，则管新领一笔画清，斩断葛藤。前日之帐，不必过事吹求，继自今以后，则务宜遵照章程办理，不准稍有含混，此其应确知者二也。

二、宜饬各厅、州、县遵将从前所有各项局所全宜裁并合为一局，曰某厅、州、县财政局，凡前此局所银钱帐簿、契约一律清交财政局接受办理。

三、从前各项公局照章应独立者，如劝学所、劝业所及农、商、矿务等会，事权虽不必归并财政局，而其经费出入则应属之该局。各局所旧有之经费，财政局亦不能任意流用，应定各归各项开支。

四、其它局所旧管公事，现在自治公所未立以前，暂定由财政局分科支应。

五、财政局设总理一员、副理一员，总理主持全局，副理辅助，总理有事，且为总理之代。次设征收、支应两科，按事繁简酌定人员。选举总、副，由有选民资格者以地方官之招集投票公选，呈请地方官委任。总、副理被选资格限于自治章程，有被选举权，且其资产富裕者始得充之。其征收、支应两科二员，则由总、副理遴选，请地方官派充，科员有侵蚀公款者，总理连带而负赔偿之责。

六、为财政局之监督，设查帐人二员，由选民投票公选，呈请地方官委任。资格限于选民，且有乡望，素称为守正不阿者，有随时到局清算帐目、检查现银之权，如发【现】有弊混情事，可要求财政局当事者说明或更正，并得呈明地方官查核。办理决算之际，查帐人有亲自临场，对于该决算必述其意见，以证明该局职务有无违背与否之责。

七、预算必于前年之十一月提出，决算必于翌年之二月提出。凡预算之议决，及决算之承认，皆应由财政局呈请地方官召集后定额数举出各员开会行之。

八、事权未属于财政局者，如劝学所、劝业所及农、商、矿务等会，其预算案则由各该局所自行提交财政局，彼此协议定后编入财政局总预算案内，决算亦同。

九、财政局除每年决算应报销一次，并榜示通衢外，当就经费出入情形作成财产明细报告表册，每一季会议报告会众后，应再张贴城乡集市之区，以昭示大众。

十、凡属地方公益应兴应革事件，或由上札饬举办，或从下陈请建议，财政局皆有筹款兴款之责。但为筹集款项可特别组织会议处理，除临时会不能预定外，每年常会四次，每季开一会议，以二月、五月、八月、十一月为会期。所有会议规则遵照现颁城、镇、乡地方自治章程规定各条办理，但议长即以财政局总理充之。

十一、会议各员限有选民资格者，各照地方行政区画酌定员额，令其公推选出，呈请地方官核定转行财政局知照。然员额至多一州、县以六十名为限，均名誉职，但到会之夫马费由财政局酌定支给。

十二、以上所称选民及被选举权者，皆照既颁城、镇、乡地方自治章程调查选民办理。

以上各节统属整理地方财政局之大纲，其详细办法则由各厅、州、县按照本地情形酌定简明章程，申详总督核定准行。

批复　据呈拟请设立地方财政局清厘公款，统一收支，以为筹办厅、州、县地方自治之预备，用意甚盛。后列办法大纲亦尚切实可行。欲期地方公益之发达，盖无要于此者。惟查各国地方制度，凡府、县所设议事参事等会，对于地方行政仅有议决之权而无执行之责，惟府、县长官得因事实上之便利以府、县应办之事务酌委官绅代理，一切仍自综其成，诚以府县、自治之范围与市、町、村自治之范围广狭互殊，其执行之责在长官而不在地方团体故也。该局既经管地方公款，其执事之人亦由地方公选，长官择任，且现在尚未届国家税地方税划分之期，应暂改称公款收支所，并声明该所为地方官辅助机关，对于地方官负甚重责任，其职务即专以地方官所委任管理之财政事项为限，以示与城乡董事会及乡董乡佐为之执行机关之主体者有别。该所经官财政之种类，除国家税及城、镇、乡自治经费不得干预侵夺外，其本系地方行政经费应以厅、州、县税捐支办者，如向归官局附收画拨，仍应一从其旧，无所更易。又三费一款，本系供相验缉捕及一切司法上之费用，前准法部咨：凡各省从前司法部分之款项皆应拨充筹办审判厅之需，自应照章将此款先指定，俟各处推办审判厅提归应用，勿庸归入该所以清眉目而免挪移。此外各局、所款项苟有可以归并者，均由地方官酌量情形妥慎归并。惟关于巡警、教育、实业各局、所团体各具有独立之性质，或其款项系自行筹集者，必经彼此公司协商妥洽，方能以收付事宜交令处理，尤不得因此而干涉其内部之事务，免别生窒碍。以上各节均为设立公款收支所时应守之范围，应俟将原案札行藩司会同全省地方自治筹办处详细核议，并遵照上列事项通行各属斟酌议复，再行拟具简章饬令照办。此事关系綦大，改革之初尤不惮反复详求，以期推行之尽利，该局当共喻此意一也。

《四川谘议局第一次议事录》，成都印书馆，1910 年铅印本，四川大学图书馆线装书库藏

整顿公有各项仓谷

本案以九月三十日午后二时付第一读会，议长、副议长、议员出席者共八十八人，布政司临会。议长宣布原案，李云龢、池【梁】矩等相继讨论，以多数决将富、乐、射康济仓谷着落向督部堂质问明白后再议。十月十五日午后三时，本案入第二读会，议长、副议长、议员出席者共八十五人，委员杨嘉绅临会。议长宣布督部堂批札后，李云和再申前议毕，议长宣告取决，赞成者八十五人，以全体可决。十月十八日呈请公布，十月十九日批复到局。全案录左：

决议案　川省各厅、州、县旧办常监社义积济各项公有仓谷，原为备荒而设，乃日久玩生，颇形废，弛兼上年饥馑频臍，各属动拨仓谷不少，虽经前督部堂锡暨护督部堂赵先后札饬各地方官买补填还，并以谨出纳、严交盘、追逋欠，审定规则十条通行在案。而访闻各属已经收买存储者固多，空虚未填者亦复不少。其存储之谷又或任其霉湿啮伤。天时岁事何能预知，若不及时严加整顿，一旦偶遇偏灾，纵议赈、议捐力为补救，而事前之饿莩已多，临时之筹画不易，何以备不虞而全民命。至富顺、乐山、射洪三厂康济仓谷，系四川计岸官运预定保厂良法，每引摊征富厂康济银八两，乐、射两厂康济银各五两，合计岁可得银三万两，于每纲奏销后将此款银两提出，由局员会同地方官就厂建仓购谷，妥为存

储以备荒欠，曾经另订专章咨部立案。查此项仓谷，虽由公家代征，确系地方紧要公积。自光绪二十九年起至今岁截止，约数已达二十余万，除富、乐两厂现存之谷不及二万石外，查其余数自癸卯纲开办伊始，即经前督部堂岑提银五万两拨作粤饷。嗣后历纲所收除富、乐两厂修仓买谷领过银八万五千九百三十九两，余照前督部堂锡留充本省军饷之案，陆续拨补新军饷需，虽非无着而已浸失初指。盖康济仓谷其原奏本为保厂计，其所以保厂原为保饷源计，源之不存饷将焉出？即以勇饷论，富厂每引新征勇饷银三十两，乐、射两厂每引新征勇饷银十两，计岸官运章程第四条早经载明，似未便重征。即谓粤铜为非常要需，以公济公，急不能择，无妨挹彼注此，而康济仓本为保厂而设，确系地方办事用费，乃六年之间止富、乐两厂领过银八万五千九百三十九两，而射厂每年合计引厘税课羡截输入国家税者，比于计岸官运虽为数较少，而通盘筹算已不下数十万，其于国家饷源所关实非浅鲜。所有应收仓谷银两并未领过，尤不免向隅。且三厂康济一项系常年征收之的款，既曰提拨粤饷，当必归还，即云凑拨新军，讵无止境。查前故督部堂丁筹办黔岸官运所拨山东、湖北及本省厘税项下银两均先后筹还，明示限制在案，断无提拨不还，亦无永远凑拨之理。现在舆论纷纷，皆以盐斤价高，民多淡食，与其坐泣空仓，保厂竟成虚语，何如取消康济，盐价即可以少平。此等过激之谈，本局固不肯主张，然而荒旱本天道之难知，储蓄为民命所倚赖，听此因循，要非长策，应请督部堂将各属公有各项仓谷，饬藩司分别刊刻表册，严定功过，督令地方官无论远近统于冬季按表造报，随将所报仓谷数目榜示各属各乡，俾众周知，得以互相稽查保存，并实行推陈易新之法，不得仍将空文具复了事。至三厂康济仓谷银两，请自今年为始，以前奏拨之款，酌令归还填仓，以后征收之银，依然照章购谷，实于国计民生两有裨益。

批复 新军为图强要需,饷项尤急于仓储,自不能不移缓救急,仍以康济一款凑拨,俟将来筹有的款再行奏明停止。各厂为饷源所在,设有饥谨,公家自必力为拯济,亦断无(膜)〔漠〕视之理。至公有各项仓谷,固应稽查保存,然其紧要关键则尤在推存易新。惟来呈既未筹有办法,各处情形又复不同,应如何因地制宜,期无流弊,候行司通饬各属,各就本地情形妥拟切实办法,禀司汇核详夺。

《四川谘议局第一次议事录》，成都印书馆，1910年铅印本，四川大学图书馆线装书库藏

预造征兵资格以期确实成立新军

本案以十月初三日午后二时付第一读会，议长、副议长、议员出席者共九十二人，劝业道临会。议长宣布原案，刘汝安、刘声元相继讨论，以多数决付委员会审查，开第二读会。十月初七日午后一时本案入第二读会，议长、副议长、议员出席者共七十九人，委员陶思曾临会。刘声元代表委员会报告审查之意见讫。夏光普、董清峻、刘汝安、李文熙、谭以大、王昌麟、程莹度相继讨论毕，以多数决付委员会修正。十月十一日午后二时本案入第三读会，议长、副议长、议员出席者共七十八人。议长宣布修正案，程莹度代表委员会说明修正之意旨，张兆麟、董清峻、池【梁】矩相继讨论修正字句毕，议长宣告取决，赞成修正案者七十五人，以多数可决。十月十四日呈请公布，十月十八日批复到局。备录全案如左：

原案　川省军队应于宣统二年成立新军两镇，期限已迫而人数寥寥。应征者寡，即或勉强凑成，以中国旧日贱兵之历史观之，想不过乌合之众，堆三聚五而已，何足以当征兵。查东、西各国征兵之预备多在小学堂或体育会，就川省言之，不惟无此规画，而且情形不合，势难仿办。惟省垣之幼孩工厂及成都重庆所设体育学堂有征兵预备，但人数有限，不足应征，拟请督部堂扩张该厂范围，并通饬各州、县劝工局仿照省垣办理，将来征兵，即由该厂、局遴选，检验身体、年龄，合格入伍训练。该厂办法系寓兵于工，入伍以前先受军队之教育，退伍之后复有习艺上之生活。近宁省建议案，正筹画征兵退伍之生计问题，关系重大，但与其惆怅于后，何若预筹于先，不动公款而与新军增无穷之便利，亦善制也。至于体育学堂则并受军事上之精神教育，再令入营见习，则弁目之职不难胜任。拟请督部堂尽力提倡，凡属体育学堂均视作官办性质，由本地方官筹拨的款确实成立，所费有限，而将来新军之编制必有多多益办之便利矣。

修正后决议案　光绪三十一年各省奉部章改募兵为征兵，中国全境应练征兵三十六镇，四川派练三镇。前督部堂锡以川省人员缺乏，依奏定陆军饷章例请减少为二镇，限定三年成立，期限已迫，而应征者寡，不得已杂以招募，此一时权宜之计，然非正当办法也。近陆军部军咨处正研究征兵办法，业见明文，势难缓图，目前之计，惟有鼓舞振励珍重军人之价值，判别军人之种类，俾爱国之士感激愤发，视兵役为国民应尽之义务，竞思投身军队，将校兵弁上下一心，大本既立更图精进。孔子称善人教民七年，可以即戎。越王十年教训遂以沼吴，非迂远之论。以古衡今，诚自强之根本也。而考东、西各国，征兵之预备多在小学堂或体育会，由陆军、文部两省标定宗旨，发挥提倡预养成军人之体魄、精神，然后招入学堂，征之军队，其高级将校恒有受十数年之教育者，士卒平时早经训练，故能临敌制胜，卓著成功。（进）〔近〕世普法之战、日俄之战，论者皆归功于其小学，良非虚语。又日本初次征兵，多不合格，随因体育会风行全国，遂收良效，至将步兵常备年限减成二年，经费不增而兵力加三分之一，其计划之善若此。中国原有此种规划，因未实力推行，乃至人才匮缺，征兵备极困难。往者不谏，来轸方遒，谨依军人种类酌拟储备之法：（一）预造将校也。将校为军队之统率，非旦暮所能骤企。查奏定学堂章程，高等小学各科目教育要义，欲养其乐群和众，动遵纪律之习，宜以兵式体操为主。至中学堂体操宜讲求实用，先教以准备发、矫正法之基础，次及中队教练枪剑术、野外演习、兵学大意等科。至高等学堂之兵学，乃有外国军制学、各国战史大要、战术学大意等科。国家自强兴学，何尝不寓意深远，思以武事立国。乃查各学堂多未实行，或犹狃尚文轻武之旧习，拟请督部堂通饬各府、厅、州、县中小学堂一律照章整顿，注意体育。由学务公所会同兵备处照章编辑高等中学应用兵学各科课程发行，并于小学课本或教授法中杂取中外战事，乃中国将来与敌国用兵之处地理、风俗，描摹尽致以启发尚武之精神、爱国之旨趣。将来陆军小学及陆军速成学堂招考，即饬令各学堂申送学生，陶铸既夙，斯戎队不患乏才矣。（二）预造弁目也，弁目为队伍之向导，学术较兵士为优，人员比将校宜众。查成都、重庆均设有体育学堂，其用意不过造成普通学堂之体操教员而已。若甄别品流，改良课程，整顿管理，即可为弁目之顶备。拟请督部堂通饬，凡体育学堂均一律认真保存的款，由兵备处编定教科规则切实整顿，将来毕业再令入伍见习，则新军之编制必有多多益办之便利。考新军制，练兵三镇约需弁目一千二百余人，战时补充尚不在此数。弁目队既经裁撤，则提倡体育学堂，就现有之基础为方来之预备，实此时不可缓之良图。（三）预造兵士也。办法又分三种：（甲）推广幼孩工厂。查省城幼孩工厂训练有法，兵工合一，意在养成屯兵，若尽力扩充，即可为征用之预备。拟请督部堂扩充该厂范围，指定学徒用路，并通饬劝工局已成立之各属，仿照幼孩工厂办理，其未成立者俟成时一律遵照。如果办理得人，将来征兵即可由该局保送入伍，而各属劝工局亦可借此删除积弊，整顿局规，谨酌拟简章附后，发达体育，振兴工艺，诚一举而数善备矣。（乙）整顿团练。各属乡团，原与征兵性质相近，若授以军队中之教育，以启其新智，作其敌忾，农人性质忠实，身体强健，收效最捷，成功更大。拟请督部堂通饬各州县，有盗匪猖獗，地方开办团练讲习所者，如无教员，可禀由兵备处拣派下级将校一、二名至该地方襄办。以枪队之教练参以拳勇技击，因地制宜，截长补短，闾阎之保卫有资，而征兵可冀踊跃得力，此又古兵农表里之遗法矣。（丙）提倡体育会。查南溪高等小学堂附设体育会，其办法系就该堂场所抽闲教练，每星期不过数小时，而柔靡散漫之风顿为之一变。拟请督部堂通饬各州、县仿照办理。各处皆有小学堂即各处皆可设体育会。中国军制多仿日本，而根本上之筹画必应密合方有实际，此预造军人之普通办法也。要之各种筹备，或由学堂，或由工厂，或由乡间，方而不一，而其目的则在期望新军之成立，兼筹征兵退伍后之生计，注意在不另筹款而可补助军队，充实兵力，其着手又在因利乘便，不事勉强。并附录劝工局仿照幼孩工厂办法简章，以资举办。

计附呈简章一件

附录：劝工局仿照幼孩工厂办理简章

（一）职员

局绅　以本县明达士绅一、二充任。

兵操教员　以巡警教练所之兵操教员或中小学堂之体操教员兼任。

助教　择聘幼孩工厂之年长灵敏者任之。

文科教员　由局绅或请中学教员兼任。

工师　由局绅择聘。

（二）职员权限

局绅　监督局所一切事宜兼授文科。

兵操教员　率领助教专任操场上之教练。

助教　听正教之指挥补助操场上之教练，听局绅之指挥补助工厂内之管理。

工师　专教作工。

（三）课程

兵操　单教步法队形，惟年在十六岁以上者可借巡警教练所之步枪编成持枪教练一队。

体操　兼柔软器械二种。关于兵事及道德上之白话讲义，由兵备处编辑发行。

习字　誊写讲义。

作工　规定工业种类：（1）本地市场所缺乏之日用必需；（2）能抵制外货者。

（四）管理

寝食、作工、休息俱依一定时刻。

服装划一制式。

体〔礼〕节仿照军队。

作工须守本厂单行规则。

（五）授课时间

每日六小时，早迟增减，随时季更动。

拟订每周授课表如左，如无星期休息或休息疏密不同者，依六日课程循环。

授科表式						
午前 六时至七时	白话讲义	兵操	体操	白话讲义	兵操	体操
八时至十二时	作工	同	同	同	同	同
午后 一时至二时	作工	同	同	同	同	同
七时至八时半	习字	自习	同	习字	自习	同

（六）服装

草帽、草鞋、蓝布操衣、操裤（衣帽用一定标识）。

（七）经费

兵操教员系兼任，钟点薪水酌定数元，助教减半。各县劝工局均有的款，此项支款有限，局内用人、材料略加樽节便可支应，不必另筹。惟各县劝工局的款不许别项挪移，以免支绌。

（八）选格

以身体强健、资质聪颖、年在十二岁以上不能别谋生计者为合格。

（九）试验

分文科、兵科、工科三种，工科又分速度及制作两种，每月试验一次兼算平日成绩，核定分数。

（十）赏罚

月试验至七十分以上者酌奖本厂出货，在五十分以下者禁止休息，不服管理者斥退。

右简章系就一般情势拟定办法，除课程管理试验外，均可随本地方情形变更办理。

批复　所呈预造军人资格，备御侮折冲之用，用意良深。惟查陆军将校各项学堂部章，各省均有定额，文学堂应有体育功课，部定章程亦均有阶级可循，候饬学司通行各属遵章办理。至征兵区画，现奉新章另有规定，应守秘密，自应静候（军咨处陆军部）定有办法照行。

《四川谘议局第一次议事录》，成都印书馆，1910 年铅印本，四川大学图书馆线装书库藏

保存神会财产以备自治经费

本案以十月初三日午后三时付第一读会，议长、副议长、议员出席者共九十二人，劝业道临会。议长宣布原案后，肖中鑫、周常昭相继讨论，以多数决付委

员会审查。十月初七日午后二时本案入第二读会，议长、副议长、议员出席者共七十九人，委员陶思曾临会。程莹度代表委员会报告审查之意见。池【梁】矩、江三乘、张光溥、蒋锡光、李树春、肖中鑫相继讨论，以多数决付委员会修正。十月十四日午后四时本案入第三读会，议长、副议长、议员出席者共五十四人。程莹度代表委员会报告修正之意见，全体无异议，议长宣告取决，赞成者五十四人，全体可决。十月十四日呈请公布，十月十六日批复到局。备录全案如左：

原案 国家预备立宪首以地方自治为根本，故于第六年限内城、镇、乡地方自治一律成立，第七年限内厅、州、县地方自治一律成立，则当此未成立前筹备经费其一大宗也。盖地方自治之成立必有议事会、董事会各种机关，其中组织，举凡商会、农会、工会、教育会以及卫生、慈善等会无不包括于其间。必在在令民捐集，实所难堪，且为数甚巨，更非一时所能措办，此不能不斟酌地方情形筹一因势利导之策。上年各州县筹办新政多以筹款之难，酌提神会为补济，本属于民无扰，于事易行。乃乡镇刁狡之徒遂有私分之议，果其彼倡此和，互相侵蚀，不难以多年积产一旦化为乌有，筹设自治更无措手之地，殊为可惜。查川省地方各神会名目不下数十种，富者产业千亩，次者数百亩，最下者亦数百金，日前所提未及十分之一也。现在筹备自治势所难缓，宜即通饬地方官认真清查庙产，严禁分会以及应酬筵宴唱戏无益之需，并饬各会改良办法，如文昌、仓颉等合而改为学会，关帝、财神等合而改为商会，鲁班、轩辕等合而改为工会，牛王、青苗等合而改为农会，药王、观音、城乡善堂等合而改为慈善、卫生等会。总之，就其会之性质目的相类者附从更改之，在会者不许出会，未在会者劝其捐底入会。其各章程由各地方明达绅董拟草呈由地方官核定详准施行，总以有补于地方公益为本旨。如此办法则因所利以为利，化无益成有益，既以立自治根本，又以结地方团体，筹备经费之法莫善于此矣。

修正后决议案 凡地方公益事件，如修桥梁、辟道路、立病院、防瘟疫、设学校以开人民智德，兴实业以扩张社会经济，凡此等类，听人民之自为谋，非不可也。然能自谋之人在社会上实居少数，即有热心提倡者，使不借公众之力集公众之财，一人之资力有限，何能当此最大之事业。故凡地方公益必以地方经济负担，且必以地方团体自办，乃能公而且溥。现在预备宪政时代，限期使各地方开办自治正为此也。惟是地方善举，仅以私人经营固难能而可贵，即以地方自治谓可巨细靡遗，亦非有合于事实之言。社会事务多端，甚望各地面之经营发展。吾蜀前此风习，或以事业之所共出，醵资祀神，因而成会者有之，或以旅居之怀，故乡同籍之人建立会馆，因而成会者亦所在多有，集腋成裘，逐年加丰会款，多者数千金，少者亦数一百金，使其皆能从事于地方善举，则各地方之发达盖未可限量也。无如锢习相沿，各会财产惟有消耗于酒食杂戏等项。近年办学乃有提拨会款之举，而各会首董心殊不服，理无可抗，则且滥费耗财，甚或暗串分会，徒为豪强剥蚀，无裨人民生计。兹拟保存方法，公家并不强夺其资财，私人亦不得滥用其资财，便皆保留以充地方善举，斯固今日切要之政策也。

（一）各会之种类大别可分为二种

（甲）公共之会，由抽收官平、斗称、肉厘、船捐等，凡属公共收捐或禀官立案者皆是。

（乙）私人结合之会，由同一信仰、同一籍贯或同一职业之人私相结合醵资成立者皆是。

（二）保存之方法

（甲）凡未存案者，其原有成数及现存收支确实数目，由地方官剀切告示，限各会首于一定期间内详细开列，报官存案，经首人不得任意分散挪用，并可随时派委妥绅调查。

（乙）各会既经存案，地方官亦不得任意提拨，以达保存之目的。

（丙）各会从前酒食杂戏等费，应由该会每年节省以兴善举，如兴学、水利、桥梁、道路诸慈善事，由该会中人自行筹拨或连合两会为之，其详细办法及支出款项数目，须察知各该管地方官，及该地方自治公所查核。

批复　呈悉。查所议各节，用意殊为美善，惟有未便施行之处。其理由如下：

一、神会财产究与公款公产有别，未便强行干涉，令其全供地方之用。

私人醵资成立之各会，即为私人团体之财产，与各个人所有之产业无异，原非公款公产可得相提并论，将来自治职成立以后，自可酌量本地情形及神会性质征收各种公益捐，或借用其不动产，或征其劳力物品，凡为章程所许及地方合意者，均为可行之事。若自治未成立以前即令其报官存案，是议保存，正所以促其分散，并难免无隐匿不实之弊。即使派员调查，恐或反致骚扰。所有甲项保存之方法，未便施行。

二、存案后地方官不得提拨，将于地方行政不无妨碍。

查公共之会如官平、斗称、肉厘、船捐等已经各属提拨者正复不少。如金堂、蓬溪等处之自治研究所即系提拨庙会庙款为经费，而纳溪县且将城隍会戏资挪作自治研究所之用。如果照所议保存方法，既经存案后地方官不得任意提拨，则所有以上各处自治研究所经费，即令已用者无由措还，而未得者概归无着，其于地方行政不无窒碍。所有乙项保存之方法，未便施行。

三、由各会自办各事未免侵入自治职范围。

查兴学、水利、桥梁、道路诸事皆分列于自治章程第五条，学务、道路、工程各项非善举一端所能包括，且各项均自治范围内应办之事，今乃令各该会中人自行筹办，或连合两会为之，即令自治职不以侵入范围为嫌，各该会恐亦力小而任重，办理难期合法。所有丙项保存之方法，未便施行。

据以上理由，所请公布施行之处，碍难照准，应毋庸议。

《四川谘议局第一次议事录》，成都印书馆，1910年铅印本，四川大学图书馆线装书库藏

剔除征收丁粮各弊

本案以十月初三日午后四时付第一读会，议长、副议长、议员出席者共九十二人，劝业道临会。议长宣布原案后，王昌麟、李树春相继讨论讫，以多数决付委员会修正。十月十四日午后三时本案入第二读会，议长、副议长、议员出席者共五十四人。刘声元代表委员会报告修正之意见，全体无异议，议长请先就修正案中所拟办法四条取决，赞成者五十四人，本案遂全体可决。十月十四日具述决议要领呈请公布，十月二十三日批复到局。备录全案如左：

原案 查各厅、州、县地向有一定征收，如正粮一两应完银若干，各属轻重

虽有不同，必有一定标准，而各衙门书吏每有浮收等弊。逢厘加分其弊尤浅，甚有懦弱乡民任其勒取，每有正粮一分勒取至二、三分者不等。查各属大粮最少，零星小粮实占多数。小粮大半以钱完纳，每由书吏任意折合，地方官并无牌示一定银价，即有牌示，书吏亦奉为其文，以故给票存根并不实填完纳数目。查阅给票仅填某乡某姓名正粮几两几钱几分几厘加火耗，应完数目项下一笔勾销，并无一字，此即书吏浮收巧于掩饰之一法也。而乡民见其勒收以为为数无多，不敢与较，往往托人代完，于是地方生出一种包揽粮税之人。包揽者一旦亏挪，到扫解时间，地方官又复饬差抬垫，将给票发差，斯时粮差则不问包揽之亏欠，而只责乡民之抗延，肆意勒索，无所不至，民间莫不疾首痛心。推其原因，非乡民之抗延，而实由书吏之勒取所致。拟将各厅、州、县征收丁粮书吏，由地方酌定薪资，不得混同征收借词房费之用，务须填明给票实收数目，以杜浮收而苏民困。

修正后决议案　丁粮为国家正供，因无确定画一征收之法，遂至积弊丛生。官吏胥役层层剥噬，而小民乃于蒙昧之中隐肩数重之担负。查四川厅、州、县征收丁粮，先由官集绅协议，每正粮若干应上银若干，虽各属轻重不同而实际已皆不无浮羡。经收书吏复从中勒取，乡民良懦，往往有正粮一分或勒取至二、三分不等，如给票不填明实在收纳数目，尤其弊之最大者也。盖丁粮既定以银完纳，而实际以银完纳者必属大粮，各州县大粮率居少数。零星小粮大半皆以钱完纳，书吏因之任意抬价折合，其给票存根并不实填完纳数目，仅填某乡某人正粮若干并于应加火耗数目项下。乡民任其折算纳付，其实在应收之数既无从确知，又以书吏积威有素，不敢与较。而各处故习复于丁粮扫解时，凡迟未上纳者，地方官辄饬差抬垫，差等以给票未填明实收之数，又复肆为逼索，有数倍抬垫之数而犹不止者。夫租税为国民应尽义务，征收方法须求确实简便，便民易知易行，岂容吏役于中舞文取利。查此项首蒙其害者尤专在乡里小粮之人，应亟加革除。酌拟救弊之法：（一）凡丁粮给票存根均须填明实收纳数目，并一律真书，不得任意草率。（二）经收书吏除照章应收之数外，不得私收一文。（三）征收银价应由各处商会照市面实价每日揭示，以便折合。（四）力杜抬垫之弊，即偶有抬垫者本户偿还不得倍其应上之数。以上数端，应请督部堂通饬各厅、州、县一律实行，并饬收纳津贴捐输诸局悉照此办理。如再仍前弊，准由各厅、州、县人民指控，查实律治以应得之罪，庶积弊渐清，小民完纳国课，不至受吏役隐蚀婪索之苦。

批复 查丁粮岁有定额，并非临时议派。呈称由官集绅协议，则所指殆系捐输等款。捐输向多绅收绅解，是浮羡勒取之弊又不尽在官吏胥役矣。惟丁粮津捐同为国家经收之款，无论收解者为官为绅，但有弊混即应设法湔除，岂容舞文取利。来呈所列四条，有事虽可行尚须分晰厘定者，有本系如此者，有须由各属按照本处情形酌定者，有本有限制无待更张者，理由胪列如左：

第一条 给票与存根一律真书，看是甚易，实则票张繁多亦颇难行，惟当责以能令人辨识，不准故意潦草而已。至填明实在收纳数目，则止能按实在应完丁粮、津捐银数填写，不能兼填折合银数。盖银价不一，票张甚伙，若一一分填银钱各数，又复一律真书，不但原来填票之人赶办不及，即再加一两倍亦恐难以敷用，添雇工食从何取给，设延时日谁执其咎，故不能不分晰厘订。

第二条 本系如此，应照定例及节次通饬办理。

第三条 各属按银折钱之数，有以特别原因奏定禀定者，有地僻银绌，本日所收之钱本日本处无银可买，不能不按照市价酌量示定，以免亏短解款者，若概由商会揭示，无论市价系市平、市色，征款系库平、库色，数目仍不画一。且商会尚未遍设，即以成立之处，亦不能按其揭示之数逐日为各属担任折合买银。此条应由司通饬各按本处情形酌定办法，禀司汇核详夺。

第四条 查抬垫诸弊，前督部堂岑严戒于前，前督部堂锡续禁于后。上年邻水差役邹玉抬粮扰害，复经本督部堂严加惩办，批司详定，撤柜期限均以冬月为率，其抬垫息银亦不得过三分，通行饬遵在案。此事已有限制，自不致倍其应上之数，应毋庸再事更张。以上除第二、第四两条外，余候行司通饬各属分别遵办议复，以昭核实。

《四川谘议局第一次议事录》，成都印书馆，1910 年铅印本，四川大学图书馆线装书库藏

并官报书局入学务公所

本案以十月初六日午后一时付第一读会，议长、副议长、议员出席者共八十人。议长宣布原案，并揭出官报书局，刘席珍说明理由，并调查官报书局之内容请讨论，全体无异议。议长宣告取决，赞成者以全体可决。十月十四日呈请公布，十月十五日批覆到局。备录全案如左：

决议案　四川官报书局始于光绪二十九年前督部堂岑任内，由学务处创设编译所，旋改官书局，继又改为官报书局。前后开办经画以及修筑房宇，悉由学务处主持。常年或临时所需经费亦统在学务项下提拨，有案可查。原经始之主旨，盖以编辑书报诱启人民智识，为学务处必要之附属机关。嗣经前督部堂锡檄委陆道宗岱总办其事，札文尚且声明会同学务处办理。后因陆道与学务处龃龉，乃始详准分离。然据陆道详准原文，犹有官书报印刷日精，销行日广，后之所入方源源而来，学务不虑无挹注之资，将来积款增多，更可恢张学务等语。是官报书局虽离学务独立，而其所赢之款犹应充学务经费之用。乃查该局近年各项发行印刷进款，岁计约银六万余元，全局薪资膳费及购买物料、添配机器等，通计只用银二万余元，出入合算每年可赢四万余元。果能大加撙节，其赢余尚不止此，实为公家大众有益之款，乃并未以之挹注学务经费，而徒供该局浮用，近且改名为官印局，欲以泯其虚縻之迹。学务公所自该局独立后，为图办事进行上之便利，又不得不另拨款项设立印刷所，又费去万元，是则该局于学务经费不惟无丝毫之挹注，且直接间接蒙其损害，揆诸最初设局之意，实为大悖。至该局内容之腐败，开支浮滥，例如全局自总办以下委员司事数十人，合以技师书手学生岁约支银一万八九千元，而绘图、照片、落铜、点石等技师机械犹多缺略，乃至不能供用，例之成都商办石印公司，月仅支出三百余元，规模虽较该局为小，而技手机械实较该局为备，两相比较，得失自见，亟宜裁撤，夫复何疑。查该局现有资产计纸张、药品、机器、房屋，共约值银十三万两，而溯其成立之始，皆动用学务款项以为母金。此既纯系学务款项所构成，现在学务公所经费支绌，督部堂咨询本局方在筹画之中，诚能将该局并入学务公所印刷部，合并为一，统由图书科管理，可省去总会办及以下各员冗费。合并之后，机械足用，不必时为添置。款项可以核实，收其羡余，提其中饱，使学务经费得岁增的款。该局本为学务处拨款兴办，自今裁撤并入，允与原案相符。总此数利，应请督部堂饬将该局并入学务公所图书科印刷部办理，借以省浮靡而益学款。

批复 查官书局之设，初虽由学务处拨款，然除却学务处派员办理期间亏折四千余金外，仅只建筑费三万余金。其购机置料另由藩司拨给，并非纯是学务处之款。即学务处初办，其款亦非自有，多由各署、局凑拨而来。此时各库同一竭蹶，倘各署、局皆以旧日曾拨济学款，亦责偿于学务，其数何止巨万，以彼例此，当可恍然。至官报书局所办之事，比较商公司不止数倍，所入者多，则所用者亦多，每年开支如来呈所列之数实未见其虚縻，调查未确而遽加人以腐败浮滥之名，无乃不可。在从前风气未开，印件较少，规模诚未完备，然石印之精已为川省首出。自本督部堂抵任，迭饬加意整理，迩来功课加增，开支益减，印件取值比各处为廉。官私印件日增，添办各机将到，是以仿照江南、湖北办法，改名官印刷局，而谓其欲以此泯虚縻之迹，果何所据？考之中外，以官印刷局总揽印件，系属通例。若以官印刷局归并一部分行政管理，未之前闻。况官报乃发布政令机关，学务公所兼办尤多窒碍。创办此局，前督部堂锡颇费苦心，当经奏明在案。准情酌理，只应扩充，不应裁撤，所请未便执行。

《四川谘议局第一次议事录》，成都印书馆，1910年铅印本，四川大学图书馆线装书库藏

剔除经征税契、肉厘、酒捐、油捐积弊

本案以十月初八日午后一时付第一读会，议长、副议长、议员出席者共七十

二人，委员方煊临会。议长宣布以陈念祖、陈洪泽、李树春三案并议，王树槐、王昌麟、刘汝安相继讨论，以多数决付委员会修正。十一月十一日午后四时本案入第二读会，议长、副议长、议员出席者共七十八人。刘声元代表委员会报告修正之意旨，陈念祖、刘汝安、池【梁】矩相继讨论修正字句毕，议长宣告取决，赞成者七十八人，以全体可决。十月十四日呈请公布，十月十七日批复到局。全案录左：

第一原案　查川省经征所收税捐，向皆由绅管理。去岁设立经征局，委员专司，盖虑不肖乡绅舞弊中饱，上亏国课，下欺平民，意非不美，法非不良。无如弊随法生，美意尽失。绅虽狡黠，犹觉上畏上官，下畏舆论。自设局委员，既不受地方官之监督，又不恤民间之清议，苛罚虐征，积弊难言。试举一二端论之。

（一）各厅、州、县遵用部颁官秤，所以一各地之权衡也。交易商场，收解库款，胥准夫此。虽库秤、库色或有加收，究属额外明征，不闻于权轻重时即有畸轻畸重之事。乃各厅、州、县之经征局，竟有不用本地官秤，而另设私秤于局内，视其人之强懦，以定权衡之轻重。每银十两，较官秤必折一钱，以至三、四钱不等，此其弊之经收也。

（二）银钱涨落，必照市价，地球各国之通例也。虽各地之情形不同，而一州一县必有一定之时价以为标准。乃各厅、州、县之经征局则不然，例如每银十两，依市价应换钱十五千，民间以银纳税，则止合钱十四千，以钱纳税则必合价十六千。而又故为刁难者，则必欲收钱，纳税者则必欲收银。或有除银钱两种外而纳银元者，则又仅以六钱七八计算。种种不平，怨声载道。此其弊之在出纳也。

（三）油酒税契，从实征收，所以济国家之公用也。各厅、州、县之桶榨捐，从前由营业者报明团保转呈地方官注册纳税，若有息业，陈明情事，准其注销。自经征局成立，则无论息业与否，该地所报桶榨若干，必照册内桶榨数目征收，致令谋油酒生业者，无人招佃，逼成游民。有佃之者，万一折本息业，或因事迁移，后来者必仍继其业乃可，不然桶榨税必责成主人。今秋以来，各厅、州、县主人与佃户因此生轇轕者不少，甚有逼成命案者，言之可为浩叹。至于买业税契，须照实价，此正当之办法。乃经征局于实价一百两固照例收税若干，若实价一百零几两，则收税必照一百五十两，实价一百五十几两，则收税必照二百两。浮收中饱，病国病民。此其弊之在立法也。

综此数弊，皆各厅、州、县之实在情形，一般人民无不啧啧烦言。谘议局为采取舆论之所，凡地方应兴应革之利弊，须当切实指陈，不特职任权限所规定，抑且煌煌谕旨，早有明征，请本局议决撤销各经征局私设权衡，银钱须照市价，勿勒征桶榨，勿浮收税契，呈请公布。

第二原案 查前各厅、州、县征收田房税契，有契写钱价者，每钱一千，以八折银合银一两贰钱伍分，则按银数上税。每应税银一钱，又倒合钱一百六十文，此以钱合银之三倒拐也。有契写银价者，每银一两合钱一千陆百文，又以八折倒合价银二两。如应税银一钱，仍合钱一百六十文。钱价稍涨，则不止此数。或即征收银两，则照库平每两加五六分推算，此以银合钱之三倒拐也。查经征未设以前，虽有三倒拐之弊，而税价尚轻，每合银一两，或税银四五分、六七分不等，附加税在内，且有炮税轻减至三四分者，民间不至大苦，买卖尚多。查今既设经征，每银一两，例定税银九分，附加在外。而各经征分局，仍照前三倒拐折算。如契价一千，即应完库平银一钱三四分，或钱二百文有奇，契价银一两，即应完库平银贰钱二三分或钱三百四五十文，较前尤加数倍。恐民间以征税过重，视买产为畏途，又值民穷财匮之时，置产从此减少，不惟窒碍征收，转致贫富交涉事务更鲜通融矣。前聆督部堂谕云：征收之设，即以杜三倒拐之弊。今查各属经征分局，仍前折算。请督部堂重申禁令并修订章程，每契价银一两，既定征收银九分。请通饬民间田房税契写钱者税钱，写银者税银，每钱一千，即征税钱九十文，每银一两，即征税银九分，不准三倒拐折算等弊，以昭平允。附加在外，庶不至委员书吏，巧立名色，借资中饱，则国与民不至交困矣。

第三原案 田房投税，由部特定。买契每银一两，收税九分，当契每银一两，收税六分，显有区别。而经征分局告示，混称照常征收。据此似当税且与买税例看矣。又部定税则，只买税当税，本无佃税。乃复援大佃即当之说，迁就以求其合。混称征收佃当，限制业价，如能值钱千串，佃在五百串外即作为当，则变而加厉矣。抑更有请者，川省买税多不过七八分，少或四五分不等。今一律以九分上纳已觉过重，然既定每银一两，税银九分，义自明了，经征分局沿陋袭敝，仍用以八合十等名目。查川省税契八折推算者数十州县，其系以银八钱合成一两，已浮收一钱一分有余，至如八合十以钱作银等处，更浮收至一钱七分矣。歧视定章，重累小民，莫甚于此。朝廷无一事不需款，无一款不取民，来日方长，弛担未卜，应请通饬，无论以钱以货物折算，均须类推，能足成实银一两，始分别纳买税九分，当税六分，不得以八合十，致多向隅，庶征收之中寓有体恤之意。

修正后决议案 经征局之设，本以谋财政之统一，求国税之确实，非病民之具也。然奉行不善，或仍因沿旧习，或更滋生弊端，致人民怨疾，目为厉阶，并立法美意亦为湮没，甚可惜也。自昨年设局以来，积弊不胜毛举，今就其着且重者言之。田房税契，本取诸有力之家，果征榷能得其平，何至扰累！自官吏借此渔利，流弊遂多，其最病民者一曰三倒拐之折合。如契写钱价者，每钱八百，乃作银八钱，折合银一两，按所折合银数上税。而应税之银又必照市价加七分之一或六分之一倒合成钱完纳，是为钱合银之三倒拐。如契写银价者，每银一两，必照市价加七分之一或六分之一倒合成钱，又以八折倒合成银，按银数上税，又照上折合法倒合成钱完纳。即或收银，则必照库平每两加五六分完纳，是为银合钱之三倒拐。二曰认零作整之浮收。实数实税，本为通则。近乃认零作整，如数两以上即作五十两，五十几两以上即作百两，任意推算，取饱囊橐。此皆征收契税之积弊也。酒油两项，本属人民自由营业，兴业歇业非他人所能干涉。即其负担之税项，亦应以其实有之酢与榨为标准。今各地酒酢、油榨，当开办之初，并未详确调查，概系估计勒认，总局分局图手续上之便利，比较上之优胜，只问册名，不问事实。至衰旺不计，减停不许，有易业息业者，则强人补足其额，致令商民视为畏途，坐视利源，不敢从事。若继业者具认状时之需索，息业具辞状时之措勒，尤其细焉者矣。此征收酒税油捐之积弊也。若弊之最普通而剧烈者又有二端：一、额外苛罚。据章漏税者以二十倍罚，本系定有明文，而委员误会其旨，往往借事生风，违章重罚，有以钱一串之误，而罚至一千余两者，且劣绅棍徒及吏役等皆因缘为奸，鱼肉良懦，小民酸心侧目，莫敢谁何！如长寿、定远等县，皆有确据可查者也。二、故意颠倒银钱市价及税则。中国币制向无一定本位，银钱并用，久成习惯。近经征局收纳税厘，往往于应完钱而完银者，则故昂钱价，应完银而完钱者，则故昂银价。且有本系完银而必强人完钱，本系完钱而必强人完银，以为折合侵蚀之地者，至以银元完纳，则多以六钱余计算之。种种抑勒，尤为扰民。当此国帑支绌之时，人民若不竭力负担，即为负国。然民生凋敝，若不力除弊害，民何以堪！以上所列诸弊，若果在沿袭，则经征局自应除旧布新，若由于新生，则清源遏流，经征局尤不能辞其责。谨酌拟剔除积弊之法：（一）请按契征税也。税根于契，则契所载或银或钱及若干数目，均应依据以为纳税之本。应请通饬，凡以后契上载银，即以银税，载钱即以钱税，载银元即以银元税。如章定银一两税银九分者，即可推定为钱一串税钱九十文，银元一元税银九仙，不许再以银钱往来折合。税银一以市面通用之官秤为准，不许滥用库平名目，以除三倒拐八合十并契为市平税加库平之弊。其契价无论一两、一串、一元以上以下，均准税则推算完纳，不许认零作整，以免浮收之弊。至契上价目及完税实数，均当于契尾详细载明，不许混淆，以清弊窦。（二）请征收肉厘、酒税、油捐但求核实，不强加制限也。屠户、酢房、榨房，其猪只、桶数、榨数，或因时之衰旺，或因业之赢绌，或因人之存亡，自不能无增减兴废之事实，然以首事就近之稽查其实数，不难按籍而得，必限为定额，实远人情。应请通饬，凡征收前项厘税，俱依现时实数。总局、分局不得徒认册名，折勒取盈。其民间兴业息业，各听其便，不许借故迫胁及需索陋规。（三）请严禁苛罚也。定章罚款，本自明白，应请严申禁令。凡瞒漏厘税之罚，只依所瞒漏之数照章推算，不许于额外苛罚，尤不许借端摧辱，动加笞棰、枷锁及纵容书役等需索揎诈。（四）请征收银钱一依市价也。征收之弊，应听民间用银用钱，各随其便，方可行之无窒。而银钱之拆合，必依市价乃可双方平允。应请通饬，凡有商会地方，由商会将每日市价呈请地方官悬牌宣布，无商会者，由官平局每日呈报地方官牌示宣布。凡各项征收，其以银钱折合时，无论出入，一依市价。至银元一律以本省通行之则为准，不许增减，以维币制也。

批复　查经征局设立以来，所收四项税率，除当税、糖税另办外，其余均悉沿旧，无所谓有新者。所呈剔弊诸条，有不能执行者，有本系如此者，有应行查办者。逐条批答如下：

第一条　查税契八合十三倒拐及钱合银、认零作整、折合名目，川省各属，或有或无，情形至不划一，实为从前通行之惯例，并非设立经征局以后之积弊。本督部堂于上年奏定章程第七条，度支部本年奏定章程第十条，均准照旧。盖折合之数一经减少，实与减少分数厘数无异，国税必因而短绌，此部巨疆臣所不敢出此。若该局无议减国税之权，自属无效。至于库平名目，在中国币制未定之时，但用生银，皆以库平为唯一准则。国库收入，无不准此，定制煌煌而曰滥，用育不可不慎也。此条不能执行。

第二条　肉、酒、油各房歇业，本为定章所许，营业废业，纯任自然。每报歇业缴照者，报开张领照者，不下数十起，报告具在，无可隐饰，外间安能尽知。不许需索陋规并不许借故迫胁，此条本系如此。所称需索措勒各节，应指出何时、何地、何人，以凭查办。至各税比较定额，为考核功过之用，行政处分属焉。此事万难废除。

第三条　各项罚款，均由章程规定，不许额外勒罚，本系如是。所称定远、长寿等县，均有确据，应将确据呈候查办。

第四条　曾有通饬，不准格外加减，本系如此。

以上各条，本系如此者无弊，不能执行者非弊，仅据所称定远、长寿等县似有弊矣。纵有亦系一、二人之过失，尚待查办，不能概及全体。上司聪明有限，属员未必尽贤。本督部堂深愿得地方贤士大夫举其奸而摘其伏，以补考查所不及。切勿加以其弊不胜毛举含糊笼统之词，是所望也。

《四川谘议局第一次议事录》，成都印书馆，1910年铅印本，四川大学图书馆线装书库藏

请化夷归汉以除内患而固边圉

本案以十月初十日午后三时付第一读会，议长、副议长、议员出席者共七十八人，委员史悠彦临会。议长宣布以马如珩、刘昕、刘成璋三案并议，马如珩、张光溥、刘声元相继讨论，以多数决付委员会修正。十月十五日午后一时本案入第二读会，议长、副议长、议员出席者共八十五人，委员杨嘉绅临会。刘声元代表委员会报告修正之意见，刘成璋、刘昕相继讨论毕，议长宣告取决，赞成者七

十七人，以多数可决。省略三读会。汇齐原案，于十月三十日呈请公布，十月二十三日批复到局。全案录左：

第一原案 蜀川西南夷支，南极金江，北连大渡，西越吐番，东跨马雷，其间纵横千余里，皆生夷巢穴，大小数百支。奴各主其主，而主各使其奴，沙马安龙久不袭职，周围近汉之处，如峨、马、雷三边，叙永、屏山、宁远各州县，虽有土官，失权已久，大半不受管辖，酿成夷强汉弱之势。查东、西各国皆重殖民政策，而蜀川一块浑然不化之土，数千年潜滋暗长，逐灭汉族，忽开忽合，为心腹患，一任长夜漫漫，伊于胡底？况近日英人、法人互争范围，计由滇以扼长江上游。法路已通，仅隔一江。其利用夷人为内应，或诱夷奉教（前年夏光教士由交觉八日而达叙府）或深入侦探（去冬英武弁死于野夷地大木杆，酿成交涉）。汉人所不能到之地，英人、法人入之，后患何堪设想？国家连年用兵，周围设营驻防，糜费劳师，讫无成效者。实坏于官吏敷衍，为保举升迁计耳！夫天地间无文字、无知识之种族，其能与文明种族并立乎？只以数千年来均借口于一视同仁，目为癣疥，聘羁縻之故智，昧殖民之政策。夫日本与川、藏隔绝数万里，而河口慧海山县大尉诸人调查土夷情形，不遗余力，着有成书，其殖民学堂操土语者最众，现已有托经商直入其内部者，种种方法，兼营并进。而我国以幅员内之夷人，不能同化，且任为症瘕，存留心腹之疾。脱令外人假手于兹，以为控制上游之计，则川省危而通国摇动矣！譬如巨宅前后，门户豁然洞辟，凡我川人，岂犹能高枕而卧，自谓无忧？珩僻处边隅，与夷连壤，睹夷人之扰害最甚，调查夷情最熟，承办夷务亦屡，即思所以制之之道亦最详。谨将实行化夷归汉办法录列于左：

一、训练团丁。宁远及马边一带，为夷人前后出入要冲，宜就宁远一而府城设总局练团，再于马边一方面立局，均划段分区，各设局所，先开传习，训练团丁，务令各县声息相通，联络一气，人自为教，以收两面控制之效（制详简章）。此项经费以地方原有之防夷局、保甲局款项充之。

二、改办营、讯官兵为道路山林警察。入建大路一带，道路崎岖，相岭涧深，宜以宁、越、武安保哨改习为道路警察，以马边达字营、建昌靖字营以及两面制营为山林警察。此项经费即以该营饷银充之。

三、开设殖边学堂。其目的在控制夷人，故其学科武技，均着意夷人方面。

其学堂课程，分山地战、森林战、山地测绘、山险侦探、夷情调查、屯垦术、筑硐术。学生毕业，给以武生、武举，补千把额缺。此项经费由督、藩、臬应摊及盐道移解。预筹经费项下，马边各（属、营）缉盗赏款（每年约四千金不等）提拨，马边、宁远各设一堂。

四、开设化夷学堂。夷人亘延内地，不能聚族歼灭。威之以武，复化之以学，庶归效用。其学堂课程，则识字、写字、汉语、汉仪，革其抢劫为能故技，以及日用必需之工业等类。其学堂分为三类：

（甲）就营设立随营学堂，收录附近夷人之通汉语者。此项经费查拨城壕马厂漏款充之。

（乙）札饬各地所属土官，各立小学堂，收录所属各村码头青年子弟入学。经费由土司自筹以外，禀增附生，均可由土司出保聘布夷村开学。

（丙）札饬各地所属土官设立师范传习所，卒业后半充夷人师范，半充夷甲首人与汉人交涉。其经费由土司自筹，仍给顶以荣之。

备考：查汉夷两种语言不通，难施教化。由浅入深，有土司转输其间，则文化可由间接而入。此化夷归汉之次第也（恩教均由浅山下，诚以浅山不卖路，探夷不能出而扰也）。

五、驻兵交觉。交觉为夷人中心点，非（注）〔驻〕重兵，不足以弹压夷人。可先将建左游府改驻移交觉。旧制，再由越西、三边、建昌分道安插营汛，以资联络，而中分其势，然后渐次扩张兵力，实行屯垦、开矿、通商等殖民政策，庶可确收化夷归汉之实效。

以上各节，请本局议决，呈请施行。

第二原案　宁远居崇山峻岭中，毗连滇界，夷人员嵎或千余里，或数百里不等。浅山熟夷，如交觉、二板房、马料河、北山等支夷族，时出焚掠，官道为梗，居民被扰，捆扎烧杀之案，层见叠出。经前任道镇马凤、继任镇府田陈禀准督部堂剿办，然始恫以剿，终绥以抚。粉饰太平，凯歌之声未息，而警报又在庭矣！是非官吏之不欲实行剪灭，只缘急于奏功，巧于塞责，且深入荡平，又恐劳师糜饷，费时丛过，故为是苟且之计。况官一不称，旬月而易，此夷务之动辄消费巨万而迄无成效者此也。今宜责令五属绅团，假以事权，严饬武备，无事各固疆宇，有事自为进攻，只须地方守令择贤札委，资以枪械，励以赏罚，使之拓地殖民，借此启疆开矿，推广利源，消除民害，并妥议章程，若能不动官府兵饷，自辟夷地者，即作该团永业，限年起科，通禀立案。并由守令集合绅团酌议军垦部勒之法，其有土官不能制夷，改令归流，被之王化，不服者，令各团攻取之。查近土目多有抗粮藐法、纵差受词之举，已与定例不符，非大加痛惩，断难挽回。果如是，则不借官兵而自胜官兵之效，不言剿夷而自收剿夷之功。且各团人民借以习战，武备为之阴藏，将来立宪征兵，亦足备国家干城之用。再由守令拔其俊秀，施以教育，则不惟夷患可消，而士气亦借此日强矣！

第三原案 川省之边患，西藏之喇嘛、宁远之猓猡为最甚。喇嘛以佛教为宗旨，而烧杀抢劫捆掳之事不常见。惟猓猡犬羊成性，豺狼居心，以烧杀抢劫捆掳为常事。邻近十余州县，尽遭蹂躏。咸同间大肆凶横，而越西所属大道通衢，人绝往来，告书十上。朝廷简命提督军门周公达武提师数进剿，同治八年凯旋，越西一带夷患始息，而西昌冕宁等属得以稍安。迄光绪癸巳，西昌支夷猡猴蠢动，烧杀附城王家坡一带居民，经前府唐承烈、镇军刘公士奇禀办，获其匪首何忽沉等，该支夷投诚，饮血府镇，允许创修夷卡于府治西偏，择其狡黠者作质换斑，月给口食，冀其永不滋事。殊夷卡一设，虚实被其窥伺，而抢劫之风，日甚一日。府属地方无地不有，山乡居民受害尤酷，其流离迁徙不下万家，鸣冤报案，官府亦莫如何，不过严饬土司缉办而已。虽设有防兵，为数寥寥，地方辽阔，防不胜防，守不胜守，抢之不已，则大股出巢。如光绪二十八年，阿什支夷，烧杀黄水塘一带，二十九年吉耳九支，复烧杀大兴场、石咀子、赵家堡、张家堡等处民房百余院，掳去居民男女数百。前唐公翼祖办理不善撤任，大宪委知府黄公麟兆接办。又札委知府高公培焜督办，仍未痛剿，札兵各隘，邀结投诚。去岁吉狄支夷复出巢，烧杀掳掠乌料河居民一案，大府委建昌道马公汝骥、建昌镇凤山办理，进兵未久，旋遭两宫大行，即行撤师。今春锅盖梁、小庙、礼州一帮连被大老虎支夷率众蹂躏，均未痛剿，而土司岭荣等狡诈，善为窥伺，虽声言剿办，意在于抚，即谬称汉夷合团，以饰人耳目，并沿山修碉，以为夷兵防守之所。将来夷兵明为防守，暗通消息，后患何堪设想。现在镇军田公振邦，知府陈公廷绪由办理二板后移师驻扎交觉，亦是勒令投诚而已。夫办理夷务，不外剿抚两端，且筹款如此其难，边防如此其急，何能数路进兵，剿除净尽？然必夷受痛剿之后使知兵威，而后能真心帖服，俯首就降。若未受深创，为土司所舞弊作质之夷，多非真正渠魁，以故今日□皮，明日又叛。统观近十年来，无非谎报了事。究未尝一收实效，糜兵费饷，职此之故。虽因款项无多，兵力不足，限期促迫，不得不敷衍塞责，而边衅时闻，年年用兵，是欲节省而反多糜费。现在国库空虚，财政困难之时，若不变通其办法，将来害伊胡底！将见闻所及，条列于后：

（一）严办土司。宁远土司，有长官司、抚夷司、千户、百户等名目，准予承袭，原取以夷制夷，实为良法。无如土司之不职者，拥土自豪，纵夷殃民，控夷之案搁压如山，种种恶毒，令人发指。其尤险黠者莫如岭镇荣、都龙光二人，平时声色自豪，不思控驭之法，有事征调，非托辞不出，即议老弱充数。更有不堪设想者，名与官军助战，实与夷人输情，关系甚巨。非严办一二土司，不足以冀其效力也。

（二）除汉奸。浅山之夷为深山之耳目，内地奸细又为浅山引线。无汉奸则夷人情形不熟，不敢轻易下山肆行烧掳。用兵之时，内地消（悉）〔息〕为之暗递，枪炮子药及粮食等物为之购运，种种弊端皆由汉奸作俑。此辈平时扰害治安，战时漏泄军情，法不容于死也，故清内奸为入手第一办法。其汉奸情形，多借入山贸易为名，与夷人勾结，肆其捆掳，于中取利。除之之法，先声言不准汉人入山贸易，时清户口、严订连坐等罪，互相稽查，若有可疑之人，即详为调查，务得其真，庶汉奸无所匿迹，有所畏不敢为矣。

（三）屯垦。屯田为筹边善策，而用之于今日宁远尤为合宜。沿山居民多被夷人骚扰，迁徙而去，空虚之地所在皆是。然不辅以兵力，民亦未敢居住。拟请将现在所招十营之兵，分布要隘，以状声援，该夷自不敢窥伺。军有所倚，民有所恃，兵民相保，该夷畏威而敛迹，居民日众而垦土愈广，熟地就荒亦易为力。所出之食，半以自给，半以供军，军势日进，夷氛日退。加以农隙抽丁教战，以俟夷人种获时同日进剿，以疲其力而牵其势，此坐困之策也。如此二三年间不许夷人下山，外可备敌，内可杜奸，夷人无所为食，则不战而请命投诚，或迁之他处，或饬之归流，自能俯就范围矣。

（四）练团。团练所以助守望，资保卫，宁远僻处边陲，幅员辽阔，居民散漫，四面皆夷，近十数年来，夷匪时行抢掠，冬春更甚，几无宁夜。每遇有警，乡团非不跟追截捕，奈器不利，技不精，多为夷匪所伤。拟请督部堂饬宁远府转饬各厅、州、县，城内先设团练传习所，遴选城、镇、乡壮丁粗通文理、稍有知识者，或六七十人，或八九十人入所操练，延聘精习各种兵法二人为教员。凡操丁食费、教员修金杂费，皆取给于团保总局，限六月毕业。试验纯熟者，本地官给以凭照，未熟者补习二月，仍给凭照，由地方官分布各镇乡为教习，团局月给薪资三千文。并由地方饬各地团保先行选择各该地公地为公所，或庙宇祠堂亦可，人人皆可操习，俟练习纯熟后，由各团保一律造册申送地方官考验，较优者重加奖赏，以示鼓励。技能精矣，而奈器不利何！地方官申请大宪给发快枪，有力者备价承领，无力者且联名保结，承领三月，呈验一次，如有遗失，加价赔还。不数年宁远五属遍地皆成精锐之师，一遇抢劫，集众四面拦截兜擒，抢匪必不能漏网，即有大股出巢，地方亦可抵敌。此练团实以自强也。

（五）移驻。交觉乃凉山之中心点，纵横百余里，地皆膏腴。东距云南永善县三百余里，南距建昌二百六十余里，西距越西厅二百八十余里，北距雷波、马边三百余里。五金矿产，富藏其间。嘉道间办乌坡厂矿务，修有土城一座，置把总一员，人民千余家，居然一大镇也。斯时夷匪未闻大肆抢劫，出巢蹂躏。后因道光末国家多故，矿务废弛，夷匪无所顾忌，日肆猖獗，居民迁徙殆尽，遂酿成近数十年之现象。若能将建昌镇标左营改为防军，多添兵额，移驻交觉城内，开通府城往来大道，节节札营，召集前之居民失业者复业，渐次扩充，汉民多而夷势孤，一有蠢动，内外夹攻，夷匪无取胜之道，必不敢如前之肆虐。现矿务公司既已成立，宁远矿业不能不办，若不早驻兵于交觉，扼其中心点，恐将来办理矿务，夷匪必生阻力，诸多障碍，斯时思所以箝制，恐不及也。此移驻建昌镇标左营于交觉地方之宜早也。

修正后决议案 川省西南夷支，南极金江，北连大渡，西越吐蕃，东跨马、雷，其间纵横千余里，皆生夷巢穴，大小数百支。奴各主其主，主各使其奴，沙马安龙久不袭职，周围近汉之处，如峨、马、雷三边，叙永、屏山、宁远各州、县，虽有土官，失权已久，大半不受管辖，酿成夷强汉弱之势。查东、西各国皆厉行殖民政策，而我乃于疆界内地听一种无文字无知识之土夷潜滋暗长，且时出杀掠蹂躏，近边居民，咸以为苦。虽屡经进兵剿办，设营驻防，而迄无成效。近英人、法人各思扩张其势力，往往利用夷人，以图摇撼，或诱使奉教，或深入侦探，如前年法教士由滇界至交觉而出达叙府。去年英武弁死于大木杆夷地，几成交涉，是其明证。夫汉人所不能入之地而英人、法人入之，脱令其假手于滋，以为控制上游之计，则川省危而通国动摇矣！岂犹得纽羁縻之故智，置之化外乎！亟应随时筹备，巩我实力，且以渐驯扰化其梗顽，谨酌拟办法数端：（一）练团丁。近边幅员辽阔，居民散漫，夷匪时出抢掠，冬春更甚。每遇有警，乡团必跟追截捕，奈器不利，技不精，多为夷匪所伤。拟请饬宁远属各厅、州、县先于城内团练讲习所，遴选城镇乡壮丁粗通文理者，或六七十人，或七八十人，入所操练。延聘精习各种兵法者二人为教员。凡操丁食费、教员修金杂费，皆取给于团保总局，限六月毕业。试验纯熟者，本地方官给以凭照，未熟者补习二月，仍给凭照，由地方官分布各镇乡为教习，并饬各地团保先行选择各该地方公所，俾人人皆可入所操习，候练习纯熟后由各团保一律造册申送地方官考验，较优者重加奖赏，以示鼓励。更请由地方官酌量情形，详请给发快枪。有力者备价承领，无力者具联名保结承领。三月呈验一次，如有遗失，加价赔还。如此数年，近边各属乡团皆成精锐，一遇抢劫，不难集众兜擒，即有大股出巢，亦可资抵敌。（二）驻兵交觉。交觉居凉山之中心，纵横百余里，地皆膏腴，五金矿产富藏其中。嘉道间办乌坡厂矿务，修有土城一座，置把总一员，人民千余家，居然一大镇也。斯时夷匪未闻大肆抢劫，出巢蹂躏。后因道光末国家多故，矿务废弛，夷匪无所顾忌，日肆猖獗，居民迁徙殆尽，近年乃益形荒凉。拟请将建昌镇标左营改为防军，移驻交觉，再由越西、三边、建昌分道安插营汛，以资联络，而中贯其势，然后渐次扩张兵力，实行屯垦开矿各事，平时控御有资，有事亦应策皆便也。（三）兴设学堂。夷人亘延内地，不能聚族歼灭。威之以武，复宜化之以学，庶可徐收其效。拟请开设学堂，其课程重在识字、写字、汉语、汉礼及日用必须之工业等，以革其抢劫为能之故技。学堂分为三类：（1）就营设立随营学堂，收录附近夷人之通汉语者。此项经费查拨城濠马厂漏款充之。（2）札饬各地所属土官各立小学堂，收录所属各村码头子弟入学。经费由土司自筹，邻近州、县廪增附生，均可由土司出保聘布夷村开学。（3）札饬各地所属土官设立师范传习所，卒业后半充夷人师范，半充夷甲首人与汉人交涉。其经费由土司自筹。仍给顶代以荣之。以上办法皆切近事实，盖必有武力以詟夷情，有文化以革夷俗，然后内患以息，边圉自固，移民拓土之策可以次第实施。

批复　呈悉。猓夷窟处川滇边界，横亘千余里。族众人强，日益猖獗，掳我边氓以为娃子，驱使如牛马，惨无人理。又劫掠牲畜，焚烧场市，侵占田地以自封殖。以致沿边府、厅、州县，夷强汉弱，民不聊生。本督部堂莅任以来，博访周谘，深知边民日即涂炭，亟思拯溺救焚。惟猓夷占地既广，支众又强，深山老林，足以为限，强弓毒弩，足以为用。自来用兵，屡屡失利。近又勾结汉奸购买快炮，失今不图，后患尤大。爰于饷竭财困之时，力排群议，四次剿办，由浅入深，以剿兼抚，不准以空言招抚，加添夷饷，敷衍一时为了事。如剿办浅山白母子等支，兼收抚鸡租曾咱等支及剿平二板吴夷等支。其善后办法，均以汉夷联团，以夷团归汉团管辖。又责令缴械赔费，捐租兴学，开厂保路，务使威力足以制强桀，德化足以变獉狉。此次由宁远、马边夹攻，乘屡胜之威，深入交觉，近占竹黑、牛牛等坝，据凉山之中心，破夷族之老巢，群夷慑服，输诚恐后，愿将交觉竹黑坝、牛牛坝等处让出屯兵，又认由牛牛坝通道雷波、马边等处，开辟大道，听我兵建营屯垦，移民、开矿、兴学、保路，与来呈所拟办法，若合符节，具见官绅意见相同，实为边地生民之福。惟目下虽属初定，而善后尚须妥筹，一切添防、设官、兴业、殖民，在在当办，即事事需款。甚望我绅民同心赞助，以固吾圉而奠民生也。候将呈批抄行沿边府、厅、州县，实力推行，希即查照。

《四川谘议局第一次议事录》，成都印书馆，1910年铅印本，四川大学图书馆线装书库藏

剔除厘金积弊

本案以十月初十日午后二时付第一读会，议长、副议长、议员出席者共七十八人，委员史悠彦临会。议长宣布原案，张政、马如珩相继讨论，以多数决付委员会修正。十月十五日午后四时本案入第二读会，议长、副议长、议员出席者共八十五人，委员杨嘉绅临会。刘声元代表委员会报告修正之意见毕，议长宣告取决，赞成者七十六人，以多数可决。十月二十二日呈请公布，十月二十四日批复到局。全案录左：

原案　川省州、县商业较盛之区，多有厘金，分局委员专办。其中积弊罄竹难书，略陈之如左：

一、浮收短解。总局规定连三大票为防弊起见，乃分局填交各商者固照实数，而解省存局者则注少数，大头小尾无从稽查。连三票外又另制一种小票，上盖图章发交书巡到处搜括，其取钱多寡因人而施，无一定之标准，总以饱其欲壑而后已。此弊之在侵渔者也。

二、滥刑苛罚。委员遇有商犯不交，印官辄自高坐堂皇，锁押枷杖，随意而施，罚款之多动加百倍。商人有因此倾家者，有寻自尽者。此弊之在残暴者也。

三、用人需索。用司事巡役每名索钱十数串，委局正局付每名索银数十两，皆入委员私囊。此辈既投资本营干而来，到局之后，势必取盈于商贩，蕴利营私，何所不至。此尤弊之所从出者也。

拟筹补救之法如左：

一、宣示章程。如部定厘金章程，如四川厘金章程，如各局抽厘细则，从前委员秘不宣布，商民鲜或知之。应详晰刊印遍贴局卡门首及通衢大道，庶商贩一览了然，得以照章完纳，而书巡不致上下其乎矣。

二、裁局正局付归商会查帐。向例厘局参用绅士，本刘宴引用士流之法。嗣后局绅柱己不能直人，遂尔放弃责任，局中帐项不敢过问，月领干修而已，与其有名无实，不若全行裁汰，永远不用局正局付，将其薪水拨入各地商务分会，而由商董按月赴局查帐一次，委员交代时汇算一次，以昭核实。

三、榜示帐目。每月及交代查帐之后，均应将旧管新收开除实在，各款详细填榜。张贴晓谕，俾众周知，以释商贩之疑，而免含混之弊。

理由书　厘金之弊难言矣，富商大贾财力雄厚，受害尚浅，所苦者小贩耳。川省商情，小贩实居其大多数，此大多数之小贩，日处覆盆之下，呼号怨咨，而上焉者莫之知也。咸同蓝逆之乱，肇于抽厘，嘉庆教匪亦以官逼民反为词，现在民间已有为商不如作贼之谣。川民气浮，假有暴动，不但障碍宪政之进行，而外人蹈瑕，大局尤不堪设想。故剔除厘金积弊以苏商困，而销隐患为当务之急也，不第可以杜中饱裕饷需而已。前列三弊仅就目击者言之，其实书不胜书。后拟款系就易行者言之，其实防不胜防。有治法贵有治人，是又在督部堂暨厘金总局体恤民艰，慎用委员也。

修正后决议案 厘金之设，初缘军兴取济一时，嗣国家政务殷繁，不惟不能裁撤，抑且日有增加。沿袭既久，官吏视为调济之优差，人民日增敲剥之痛苦。自法理言，则违反财务行政之原则，自事实言，则妨碍社会经济之进行，种种弊害，至不可缕述。现在免厘加税之议既猝难实施，而其弊之太甚者必应加厘革。请略陈之：（一）浮收短解。厘局例用连三票本防弊起见，乃查各局填票之弊有所谓大头小尾者，则填给各商之票固照实数，而解省存局则注少数，又或于骑缝填写故为模糊，或并骑缝裁去使无从稽考。此外又有一种小票，私押图记，发交司巡，暗串邻近局卡，弊同验放。其征收之数则因人而施，无一定之标准，期饱其欲壑而止。核计此项所得，专归委员私囊及司巡分润，因之解款日形短绌。此弊之在浸渔者也。（二）苛罚滥刑。厘局定章，凡贩商偷漏应照几倍处罚，本明示制限，乃各局往往违章苛罚有十倍百倍不止者。商贩或力难缴纳，动交地方有司杖负羁押，甚或委员自设堂皇，桁杨枷锁，专予自恣，小民惶惧，何求不得。此弊之在苛虐者也。（三）纵容司巡。查胡文忠创办厘金，本官绅并用，远仿刘晏引用士流之法，借使阴阳钤制。现厘金各局既专责成委员，其受札之始，故旧亲昵，下至素所服御之人，各思得一优卡重任，借分肥腴，其有由他僚友荐入者，又率有苞苴馈遗。于是一局之人自司事以至巡役，非阴有所恃而无恐，即先由营干而始来。到局以后凭借威福，诈欺讹索，无所不至，而委员乃一意纵容不加觉查，此尤百弊之所从出也。以上数端皆为中国厘局共通之弊，而在川省则为尤烈，今酌（寿）〔筹〕补救之法，拟请督部堂通饬各厘金局卡，凡现行各厘金章程抽收细则，从前委员秘不宣布者应详晰刊印，遍贴门首及通衢大道，俾商民周知了解，照章完纳，司巡不至上下其手，其有漏厘商贩，只准照章科罚，不得辄以枷锁笞责，肆其逼虐。且严缉司巡，申明约束，如有仍前弊窦，除重办司巡外，委员当即予参处，庶中饱虐民之弊可以渐去。

批复 厘金诸弊，叠经严饬整顿，并先后撤罚有案。现据呈请各节候即重申禁令，行局通饬。嗣后如有呈开各项情弊，该局得有实据，当照谘议局章程第二十八条办理，并许受害商民来辕指控，以辅考察之所不及。

《四川谘议局第一次议事录》，成都印书馆，1910年铅印本，四川大学图书馆线装书库藏

巡防缉捕兵勇归地方牧令节制

本案以十月十五日午后三时付议，议长、副议长、议员出席共八十五人，委员杨嘉绅临会。议长宣布原案后，詹金镛、罗纶相继讨论毕，议长宣告取决，赞成者七十九人，以多数可决。十一月初二日呈请公布，十一月三十日批复到局。全案录左：

决议案　本局提议巡防缉捕兵勇应归地方牧令节制一案，案称比年水旱频仍，民风不靖，盗匪抢劫，层见叠出，巡防缉捕，此往彼来，宜乎诘奸除暴，盗息民安矣。乃查现在驻扎兵勇之地，民人无不疾首痛心，欲避之而有所不得。缘兵勇以缉捕盗匪为事，所至之处，恒先借地痞为眼线，后乃相资为用，交互联络，于是地痞以兵勇为护符，兵勇以地痞为鹰犬，借事生风，遇案蒙拿善良，而与之有嫌者则诬为可捕，贫懦而不顺其旨者则直肆欺凌，甚或指良为奸，横加诈搕，扳民为教，故事网罗。小民一撄其锋，靡不丧身破产，耗财受辱，种种流弊，罄竹难书。又复动称大宪委派，原以查缉为职，官绅对之无可如何，而闾阎受害乃益深矣。有时兵勇得贿，员弁邀功，至诬及团绅，目为匪党。夫上宪派出兵勇原以安民，乃民既不安于匪，又不安于兵，小民何辜受此荼毒。揆之国家以兵勇卫民之意，无乃不符。拟请凡巡防缉捕兵勇驻扎之所，统归牧令节制，获拿匪盗必先令团保查认，乃送牧令察讯，或办或释，期得其情。其有兵勇勾结地痞讹索横暴为害乡愚者，一经控告得实，即由牧令按法惩理，庶兵勇不至披猖，盗匪从而敛迹，小民可安居无累矣。

批复　查巡防营之设，其规制则近于陆军，其职务则近于警察，自非归中央统制机关不能管辖，节制兵队，地方行政官无此特权。不过紧要盗多之时，地方官间加营务处衔者有之。至防营捕匪，只有令先向团保查问，或先由团保告知，若待捕获再交团保查认，良懦者或虑其报复，不肖者早已容隐，匪特不能辨认，流弊不可胜言。况防营获匪须选地方官查讯，载明定章，尤不必多此一举。各场团保有查捕盗匪之责，因其力有不逮，始助以防营，而防营弁兵贪功误拿，或亦在所不免，但经地方官查讯真伪，不难立辨。至谓川省团保悉皆公正可靠，本督部堂证以平日闻见，则实有未能深信者，况近日庇匪之案尤多乎。防军分驻各属，每遇调动，地方官辄据绅民联名禀留。来呈谓所驻之地民人无不疾首痛心，如果属实，则地方官又何必为此饰词耶？该局所言未免举一废百。至于军人有犯，自有军法可治，定制昭垂，固不能由地方官任意惩治也。所请俱碍难照行。

《四川谘议局第一次议事录》，成都印书馆，1910年铅印本，四川大学图书馆线装书库藏

改革盐务

本案以九月二十八日午后四时付第一读会。先是督部堂曾以盐务咨询到局，业经决议申覆，奉批札在案，因盐务关系重大，此次特别提议。议长、副议长、议员出席者共八十九人，劝业道临会。议长宣布原案后，江潘、张光浦、樊显绪、杨士钦、魏怀照、李云龢相继讨论，以多数决付全局委员会审查。十月初五日午后二时本案入第二读会，议长、副议长、议员出席者共八十人，提学司、巡警道及委员杨嘉绅临会。杨士钦代表全体委员会报告审查之意旨，王昌麟、李树春、万慎、罗纶相继讨论讫，议长加入讨论毕，以多数决付全局委员会审查修正。十月十五日午后三时本案入第三读会，议长、副议长、议员出席者共八十五人，委员杨嘉绅临会。杨士钦代表全局委员会报告修正之意旨，李云龢、谭以大、魏怀照、蒋锡光、高凌霄相继讨论修正字句毕，议长宣告取决，赞成者八十五人。十一月初六日呈请建议，现未批复。全案录左：

原案

（一）取消官运

川盐自丁文诚创办官运，其时因积引欠课，私枭充斥，为权宜救敝之计，仅

行于二十余厅、州、县，所余六十八属仍听其行票，督川十年未尝次第尽改者，亦知官运之不能永久恃为尽善之策也。岑帅督川踵行其法，目为公家利薮，故官运之岸日多，局费之支销益巨，得失担偿，赢余有几？徒饱员弁吏胥之溪壑而已。至运局每灶配买盐斤，必视夤缘局委之能否为进退，灶户之巧猾者，虽无盐可肆其包揽，若朴质者，盐虽堆积亦难望配销，商情病之久矣。况贫民生计渐绌，日食贵盐有加无已，将何以堪？皆由官运费过大，成本不能减轻所致，是公私俱困之明验也。故宜裁撤官运，另筹办法，尽除局卡无限之浮费，所征厘课皆归实用，公家既裕，商民亦可将旧日所应出之保险费归其自备自保，并可免其它规费，则乐从更无论矣。此即取消各处已成之官运，正不必于未改之岸复议行官运之理由也。

（二）就锅征税并援案设立灶长保甲以清弊源

既裁官运，而求其切实办法，莫如就场征税。然以井计则水有衰旺，以灶计则火有衰旺，是二者皆无一定之标准。今宜就锅征收，于煎成盐之时则先报查实数局簿登记，而不预征。于盐售出之日，复报明由何厂配买，按斤纳税，厂户商贩自应乐从。然恐报不以实，查不易周，即请援仿雍正五年户部议准两淮盐场设立灶长保甲成案，于各井灶盐场处所，令厂中公举干练殷实灶户数人作为灶长，复编排该厂保甲以十家为甲，十甲为保，责成灶、保长、甲长三面稽查每日成盐之数，与销出何商之数，各据实五日分报该管局署一次，以便对核，该局署再随时加意查抽，私煎私贩何自而生？如尚有徇隐，并准该甲保中诸人举发，分别给赏处罚而反坐其挟嫌诬告者。似此互相箝束，杜绝私盐，则司巡缉勇之费可省，销路必畅，公家之课应有起色，是就锅征税之办法又切实而易行者也。

（三）全省各属分配盐斤特许自治团体营业

向来川省除行引之三十八属外，其行票归丁州县，其丁盐之课皆粮户担任。按之税租制度，富者既非受特种利益之人，独代输巨款，似觉不平。然从社会改良主义以推究，今日人民生计之困难，则富者虽分担例定之丁银，如九牛亡一毛，相安已久，并不为苦，而贫民日食贱盐，兼可获挑运力资，于调剂贫富之说转能暗合。设亦改官运，势必盐价每斤骤增数十，贫与富交受其病焉。知所谓平其不平者，即曰为筹款计，正恐所筹之款强半归于销耗，如前之事已可鉴，果何所利耶？查食盐为人民生活必要之需，各国均不许私人专利病民，政府从而监督之，亦不过祛其弊、平其价、征其税，而国与民胥蒙其利矣。今取销官运，如听大小商贩销售，仍系私人营业，或不免于自由贸易，弊且丛生，又奚可者？现在城、镇、乡自治克期成立，经费无着，即应将盐岸一宗特许各处自抬团体营业，是移商贩私人赚项为办公益急要之的款，不烦另筹，再累民间，行之必无窒碍。此又全省各属分配盐斤特许自治团体营业之理由也。

修正后决议案 四川盐务颓敝已极，部引既多积滞，灶户几不聊生。比来盐价日增，民力亦日形凋敝，此不能不妥筹变革者也。前准督部堂咨询，谓引课兼行其弊有七，指陈确凿，固已烛照无遗。又就目前救治之方，权其利害，谓就场抽税，势既难行，商运商销，前车可鉴。至官运官销之说，不惟显违法理，其流弊亦不可胜言。督部堂已明知之而不能不持官运商销之说者，盖因无术处此，故虽明知其弊而急何能择，姑权两害以取其轻。惟查官运之病已入膏肓，附而益之，势必致上亏国课，下蹙民生。试就原案所引者确凿言之。原案称光绪二十九年，前督部堂岑将上下游三十六属改票归引，岁获银百余万。然考本年度支部奏官运滞销折，谓该省将未销余引套搭造报，并谓照前署督臣岑春煊奏定引额依限实销实报，则额销引数较诸未改官运以前所销之数尤为短少，是前督部堂岑改引以后，课税反因之而亏。若更推之于六十六属，其亏课不知凡几，此上亏国计之实证也。又原案称以现在官盐比票盐价诚贵二三十文，然每人日食不过三钱，每斤多钱二三十文，一年不过二百文上下，是改票归引之后盐价必致腾贵，督部堂未尝不知，特因其数甚微视为无关重要，不思票盐现价每斤不过三四十文，今又加二三十文，是长率已将及倍，且每人岁耗二百，并老弱妇孺之不能生利者亦在其中，积微成巨，贫民无以聊生，况以实销引数匀配户目，其数有断不止此者乎？此又下蹙民生之实证也。综计二端，是改票归引，其势既万不可行，而官运商销久成积弊，无从梳剔。就今日而言改革，非别筹善法，取销官商中饱之数还之于民，必不能维持课税以应目前之需。再三斟酌，惟有就前日就场抽税之法量为变通，庶能准今酌古，因应咸宜。试举其办法大要言之。查就场抽税有税井、税灶、税商之分，然井有废兴，则税课即不免有赢绌，灶户业小本微，调查既苦烦难，征收亦难望取足，惟征之于商，其理较适。然使一征之后听其自由贸易，又恐税率畸轻畸重，不亏于国，则病于民。且盐质有美恶，运道有难易，产盐各地商民所受之利害，势不能齐，偏枯之害又因之而起。计惟就各地方现行之引通盘计算，将厘金协饷各项加入其中，一征之后，听其运销本岸，不复重征。惟如是则国课可以保，而岸商盘剥，盐枭走私之弊势又不能不防，则请设为杜弊之法。凡行引各州县将岸商一概取销，由地方自治团体妥筹公款自行领运。现在各厅、州、县自治虽未成立，然疆域固定，措理匪难。即使无公款可筹，应由各地绅民组织公司接办。其归丁各州县，则照原定课额改票为引，但将引数析小，由各地方团体领运。分纲如是，则国课无亏而岸商盘剥之弊绝矣。至缉私之法，应由各地绅士联合会议，因地制宜，不拘一格。其用款即由各公司担任，不领于官。以产盐各地情形既各不同，而引课既经配定，则私盐充塞，其实害仍在民，利害切身，缉私自不能不力。长官但为之保护，已足取济于临时，此不必预为防制而又万无容顾虑者也。至滇、黔、楚三岸，亦应一律照办，由行商按期领引，指岸分销，但于交界处所设官监督，以防漏越他岸，别启事端。此办法之大概也。至或谓公司集股利归少数之人，积久弊生，仍与商销无异，不知公司之设，既由自治团体而生，则集股之时尽可加以限制，募股时每人许购一股，至若干日后，再行推广，每人许购二、三股，如是递推至票尽而止。股东既集，然后按期设会，公推办事之人。每期结帐所得红利，除常息外，提若干分为地方公费，若干费为办事花红，其余始按股匀摊作为红息。如是则利益均沾，疑虑不前者亦无从置喙。不惟公事借资举办，即垄断侵吞诸弊，亦得以自治团体防制其间，其不足虑者一也。或谓自治团体散而无统，引课若亏究由何人担任？不知公司既立，必由股东会中推举股数最多、家资最富之人为之，总理配引时，又必照各地户口及向来销额酌量匀摊，生齿日繁则课额必有盈无绌，其不足虑者二也。或谓川北各州县井灶零星，利于行票，且缉私不易，则认课为难，不知改行小引，正以救此之弊。各地方公司既分纲递运，较票盐之沿途（酒）〔洒〕卖固为胜之。若公司万难组合，即由各县绅民酌量办理，或归并场所以便稽查，或设局配纲由民领运，以本地之人缉本地之私，耳目既周，责任更无旁贷，其不足虑者三也。有此三不足虑，则就场抽税之说，其有利无害，固已断然无疑。且闻度支部现已拟试行统税，江苏谘议局近亦提出就场抽税案呈请施行。是目前心理所注，既已不约而同，今若六十八属径改官运商销，万一新章甫行又须改革，扰虐小民，既为事实所不能讳，亏折宫本，更将从何取偿？此不能不熟思审处、妥筹变革者也。但事关重大，若无详确之调查，先事之筹备，恐仓卒举办，弊害即由此而生。应请前日咨询之件作为缓办，一面饬各地绅民担任组合，并分道调查详细册报，再行酌定细章，奏请试办，庶几国课无亏，民生有赖。

《四川谘议局第一次议事录》，成都印书馆，1910年铅印本，四川大学图书馆线装书库藏

为教育总会陈请筹款

本案以十月初七日午后四时付议，议长、副议长、议员出席者共九十二人。议长宣布原案后，董清峻、杨士钦、罗纶相继讨论毕，议长宣告取决，赞成者六十八人，以多数可决。十一月初五日呈请督部堂照章公布，十一月十三日批覆到局。全案录左：

决议案 据四川教育总会陈请筹款建议案，案称教育进步视经费之盈绌以为差。四川教育总会自光绪三十二年八月遵照部章在省城组织成立，假高等学堂西偏全院为会所。其时事属草创，别无基本，仅收会员发起金六百余元，故一切应办事宜多未能举。嗣光绪三十三年七月由会函请前提学司方，以留学日本编辑之师范讲义千部拨归会中出售，为数甚属无几。十月即改修会议厅暨大门，各工程计费银八百余两，其半皆由省城各学堂暂垫。三十四年三月，乃援江苏教育会例，再函提学按年请筹银三千两。嗣由学务公所拨银一千两暂作开支，而常年经费仍自无着。查比来外州县所有报告，以诉讼为最多，非官与绅龃龉，即绅与绅冰炭。会中既无办公的款，不能派员精确调查，只据情代转，然皆不无一面之词，即随时随事尽心补苴，冀得稍有平反，而各属学务案件不一而足。视此实非正当办法，其关系则确因总会成立先后虽已四年，而会内应有设备缺点尚多，故效力亦仅只此。他不具举，即以职员而论，一书记一会计月薪不过十两，果属办事之才，其势万难久縻，况尚有重于此者乎。谘议局代表群情，提倡公益教育一事，尤本省极重问题，影响前途至为切近，特恳提案拟援照江苏教育会例，于财

政局岁筹四千元作总会常年经费，即当遵章备设各职事，以便力图进行，庶教育有发达之机，学务有兴起之色，等因。本局查教育总会为全省学务辅助机关，无事实则名同虚设，无经费则事难推行，矧川省幅员辽阔，非扩张教育总会难谋学务之发达。据该会陈请建议前来，本局议定系属可行事件，应照章呈请公布。

批复　呈悉。查教育总会为全省学务补助机关，各属学堂办理是否协宜，办学员绅是否核实，及一切应行推广改良之处，该总会见闻较确，声息较通，得以随时呈明学司，力图整顿。加以川省学界诉讼滋多，遇有龃龉竞争，亦可剀切劝导，随宜消弥，于裨佐教育行政一方面关系綦重。据称该总会成立有年，苦无经费，以致调查不便，设备不周，亦系实在情形。现值筹备宪政之时，教育尤为根本，该总会既无办公的款，自不能不量予补助，以资注措而促进行。所请援照江苏教育总会于财政局岁筹四千元作常年经费之处，候分行藩、学两司会议详夺。惟查谘议局章程第二十一条第十二款，谘议局得收受本省自治或人民陈请建议事件。今该局既系据教育总会之陈请提出此案，自属陈议事件，应即遵照宪政编查馆奏定局章解释，呈候本督部堂采择裁夺，毋庸用执行公布等字样，仰即遵照。

《四川谘议局第一次议事录》，成都印书馆，1910年铅印本，四川大学图书馆线装书库藏

票盐兴革利弊及筹办大旨

原案　盐务为国家固有自然之利，亦川省财富之一大源，每年出产无虑数千万金，上为饷项取资，下为民食仰给，利害所形，关系甚巨。而今日最为公私之蠹者，则莫若票盐。现在行盐地分约分两界，省沪两官运局所办之七十属，则行引盐之界也。其余归丁六十八厅、州、县，则行盐票之界也。然票盐本非经制，归丁尤违定章。考国朝四川盐法，分边计二引，边行滇黔，计行本省。自雍正年

间计口授食额定引后，全川皆计引商岸。其后鹾纲颓敝，引积销疲，各岸荒废，商亡课悬，不得已始听民购食小贩零盐，而引税羡截则由粮户代纳，悬岸以待招商，原系权宜暂行之计，初仅五属，未敢入告。暨嘉庆十七年前督部堂常奏请仿行于他州县，经户部严驳，不许坐是镌级。然外间以课办民便，相沿未改，浸假而递增至六十余处，应行额引，由盐道白截存库，任票贩赴厂贩盐回给民食，完厘放行，漫无限制，日久习惯，几忘为计岸固有之引地。然使行之无害，亦未始不可率循，而盐票之敝则有不可胜言者。盖引票虽各有疆域，而壤境则紧相毗连，地形犬牙相错，甚或包围于官运引岸之中，不得不许其假道，沿途洒卖，防不胜防。票盐厘轻价廉，较引盐几减一倍，贵贱相形过殊，小民趋利食贱，虽严刑亦不能禁。两局引岸为票浸灌，销路阻滞，积引太多课厘关系赔歉军饷，皆属刻不容缓，一有贻误，其患匪轻，此票盐不能不废者一。然犹冀绌于此而赢于彼，庶几截长补短，借得偿失。而综计票厘收入尚不及盐道计岸三十八厅、州、县之数，固缘局员之加称减厘，书巡之得贿卖放，然各处途径纷歧，无路不可走私，于此已可概见。遗利不收，放弃可惜，此票盐不能不废者二。设可加厘以济饷，严缉以禁私，犹不必遽事更张也。查票盐榷则已较引盐为轻，而偷漏尚为此之众，若再加厘，偷漏愈多，遇路设卡，见挑即验，不独无此政体，亦且无此办法，若果行之，何胜烦扰，否则现在缉私之勇密如织梭，禁私之令繁如牛毛，何以卒无起色？岂尽地方印委奉行不力，盖其病在根本者深矣！此票盐不能不废者三。初行票时，本以厂灶引外余盐许老少穷民挑卖糊口，意在恤贫，限制甚严，每人不逾四十斤，行境不越四十里，过则为私，私则有罚。今则挑贩皆强壮之夫，往来常数百千里，成群结队，到处浸销，拒捕之案，层见叠出，名虽票贩，何异私枭？此票盐不能不废者四。再票一入引岸，越界即为私盐，卖者买者均干例禁，妨碍引课，势不能不严行缉办，愚民无知，往往冒触法网，推原诱人犯罪之根，皆由行票所致，此票盐不能不废者五。论租税之制，特别税则由受特种利益之人负担，普通税则由普通人民负担，乃一定不易之理，所谓公正平均之原则是也。今则食盐不仅农民，纳税独责粮户，加以盐斤五次加价，多系按粮摊征，不公不平，孰甚于此？现民力日竭，亟应宽纾，然不废票，复到移征于商，则此项征款无由豁免，此票盐不能不废者六。且一省盐务办理两歧，半行票私，半销官引，既堕经行之法，又乏统一之规，理财行政，诸多窒碍，顾此失彼，举措受困，此票盐不能不废者七。夫治盐犹治水，不从源头着力，徒务堤防末流，则束迫愈紧，溃决愈速。今之票盐已横溢四散，不可收拾，尚欲因循补葺，苟且目前，匪唯无益，只滋其扰，故居此时而筹整顿盐务，则票盐之不能一日不废，不能一日缓废，已断断无疑义矣！然废票之后，不得不别筹办法，于是有以三说进者：第一说则一税之后不复问其所之，即西人自由贸易政策之主义，此语始于陶文毅，看似简捷易行，而当文毅为两淮盐政时，休察情形，即深知其谬。夫两淮场盐产地，只有数处，范围既紧，稽查易周，尚不能办，况于四川之井盐乎？今产盐之地多至三十余州县，抑就灶征之与？抑就井征之与？征诸灶如富、荣、犍、乐等厂，尚可计锅抽收，而火有衰旺，煎有停歇，外标推定已极繁难，其余各属多系自汲自煎，家家有锅，户户有灶，有水则煎盐，无水则造饭，虽欲征之，其道莫由。征诸井则出水之盛衰月异，而岁不同，虽本主亦难预计，官吏推测不易，更便高下为奸，况科则一定，不能屈伸，从前井灶锅课，至今大为民累，近方议请豁除，岂可更蹈覆辙？然此犹就定税之难而言之也。国朝盐法各有定地，判若鸿沟，不容紊越。湖北本两淮引岸，近日官运川盐济楚，江督即不允行，百计维持，方保危局。若今不问所之，必致顺流走楚，江省若在平善坝扼要堵截，则每年行楚之万余水引，势必倒行逆施，试问川能容乎？恐井灶失业者众，而后患不堪设想也。倘强之必行，则淮纲千数百万之课厘必责川以代认，试问川能胜此乎？又况败坏成宪，为大部所决不允耶！盖盐与百货异，百货之销场无限，虽生产与消费或偶有过不及，而供求相剂，终趋于平。盐之销场有限，不能擅越雷池一步，自非在上者为之权衡产销，酌剂盈虚，使消长恰如其量，则多苦困积，少苦淡食，其不能放任自由竞争者，实势使然也。第二说则官运官销，即专卖之说是也。此法曾经户部派员赴日本、印度调查，以非中国所宜，议已中格，兹姑无论其它。专卖必由官家煎汲，不许私人仿造，试问今日井灶若干，官家有如此巨大本金能悉数收买之乎？即幸而皆能，而因此失业之数百万民将何以处之？又况商业之事委曲繁琐，盐井开淘已成专门学识，决非官办所能行，不待剖解而自明矣。第三说则商运商销，即未改官运以前之办法是也。夫缴课领引，赴厂购盐，起运在途，到岸待销，在在需本，均须筹备，承此积弊之后，虽因而实同创，不独商人无此魄力，经营亦非商业所能办到，矧一与有司衙门交涉，则胥吏之需索陋规，土豪之把持揢诈，皆难禁绝。至于本商之违制加斤，重点影射，抬价居奇，欠课停引，昔日种种弊端，将复见于今日，更不待言矣。语云：利【不】十不兴，害不百不去，夫人敝者易人即治，法敝者非更法不能理。票盐之敝在法，非更革无由转圜，而详考利害，细究得失，惟有推行官运商销之一法，实为有利无敝。查四川官运始于丁文诚公，当光绪初年，承咸同兵燹之余，盐务废弛，商岸困敝，引积数万张，课欠百余万，又值淮禁，川私销路愈窄，遍地私枭充斥，大局几难挽救。丁文诚概然思有以变革而振兴之，乃创行于滇黔及近边各属。举百余年贪吏奸商中饱侵蚀之资，上还公家，下归黎庶，岁增入款三百余万而无丝毫掊克于民。京外官绅迭次阻挠，奸商滑吏浮言四起，屡经钦使查办，卒不能稍易之者，则由其法良意美，杜渐防微，无隐不至，无隙可击。光绪二十九年，岑帅复踵办于上下游之十八属，岁入亦百余万，惜皆迫于时势，绌于财力，未能兼营并举，不克竟绪；然官运之成效昭著，则弥久愈彰，川省盐法百思无能驾其上者。因已验之良方而继用之，事半功倍，不劳而举，故决定推行于归丁各州县也。计官运之利约有数端：首则厂与岸不能直接交易，而官居其间为之转枢，厂非官购莫售，岸非官运无盐，厂不惧商之倒骗，商不患厂之挂欠，一切征款概征于引，行一引始收一引之课厘，随时屈伸，无畸轻畸重之病。商人先缴成本，后领引盐，分厘不能偷漏，而其税摊入卖价，仍移嫁于食户，权操于上，利溥于民，执简驭繁，信为扼要之策。此利之在公家者。从前商人领引缴钱有费，过关签验有费，以及节寿陋规，书差使用，层层剥削，故多折阅，而一欠正杂课税，复须监追治罪，倾家破产，比比皆是。官运则于一切费规严革净尽，弊绝风清，分文不取。又商运之时，船户水手夹私偷窃，假报失事，兼之风涛不测，滩险鳞次，常有连船沉覆全载淹消者，商人赔补，力更难支。官运则盐未发商之前，失事由公家担任，每销一引，别予商利二十金，坐赚息银，无虞亏折。盐号利入甚丰，索为痞棍垂涎，往往借词寻衅，希图讹索，而官运则有局员为之主持，宵小有所顾忌而不敢。此利之在商人者。灶户挂盐，先领半价，借此周转，工本更增，由厂捆买，有盐不患压搁，加火多煎，更养穷民无算。自开办官运后，盐井之日增无已，即其明证。此利之在井灶者。向来商运之盐，多贪价贱，嵌胆夹渣，质不纯洁，又常故为停运，以便抬价减称，不唯食贵，兼苦缺乏。官运则尽选红锅好盐，色次即剔不购，源源接济，岸常有余，牌示定价，不敢浮涨。若夫引税羡截，五次加厘，皆改由商人完纳，从此农民永释重负。此乃利之在于民者。夫官运之利，票盐之害，两相比较，尽人皆知，而所以惮于兴革者，则以票贩为徒实繁，一旦废票复引，骤绝其生计，其聚众滋事，为害地方，是不知因应之方，故有此鳃鳃过计。查票贩大致有三等：出巨资雇多夫，大庄挑赴各处贩卖者为上等。挟些须本钱，自挑自卖，半赚微利，半酬脚力者为中等。受人佣雇，代为挑运，恃力钱度日，虽名票贩，实则脚夫者为下等。此等又分两种：一种专以卖力营生，谓之长脚夫；一种农事忙则力田，暇则受雇，谓之短脚夫。现定办法，在分别妥筹安置，俾各有常业，仍食旧利，不仅消刻下之不靖，并以弭异日之隐忧。官运章程，本准商店自招盆户、簸户，在各乡代为分销，每斤以予商利数文，今仍饬上等票贩各赴商店认充，但不亏欠盐价，格外优给利益，准于定价之外，计道里远近，照章每斤酌加力资，若距城镇穹远之处，则令商号招中等票贩为挑贩，注册给牌，缴本领盐，令其挑赴各乡零售，除应得利息外，仍酌给力钱，惟不得浮于定价昂卖。行票之地，本多陆运，现在票盐所用脚夫，将来官运亦须此数，所有下等两种票贩，皆由官运局及商店收为运夫，设力行以统率之，编号给标，以法部勒，优给卤耗，商为收买，酌定脚力，常川担运，按挑填发护照，沿途验票放行，每行一帮，派一头目钤束，其回空挑带小货，则由官力行按照时价先行照数垫给，别定规则，酌提行用，严禁勒减侵刻。此分别酌予安置，莫不各有生计。如票贩等犹有抗令生事者，则是目无法纪，自外生成，自当以法律绳之。夫小民可与乐成，难与虑始，计将来忿然疑怨，坚以为不便者，不过包庇票贩蠹坏盐法之一、二不肖团保土豪及书差痞匪而已。此辈唯有痛惩严办，非所虑也。或者又谓一办官运，则民间皆食贵盐，是固然也。以现在官盐比票盐价诚贵二三十文，然每人日食不过三钱，通年仅止七斤，每斤多钱二十三文，一年不过二百上下，一人年出二百钱，亦何致损其生计，较诸行票时之偏累农民者，孰平孰颇，智者自辨。况官运七十州县之民皆食引盐，未闻因盐贵而绝食，亦未闻因价贵而穷馁呼苦，彼独非朝廷之赤子乎！且用盐富多贫少，则纳税亦富童贫轻，揆诸租税原则，亦相适合。同为国民即同有负担之义务，自非法外之人，则无所逃于天地之间，固不能见小利而失大计也。近来宪政催迫，日促进步。川省奉派海陆军饷及兴办各要政经费，岁增出款数百万，经济困难，万分拮据。处此用急财绌之时，欲求上不病国，下不厉民，又可岁获巨款者，舍盐利亦别无长策。通改官运后每年确增百四五十万，苟经理得人，尚不止此数，借资补助，蜀民负担又可稍轻矣。惟川盐利弊所在，关于国计民生，事前筹议不厌详尽，集思广益，古训具存。诸君生长是邦，闻见殚洽，一切情形自必洞彻。盐务为川省财政大端，亦实业公益所系，若能斟酌损益，匡辅不逮，则企予望之。

申复案 督部堂咨询四川票厘兴革利弊及筹办大旨。所揭票盐七弊，层层剔抉，洞见症结，而其究则皆由于上下相蒙所致。至有鉴于就场抽税与夫官运官销、商运商销之皆不可行，爰仿丁文诚公及前署督部堂岑成法，谓官运商销之利有四。本局窃以为官运商销除商人受特别利益外，如所云公家、井灶、人民则不惟无利，而且有大不利者，请为部堂缕晰陈之。原案云六十八厅、州、县改官运后，何年可确增一百四五十万，据此核与泸州、滇黔边计三十二州、县，官运岁增入三百余万，计岸三十八州、县，岁入一百余万，所差入款已大相悬。至云经理得人，尚不止此数，可见尤无把握。今即以前督部堂岑所办计岸官运证之。查此项计岸在商运之时，每年共行水引七千数百道。光绪二十八年前督部堂岑奏改官运后，历据按年造报，自癸卯纲至丁未纲五年，每年比之未改官运以前销正引七千数百道之外，计多销一千二百道不等，官运之有利于国，似非虚语。近乃见诸官报，督部堂奏称查明该局自癸卯开办起至戊申年底止已经六年，实共销水引四万四千五百九十四道六则八色，现尚积水引七千九百零二道四则八色，旋经大部驳诘，额销引数较之未改官运以前尤为短少，是官运之不利于国，又其现象。夫以前督部堂岑之严明缜密如此，其改办官运能否增款当必预算，可知其督率僚属雷厉风行，不少宽假，则经理之得人又可知，乃合盘计算六年之间民之食贵卖贱，如广、岳、蓬、南一带，因盐案牵涉，流离死亡而莫之或恤者，不可胜数，而公家应得之引利反不如前，则其不利于公家者一。然犹有所解说，原案谓引岸为票盐浸灌，销路阻滞，故积引太多。然票盐有厘，沿途局所关卡，星罗棋布，而综计所入每年尚不及计岸三十八厅州县现在短销之数，是票盐尤为滞销，无所谓浸灌也。原文又谓各处途径纷歧，无路不可走私，果如所言，虽不利于公家，却有利于井灶，未始非藏富于民之道。今三十余厅、州、县产盐之区，年来呈恳于督部堂及盐道泸局者，无不以盐积销滞为苦，苟可私销，何至积滞，是无所谓走私也。既未走私又无票盐浸灌，而官运卒销不及额何也？或者归咎于井灶之产盐太夥，故边计票盐均受影响，不如于井灶一面抑勒停购，任其废塌，不令淘凿，庶出产日少，充塞无虞，即又与原案所云官运之利在井灶者不合。既增资本使之加火多煎，复厄以销场，任其减灶少产，揆之督部堂体恤井灶之心，当不至矛盾若是。且井原有课，井之不存，课于何有？因积滞而废井甚易，因畅销而复井甚难，此理甚明，人所易晓。又况各项商业，价值不无涨落，近来官运地方多有厘局，票盐买卖听民间自由贸易，官运挂盐有月报旬报日报，每关开盘价值，即以票盐为标准，通归官运，将来交易，官以为多，商以为少，必至争执，争执不已，或起冲突，行之既久，保无任意轻重多方凌轹等事？夫引岸谓票盐浸灌，而票厘则短绌矣。票盐谓私盐浸灌，而盐场则堆积矣。细推其故，咸谓销场之畅滞，恒视乎物价之低昂。盐日用所必需，不食不能，而每斤加价至三四十文，减食亦未始不可，短销原因殆由于此，则其不利于井灶者一。原案又谓既归官运，则购盐尽选红锅，牌价不至浮涨。今绥定、眉州各属所食之盐，嵌胆夹渣，抬价短称，约计每净盐一斤，实不止如原案所云加价二三十文，犹谓引税羡厘皆由商人完纳，此尤暮四朝三之术。至所谓官运七十州县未闻因盐贵而绝食，因价贵而穷馁呼苦，督部堂公事旁午，与小民相见之日少，穷馁呼苦之声，谓之未闻则可，谓并无此等情实则不可。则其不利于人民者又一。至商人之利通省皆知，原案所云犹未详尽。此外尚有官局执事人员一种特别权利，议案既未指出，则亦不容于界说之外更赘一词。夫利于多数之人而不利于少数之人，已非完全政策，至不利于公家井灶人民最多数之人，而仅仅利于官局人员及各岸商号最少数之人，遽以为可行，督部堂一视同仁，恐万不出此。若夫各处挑贩不下数十余万，一旦废票复引，虽有种种善法为之安置，其能就范围与否，究难预定，则尤不能不再四慎重者。总之，盐务为国家绝大之关系，四川盐务情形尤为复杂，督部堂对于四川盐务所劳心焦思，不遗余力以求达其目的者，固为奉派海陆军饷及兴办各要政岁需数百万，不能不取给于此。本局亦知归丁州县，同是国民，即同有担负之义务，苟可取盈，岂任独邀幸福。所虑兴事太易，收效甚难，民间已食贵盐，而此数百万之款不能确增。如光绪二十八年前督部堂岑所办计岸官运故事，则此项巨款仍必加派于全川各项厘税，前途何堪设想！此本局所不能不为国家税源并蜀川生计隐忧窃虑者也。现在归官办法，督部堂若果意在必行，自应别定单行规则。照章提议，其如何两利俱存，国计民生均有裨益之处，本局亦正在提案讨论。所有盐票兴革利弊公同之见，相应先前备文申复。

批复 查盐法行引为国朝定制，按年由部颁发，各省一律遵行。四川官运乃前督部堂丁、岑历次奏明，奉旨饬办并经部立案定为永行成规，归丁州县本系引岸，常年额行引目现尚白截存库，行票乃外间通融办法，并非国家经制，然无论引票所征税厘皆为国税，本督部堂之以推行官运、规复旧制了咨询者，原以各议员生长是邦，于盐务应有心得，倘能抒陈所见，以资采择，亦昔人集思广益之意。乃详阅来呈于本督部堂咨询原案之宗旨，官运票盐之利弊，似均未能了彻，特就所呈各节逐条批答于后：

一、官运不利于公家一节。查计岸未办官运之前，据光绪二十八年调查，商人每引计赢银七八十两，加以重照影射，往往以一引而行二引之盐。官运则商利每引仅二十金，行一引始得一引之息。是商人利益实因官运而大受限制，所言受特别利益者未审何所见而云。然泸州官运局行引有运行，滇黔两省之边引，济楚之计引在内，实占四川额引之大半，岂保边计岸三十二属之地所能消纳。呈称三十二属即入三百余万，是于各岸引数尚未能分晰明白。查边计各引当光绪初年岁入不及百万，迨创办官运后历年递增至三百余万，是官运之大利于公家，此其明验。即以计岸三十八属而言，从前商运之时，名虽销引七千道，实则先完引课，白截空缴者多，常年收入不过三十六万，改归官运后虽岁共增收银五十余万，因私【盐】浸灌积滞之引尚不在此数，是官运之有利于公家，又其实征。度支部所驳乃指引而言，若以征款计，行引虽与前相等，而所盈则不止倍余，利尚有大于此者乎？如果票盐通改官运，私绝销畅，每年不止多销一二千道。即照金堂一岸计，年可销引四五百道者现在不过一二十张，试问若大地面，若干人口，果非私盐充塞，何至短绌如此？岂全县之民皆淡食耶！此次改办归丁，六十八属预算岁可确增百四五十万，乃除原收税厘常数之外实在增出之银而言，若合前并计，每年当可入二百余万，曾经饬道确算，非同影响之谈。广、岳一带，遍地私枭，例禁綦严，守土者自应按律惩办，论情虽不无可矜，而论法则实难宽恕。本督部堂恻然有鉴于此，故拟为清其源，舍此别无办法也。前督部岑初办计岸，即志在尽收引地，通行官运，借未久去任，中道而止。若果官运之法不利公家，先朝考核严明，丁、岑两公亦非愦愦，不待今日而早废之矣。

二、官运不利于井灶一节。查票盐价贱之原，由于减榷加称，每斤应收十五文者减收至六七文不等，加以漏厘走私，其数尤巨，票厘短绌，亦正坐此。夫厂厘及五次加价皆系奉旨征收，其科则则部章所定，丝毫不能减少。各局自来所以不能收足征款，核实称斤，而有减榷加秤之事者，诚以一照部章收足，则票贩动辄聚众抗阻打局，历久因循，驯至今日，讵知各项征款关系赔款军饷，决无长任偷减之理。即不改办官运，亦必照章收足，打局殴官，势必复至，典宪具在，不能不惩。本督部堂所以必欲消除乱萌，治本清源，使票贩改务正业，免为不法，致于刑戮，即所以谋地方之治安，人民之幸福。夫票盐行于官运引岸，则盐为私盐，贩为私贩，尽人皆知。若辈果不走私，则票盐何至短收，引岸果属滞销，则私贩何至狼藉？私盐多销一分，官运即少销一分，井灶之盐利在销售，赢于此而绌于彼，斯实朝三暮四之见，所云利于井灶，尤百思而不能得其解。若以纵私为藏富，则又不待辩而知其非矣！各厂盐积缘于产多销细，日本食盐专卖法，即由政府限制产额，中国盐井开淘，照例本应呈报，立法之意本为权衡产销。川盐之积由于私井开淘日众，盐无销场，成本搁压，井灶咸困，无术疏通。限制私开，所以保灶户永久之利，先发购本，所以予灶户周转之资，上下交益，体恤备至，何谓矛盾？况因开办官运而厂上商业之发达于无形者，为利尤溥耶！将来购盐议价，必先核各井灶之成本而加以利益，酌中定数，双方兼顾，决不致争执冲突。若谓开盘必以票盐为准，尤非知言，从前未行票盐又以何者为准？销场之畅滞，原因复杂，非仅关于物价低昂，盐为日用必需，计口授食，与一般货物迥异。纵使因贵减食，亦不能逾定量。即以百货论，奢侈品或因价昂而销滞，必要品则价虽昂而货仍销，此中消息，稍知经济学者皆能领会。况盐为专卖品性质，其低昂畅滞，尤非一般市价所能转移。至井课深为民累，已拟改征于商，自无庸计及其有无也。

三、官运不利于民一节。查官运定章，购运则尽选红锅好盐出售，则官局牌式定价，立法本极严明。即如所呈绥、眉等处，色次称短果有其事，乃委员之疏失，商人之弊窦，自应查究，然不得以此疵议官运之法不善。盐之贵以银价日高为一大原因。商人完课缴本用银，而售价则钱，以钱易银，赔累实多，即商运不改，现在每斤亦须售钱七十余文。近日百物皆较前昂，米麦价亦增长，生活必要，米麦为最，一日绝食，即苦饥馁，未闻因米贵而请减丁粮，何以因盐贵而欲废官运耶？他如官局执事人员，既有职守应尽之义务，即有职分应得之权利。朝廷用人饩廪称事，既责其实心服务，断不能令其枵腹从公。中外同此一理，亦不能谓之特别权利。所云特别权利者当指中饱而言，究竟中饱者果系何局何款何人？若非臆度，必有确见，尽可切实指陈，呈出证据，本督部堂自当据以查办，庶使虚实分明，不负垂训之旨。自改办官运之后，各衙署陋规裁革净尽，商人明定利益较前大减，不利于官商及包庇私盐之痞役则夙闻之，从未闻有不利于公家井灶人民之说也。至海陆军饷及宪政经费，全国人民皆应负担，固不仅四川一省。伏读光绪三十四年六月二十四日上谕，凡我士庶于国民应尽之义务，应循之秩序，竭诚践守，勿（狭）〔挟〕私心，以防公益，勿逞意气，以紊成规，勿见事太易而稍涉嚣张，勿权限不明而定法，致滋侵越，等因钦此。是先朝所以勉励臣民者，至深且备。凡我士庶亟应恪遵官运系奏定章程，行引为钦定制度，国家行政非如地方税，可以别定单行规则交局提议。至应如何变通尽利，当由本督部堂奏请圣裁。又查本年七月十六日，宪政编查馆议复考察宪政大臣于奏陈谘议局章程权限折内解释章程第二十一条第十项内开：申复督抚咨询事件，督抚对于庶政，本有主持之权，而有时或欲周咨博访者，则行政官有蒭荛之询，谘议局即不能无一得之献。究之采纳与否，凭诸督抚，等因奏奉谕旨钦遵通行在案。此次申复亦颇用心，惟尚未能切中耳。若夫安置票贩方法，前案已详言之，其就范围与否，则行政官之作用，此中因应之宜，非言可喻矣。

《四川谘议局第一次议事录》，成都印书馆，1910年铅印本，四川大学图书馆线装书库藏

矿务总公司办矿筹款

原案 四川矿务，前此颇多纠葛。去年六月奏设全川矿务总公司，标记通省矿地，由公司集股开采，以全省之矿利许给全省之人民，盖以保利权也。本年六月复将江北厅龙王洞煤铁矿收回自办。此外，凡从前与外国公司所立合同，屈指计之，均已过期无效。就今日论，四川矿产可谓完全，实是各省所少有。然欲永

保此完全，非速即筹款择要开采，则标记仍等（慢）〔漫〕藏，内患尤难防范。惟开采必须厚集资本，官家已分任保息，公司开办亦系官家垫款，自非众擎莫举，或由通省合力，先择办著名数大矿，或各路有著名之矿，即由各路自行筹款克期自办。其筹款或集地方之力，或劝私人之股，应用何法方能筹集，并待众议。至若宁远之金、铜，彭县之铜，酉秀之锑，江北云阳之煤，皆众目所注。早办则有无穷之利，弃置则有无穷之患，更非若其它实业之可缓可急者也。

申复案　十二月十六日呈前准无论何种公司，欲集巨款，须昭信用。现设总公司所定章程，不独信用未昭，难期踊跃，且本此推行，实于各路矿商诸多障碍。谨就原章从法理事实两面晰陈如左：

第一，就法理上审查

（一）原章第一章第一条云，本总公司经四川总督部堂奏准设立，总揽四川全省矿地。不言商办而言总揽，统括四川全省，而不遵章指定矿区，显系国家行政性质，东、西各国从无此种性质之股份公司也。至云未办者勘查标记筹款，已办者稽查保护指导，请办者查其人，考其资本，交易者查其事，验其契约，种种事件，除筹办二字外，余均为劝业行政及地方官厅行政事务。若股分公司，就权利言，以一公司而揽全省劝业行政之权，私益法人不应有此广泛之权力。就义务言，以一公司而担负全省劝业行政之费，私益法人亦不应有此重大之义务。

（二）第二条云，凡四川通省矿产，勿问金属非金属，已开未开，本省外省，绅办商办，独办合办，皆归本公司管理主持。按此既将本省外省矿业行政之权全揽，又云照章应归矿政调查局主管之事，本总公司概不越俎，此本条条文前后之冲突也。而第一条所载勘查等事，又半系矿政调查局主管之事，此又二条与一条之冲突也。

（三）第二章机关组织各条，先规定由督宪派委监督官一员，监视公司一切财政。按商律，凡股分公司应由股东票举查帐人以为监督，乃此章不载查帐人而曰特委监督一员，已非商办性质，虽监督公司之权为官厅所应有，然不过对一般公司而言。今对一公司特委一监督官，是以行政官而干涉公司之内部也。又云就各道管辖地方划为五路，每路委派总协理二人，复按各厅、州、县设派出所，委理事一人，或增副理事一二人。设置机关不以公司营业所在地方为定，而以地方行政区划为定，明为行政机关，非公司机关也。

（四）第六章三十三条云，既经本公司标记之矿，以后非本公司派出所签字认可，不得转售他人。三十七条云，如有业主既不愿卖，又不愿以地作股，即可饬具永不出卖切结，将来出卖，非总公司许可，勿论何人不得接买。阅此两条，几不解我国矿产主权之何属也。考各国矿务采掘权所采主义有四：一、土地附属主义，二、国家独占主义，三、发见者先占主义，四、国家特许主义。我国部颁矿务章程，规定勘矿开矿应颁执照，即系采用特许主义，盖以矿物为富源所蓄，未可放任私人之自由，必经国家特许始可营业也。如此条所定，是矿物所有权上不属于国家，下不属于业主，中不属于发见者之先占，而尽为集股合办之总公司所取得矣。推立法之意，殆以国家曾畀公司以特权，公司即为国家之机关，公司认可，即不啻国家认可欤！然三十四条又云矿地虽经公司收买，将来国家如须自用，仍可随时与公司商明，照价提归公家，是国家自为国家，公司自为公司也。然则公司认可之权源，果缘何处而发生耶？

第二，就事实上审查

（一）推总公司第一目的，首在保全全省矿产防外人侵入，究其办法不外第一条所谓勘查、标记、收买、稽查、保护、考验等语。讵知国家欲保主权，端资国法与条约，吾国矿律明载外国人不能购买土地，其它商律附股亦有限制，官府诚能奉行，即外人盗买，税契一事岂能飞越？亦何劳此总公司之种种稽查。如国法无效，官府虚设，公司其又奚为？即谓外人叵测，防范维艰，然各省前设矿务调查局，现复设劝业道直辖矿务等政，地方亦有专官，转瞬审判独立，地方官不理词讼，应增设劝业等课，佐理矿业一切，现各甲均有团约，随即改设乡会以之责成，谁敢相诿？兹乃举此种行政而责一营业公司，恐公司既侵其权，官府复卸其责，权限混杂，互相推委，益趋于有名无实也。

（二）推总公司第二目的在发达全省矿业。查其方法亦多理想而少实际。试晰言之：第一，原章凡本省办矿者皆作为本公司之分公司，由官筹办保息。据集股章程言，劝业道仅筹有三百万两之保息费，近查公司尚无的款，局员日用犹形窘象，其它分公司能濡此殊泽乎！况矿业发达，分公司成立日多，总公司来源有限，无米之炊，恐不可以疗饥也。第二，原章各分公司之公积款项，应交总公司，总公司可招集股东商提作他分公司之补助。据此则分公司有不足时，似可享补助利益。然就全体计之，各分公司一面有受总公司补助之权利，一面有听总公司提拨之义务，谓之分公司之益可，谓之分公司之损亦可。况致条文云提款补助时，须得公司多数赞成，则是赞成不可必，补助卒无望，即谓此条于分公司无益无损亦无不可。第三，开设学堂，造就矿务人材，开设银行，流通股银资本，即设转运局、设炼矿厂皆于矿商有益，然此等事业，举一动费巨万，总公司采矿尚无资本，而又兼营此种种浩大事业，而欲盼其实行，享此利益，恐系梦想。虽然总公司章程即不能发达矿业，苟无阻碍，亦云幸矣。无如查彼章程其足以害矿业者实多也。第四，总公司之机关，除总公司监督官等外，五道路各设总理、协理，其员额倍于全省之道缺，各县之派出所各设理事、副理事，其额多于全省之州县，每年糜费不下巨万。举若此浩大之行政费，而悉征收于全省之分公司等，此分公司即幸获巨利，亦难填此莫大之溪壑，而况未必获利也。第五，四川幅员辽阔，一道相近千里，一省相距至二千余里，彼集股章程乃云，凡公司股票，须由总公司编号发出，加盖关防，并须由总协理签押，以昭郑重。据此则距省二千余里，合资千金，办矿无几，尤必专员到省并至本路总协理处，奔（弛）〔驰〕数月而后成立，分公司之成立恐亦罕矣。第六，总公司集股章程，各分公司所集股本，除该分公司经理人处应备三个月费用外，余款由总公司协商各股东举一殷实股东或银行钱庄存放，开矿期中各分公司应支用款，由经理人预算列表送由本处总协理核准，通知代为存放之股东或银行钱庄以时划付，每年分红亦须到总协理处领取，各公司被此条重重束缚，生机已绝，尚望有一毫自由活动权耶？道阻且长，疲于奔命，恐此后之分公司将尽日呼庚呼癸之不暇，遑暇谋发达乎！

（三）推总公司第三目的在谋公司自身之利益。其所恃以不恐者，谓先有特别免许二事：（一）开矿不定年限，（二）收矿不定亩限。二事果实行，则公司矿地多蓄一日，即国家矿税少进一日，益在公司，损在公家。公司矿地增加一亩，即他商营业减缩一亩，利在公司，害在众商，已与前二目的相反。然使损害国家与众商，而公司能独获利益，犹不防垄断独登，现公司拟办事业极多，的款极少，尚须向众积股以图开办，众见公司原章拟办事件多系公益及行政事宜，不能营利，谁肯以资本为虚牝之一掷耶？即使倾囊相应，而全省矿地收买过多，如原章所谓势难同时并开，资本空占，保息难付，则收矿之获利未可必也。收买矿地即能获利，而所谓创设炼厂，兼营购炼代炼，多为人作嫁事，均能获利乎！炼矿即能获利，而所谓各地设局转运，路险者并为辟路包运，既难保险，辟路犹需资本，必曰获利，恐未必然。即运矿亦能获利，而所谓补助矿商兼办殖业性质之银行，既云殖业，此等银行本巨利微，非获利事，姑承认其均能获利，若开设学堂，标记矿业及保护稽查，补助一切行政事宜，用人既多，糜费复巨，固可断言其非获利之事矣。况逐节所认为获利之事者，不过假定之词，而不必其果然也。总公司亦将奚图？

如上所陈，总公司章程戾于法理，复碍于事实。若欲发达吾省矿业，惟有就不应搀入公司之事件，按其性质，分酌如左：

（一）学堂不必另设，即就工业学堂扩充矿业一科，需费较轻，功课较速。

（二）银行不必特设，现藩宪提筹办银行，已妥商办法，拟具章程，将来成立，凡公司存储股款，抵押债券，即可借此活动。

（三）关于各矿地之编号标记事项，应于劝业道支配矿政调查局为之，或将来地质调查会成立，即由该会办理。

（四）关于各矿产之卖买注册事项，应由劝业道饬该管州县办理，至稽查私售盗买等弊，将来自治会成立，办理必善，即未成立以前亦可责成团保。

（五）关于各公司之补助奖励事项，应请劝业道就行政费中预算的款，妥定补助奖励方法，以期实行。

以上各件如是分配，然后择定矿区，按照商律，组织一四川矿务模范公司，若现设总公司，非大加改革，更定章程，实无从议及筹款问题。

批复（十二月二十四日到）　查原件系咨询筹款开矿，而呈复则单就矿务总公司章程上立论，并未计及筹款。当此国力未强，法律未备之际，而欲保存矿权，发达矿利，自非官民合办不可。总公司系仿照湖南办法奏准设立，其大旨在大利归川，而细针密缕所不暇计，留待后图，固不能纯以法理绳之，亦不能按照公司律使之一一吻合。现因劝业员遍设，所有关系行政之事，已经公司呈请改归劝业员办理，其它经部核准，应勿庸议。此批。

《四川谘议局第一次议事录》，成都印书馆，1910年铅印本，四川大学图书馆线装书库藏

川汉铁路宜速筹巨款以保路权

原案　查川汉铁路成宜一段能归川省商办者，以有租股的款以为后劲也。惟查成宜路线延长二千三百余里，山势崇峻，桥洞（功）〔颇〕多，前经估勘，需费在七千万两以上。而租股每年所收，仅在二百万两以内，此外虽有商股、盐股、官股、购股等项，其数甚微，均不足以济浩大工程之用。若不早为设法，长此因循，恐川省已得之利权将必有不能永保之势。且以每年二百万两之进款而修七千万两以上之工程，估款兴工已非三十五年不能集事。又况股款年需付息，旧息不付，则新股难收，年复一年，股款不久且将坐罄，路工何所取资？此本督部堂每一筹计及此，常不觉代为焦虑者也。今欲图补救之法，惟有一面迅将宜昌动工以坚信用，一面由公司总分各会召集股东会议，劝办铁路银行，即以本地股款周转本地金融，一俟信用既坚，工程渐巨，再将银行推广外省外埠，募集公债，可资兴办。或由公司委托他种银行广为代募，只期权利无亏，尽可多多益善。至于本省绅粮、富户，并可由分会银行分投劝借，多方设法，务期骤集巨款，立成大工，不可筑室道谋，河清难俟。何以言之？查兴办铁路获利最丰，又最稳固，日本三岛地狭而长，环之以海，有轮船以与铁路竞争，不能专利，其所收铁路利益，犹可以济国家财政之穷。我川大陆，间以崇山，铁路开通，无与争利，以西人之经验言之，其利率必常在五分以上，虽以重利称贷巨款，路工一成，立可应付，盈绌之计可不必再谋者也。惟是银行不兴，则无消息金融之地，信用不立，且有众情涣散之虞。是在诸君子之熟筹审计，有以保川省之路权而不至有既得复失之虞者矣。至于交通便利，文化既随之而增，脉络贯通，国防亦因之而固，其利既溥，厥功尤伟矣。

申复案　川省江流险绝，交通阻碍，工商业之不发达，弊正坐此，铁路亟宜兴筑，无智愚皆知之。川汉公司改归商办以来，原冀路工速成，利权自固，乃忽忽六年之久，寸路未成，巨金虚耗，租股百弊丛生，购股逐日减少，款之难筹实由于信用未着，不得归咎于川人之悭吝、经济之困难也。本局前提议整理四川川汉铁路公司一案，筹款之法，已具大纲，而于公司信用一层，尤为注重，前经呈请督部堂公布施行在案。现在宜路业经开工，董事局亦已成立，筹款之法闻股东总会已有决议，应请督部堂责成成都总公司迅将筹款办法克日宣布，并将宜路情形随时报告，俾阖省灼知川路之工万难中止，川路之利翘足可待，则股实绅商自必争相购股，积腋成裘矣。

批复 据呈已悉。仰候行铁路总公司知照。

《四川谘议局第一次议事录》，成都印书馆，1910 年铅印本，四川大学图书馆线装书库藏

川河险滩之平治

原案 川擅河利，因厄于滩险，近年屡有提议平滩者，皆以民俗锢蔽，或谓本地风水所关，或谓此平而彼复起，甚有谓为无滩则水将一泄无余。种种疑怖，士绅不加劝导，官司实难解说。现在铁路未通，拖轮将到，而仍为鄂省所挠，平滩之议，势难再缓。须俟众议者：一、为民俗之能否开解及究竟有无不宜平治之滩？二、如当平治，应由公家设局统一办理抑应由各州县分段自办？其经费则宜各地自筹，而取偿于过道船只，待众先议，如当平治，更议其法。

申复案 河流之险直接则关系于商务与交通，间接则关系乎文明，川省地大、物博、人众，而商业不发展，风气每后于沿江沿海诸省者，以交通不便故也。交通之不便，则河滩为之梗也。居今日而提议平滩，诚为要务。顾或以民俗锢蔽为疑，不知近年创办新政，启人疑惧，大都良法美意，奉行无人，非借为渔利以便身家，即因之扰民而作威福。故官府一有设施，民人即生阻力者，有所鉴而为之，非性使然也。诚能慎选任事之人，于试行之始，开诚布公，剀切劝导，晓以利害之实，而证其迷信之非，则种种疑忌猜难必至化为无事。或

又谓川河逐节皆滩，平不胜平，且有平一滩而反生一滩者。不知所谓平滩乃指最碍航路之滩而言，非见滩即平之谓。是二说者皆不足虑。其应研究者，则平滩之经费而已。迩来川中生计情形，上富渐流子中，中富渐流于下，而下富则直流于贫，贫民者盗贼所从出也。川中抢劫之案日增月盛，考查其故，实因民贫，民贫之故，则因新政赔款担负日多。若复公家设局平滩，则所需经费不能不出于强派，夫人民生活已极艰难，更有何余力以担此巨款，恐经费未集而局费先已不资，河工未成而人民立见坐困也。计莫如各州县分段自办，奖劝人民之有财力者自行集资，设立会社，着手平治。平滩之费，许其取偿于过道船舶，定为若干年限，公家力为提倡保护，并许以平滩之后酌奖创办职事人。如是则公家免筹措之苛，而人民亦无骚扰之患。此以平滩付之商业行为，其法一也。方今渝城小轮公司已设，拖轮既到，而平滩尤急，况其事务本属一贯，筹款既足昭信，而聘请外国工程师及本省素悉水道之航师，亦为势甚便。此以平滩委之拖轮公司，其法二也。

批复　所呈平治险滩二法，不为无见。候行劝业道酌核转饬办理。

《四川谘议局第一次议事录》，成都印书馆，1910 年铅印本，四川大学图书馆线装书库藏

筹增学务公所经费

原案　学务公所经费支绌极矣。常年入款计银不过二十四万余两，内中惟藩库先后移拨之六万两（一为贷厘盈余一成，计三万两，现由藩署改拨，一为藩署续筹之款亦三万两），盐库移拨之三万两（提拨票厘余盈，现由盆库改拨），前成绵道署移交之一千四百余两（慈幼堂存款岁息），劝业道移拨之一万一千两（实业学堂当年经费），经征总局移拨之一万五千余两（移补各属摊解场经费），高等学堂移拨之八千两（游学经费），为额定之数，其旧提游学经费二万四千余

两。比来各属积欠纷纭，查光绪三十四年收入仅一万八千余两，本公所印刷部约赢八千两以外，岁入大宗，专恃契底一项。自光绪三十三年冬季创办，截至次年九月底止，此一年中共入银十万三千余两。嗣于是年十月，由经征总局代收划拨，截至本年七月底止，共准移送银五万两有奇，再积两月届满一年，视原收数目盈缩尚难预定，其余零星杂项为数无多，此入款之概略也。就出款言，本年额支诸从撙节，计需二十四万八千余两，出入已不克相抵。其活支之款业已决行者，京师大学堂师范生六百余两（回籍川资），通省师范学堂约有一万两（建筑理化实验室及购置理化器械药品），优级师范选科学堂约一千两（添置理化器械药品），淑行女子师范学堂一千五百余两（续补建筑费），存古学堂及川中初级师范学堂（两处开办费），合计一万五六千两。明年该两堂额支约非四万两不办，而创设图书馆又为明年必备之需，日后优级师范及中等农业各学堂各项本科一律设齐，以及推广女子师范或中小学需费益巨，且补助日本五校费本年已需一万两左右，嗣复岁有增加，至宣统六年后始能依次递减。而应行筹设之高等农业工业各学堂与夫中等或高等商业学堂，造端既宏，又不得不由公家倡办以符部限。仅恃目前少数之款以为资，绠短而极深，立见束手矣！近者挪借商款（大清银行、宝丰银号两处结至本月底止，许欠款当在八万两以上）已达八万两之谱，勿论长此负累息耗滋多，亦断无久假不归之理。况于称贷尚无止境，特别用费又随时发生，困难情形当可共睹。查学部续定提学司办事权限章程，本可就司道局所凡有经理财政之责者合力筹商，顾当库储奇绌之时，亦实无从挹注。欲求诸全省人民共同担任，如往年酌加契底银钱，有益于公，无损于民者，戛戛乎其难之！盖各属自奉文办学以来，一切公款出自民间者，筹措之方，本不一致，捐提拨借，各视乎地方之利便。考其性质，只可以供地方行政之支配，若谓就中择别以某某款项移供学务公所之需，此在理论上固有所不行，且按之事实亦万难齐一者也。然学务公所既为全省教育之总机关，断不能因经费不敷，设备事宜遂付阙略，致蹈因噎废食之弊，预算决算应俟届时详晰报告，目前支绌究应如何统筹接济，当就此商定以便决行焉。

申复案 教育为陶养国民之本计，而学务公所即一省教育之中枢。川省地阔人众，以一公所施全省教育行政，较之他省已属烦难，复以仰屋之叹分其心力，则教育事业何能依限推广。按其经费支绌情形，诚有不能不亟筹增款之法者，顾治有本末，用有缓急，今请分别言之：第一法则莫如学务公所专司教育行政，以其财政权归现在之财政局及将来之财政公所，自明年起将各种教育经费应在学务公所支出者，由提学司预算数目交财政局核定编入全省预算，议决之后照案开支。无论新旧款项，提学司不揽征收之权，亦不任筹措之责。如是既与现在改订官制划明权限及统一财政之意相符，而财政局就岁入千余万之中通剂盈虚，裒多益寡，于学务经费增筹若干，较之学务公所之局局自谋，其难奚啻霄壤！此所谓根本之治也。顾预算报部交议当在宣统二年，实行当在宣统三年，而学务公所目前已负债八万金，明年又当如何？此则不能不权其用途之缓急，而节省其可以节省者，若补习学堂，若省城劝学所是也。补习学堂既为部章所无，功课组织凌杂破碎，复不足以自为一校外，而各国内而各省亦无为期限无定、程度不一之补习学生而特设一校者，乃岁费学务公所三四千金，此可裁者也。成华两县既各有劝学所，其它在省城之学校，学务公所复不难直接管理，乃中间复有省城劝学所，乃岁费学务公所五六千金，所用者全省公款，而影响所及并不出省城以外，徒为叠床架屋，无所取义，此又可裁者也。再次则官印刷局，前经本局提议归并学务公所，以节开支而裕经费，虽未经裁允执行，然平心而论，提学司与官印刷局总办同为本省官府，同受督部堂督率，在官印刷局能办之事，未必至学务公所而遂废。归并之后，就款项而论，有益于学务公所，就事实而论，仍无异于有官印刷局。且该局每年所得余利，督部堂批复中并未列有专支之途，可知官印刷局不恃此项余利以应急需，而在学务公所得之，则可以弭紧急之亏短。再四筹度，似仍以归学务公所为得宜。即或一时不能骤改，则以该局所得余利尽数提归公所应用，以符从前挹注学务之案，则其效亦与归并相同。督部堂总持全局，坦无歧视，顾念学务公所之支绌，加征既猝无可择之端，提拨又别无陈积之款，则移缓救急，当为公明所谅，而不喋喋为嫌者乎！学务公所虽负债八万两，除去预解明年留学经费四万两，本年差数实已无多。若果将补习学堂及省劝学所裁撤，计可省万金，官印刷局余利约计当可得二三万金，再得经征契约底收解足额，则目前尽可弥缝，而应行推广之事亦可略资兴办矣！

批复 学务公所款项支绌，自应极力整饬，俾资维系。来呈谓该所经费应由财政公所统筹，分拨归入预算决算办理，自系正当不易办法。惟目前预算尚待筹备，该所需款方殷，自非先从节流入手不可，据呈裁节各事，补习学堂本属赘旒，省城劝学所之设于学务公所外别为一部，亦属无所取义。而合计两处开支，几及万金之多。值此财政艰窘，似可酌量裁并以节糜费。至官印刷局不能归并该所，本督部堂前已明白批示在案，此时断难再议，况教育日谋普及，用款甚多，断非官印刷局区区余利所能济用，若以为得此便足，则开办书报原拨不过三万余金，未尝不可饬令分年措缴，而无如九年筹备学务不能为此止步也。既不能不仰给于他筹，又何必斤斤于此款？一若舍此即无以为开源也者，所见亦未免太隘矣！仰候本督部堂札饬司道另行设法，并随时酌剂，以谋教育之发达可也。

《四川谘议局第一次议事录》，成都印书馆，1910年铅印本，四川大学图书馆线装书库藏

筹设简易识字学塾

原案 窃查学部分年筹备事宜，本年为筹设简易识字学塾之期，此项学塾所以教年长失学之愚民与寒之家力不能入初等小学之子弟。所有章程及课本应俟由部颁布，其如何设置之处自当就本省情形预先规定，以免临时局促贻误事机。本署司近已刊发表式，通饬各厅、州、县调查所属场市户口与夫原有学堂经费、学龄儿童等项，以为规定应设初等小学简易科入手之方。大致最简易之场应设三年级学堂一所，最繁之场应设四年级学堂三四所，三年级学堂五六所不等。既量繁简为区别，兼视贫富为权衡。各场约每五十户，贫户较多者应设三年级学堂一所，富户较多者应设四年级学堂一所，以贫富之等差定期间之长短，倘能于规定数目之外再行推广尤善。一俟各厅、州、县查报到日，则初等小学简易科堂数既可按籍而稽，简易学塾亦得从而核定。现拟应设学堂之数即以各场初等小学简易科堂数为比例。凡一场之内例设简易初等小学三四堂者，学塾之数惟倍；其简易初【等】小学应设至五六堂者，学塾至少必得八九所；学堂至五六所以上，学塾亦依次递加。至筹款之法各以其地之半日学堂合并办理，即因半日学堂之款不

足者增益之。其无半日学堂者各就本地量为设措，仍各报明立案以资永久。其在省垣除成华两县自行酌办外，再由省城劝学所与八旗劝学所各就原管学区每区各设一所作为模范，经费即由本所开支统归学务所照数拨给。其各属劝学所并各于中区就近之地表式模范设置一二所，经费亦各由该所担任。此项学塾常年需费每所计钱不过四五十千之谱，应用教师则俟私塾改良章程发布后，于考定私塾师时一并酌择，并由劝学所略为传习，俾归一致拟即一面饬属筹商设备届时奉到，部章及课本当可一律遵行矣。

申复案　四川人口繁庶，失学者众，寒之子弟不能入学者亦众。欲求教育普及则简易识字学塾诚为扼要，势不可缓。但川省地域辽阔，财力之丰啬，民情之通塞，地各殊异，若欲强同一致，必多阻碍难行。今酌拟办法数端，以为补助之法。一就私塾改良也。川省私塾厥有二种：一曰专馆，系殷实之家出资延师专教其子弟者；一曰散馆，系招集生徒自行设帐者，其教师大抵于本国之经史文学未窥门径，于科学之理化算数并乏见闻。学堂既开，失业者众，惟恃私塾以为糊口之计。欲尽行淘汰，则势所不及，情亦不忍；欲略事通融，则教育前途何由整理？盖此等塾师纵宣布改良私塾章程，而课本教法仍系茫然。欲其就我范图终属不可必得之事，计惟将部颁简易识字课本发行私塾，强令教授，使之挟持，有具以徐达私塾改良之目的，双方获益无逾于此。一当扩充半日学堂。农隙学堂授以简易识字课本，不可归并也。夫半日学堂宜于城市，农隙学堂宜于乡村，皆所以补助年长失学及年幼无力入学之人。此项学堂与学塾性质不同而功用相等，宜于城市推广半日学堂，乡村推广农隙学堂。而以简易识字课本教之，则相得益彰矣。一凡各属官立公立初等小学宜附开简易识字班也。既为初等小学，则教员程度必能胜任简易识字教法。况各区设有模范一所，就近取赀亦殊易。川省乡僻场市贫无生业十有八九，其子弟求能入初等小学亦势所不能，附设班次使之略识字义便于谋生，亦最不可缓之事。

批复　所拟筹设简易识字学堂补助办法三种，均系注定本地情形计画，尚属适宜。仰候札行提学司酌核通饬照办可也。

《四川谘议局第一次议事录》，成都印书馆，1910年铅印本，四川大学图书馆线装书库藏

水道警费

原案 川江绵长，商贾辐辏。水道警察与陆路相辅，而行势难缓。查川江正流自华阳县属中和场起，至巫山县□湖北界碚石止，曲长三千余里。现奉札委水道巡警总理经画开办，就正流三千余里中分为十总区，中又分为三分区，中又分为三小区。十总区及三十分区各驻旧式炮船一艘，每一小区配置小兵船四艘。统计全区共设炮船四十艘，小兵船三百六十艘，专供水道警察之用。除总理外，额设总区官十人，分区三十人巡长，九十三人伍长，正兵夫役等共应设用二千五六百人。先从干河办起，次及支河。此时甫经创办，统筹编制，系寓水师于巡警之中，以期脉络灵通用，收指臂相使之效。惟筹计此项经费开办约需银三万余两，常年各项支用至少必须银四十万两。除拟提重庆道库现存船厘银一万四千余两助充开办经费，并拟将靖川、川东两水营向有经费全數拨充水道警察常年之用，岁可得银二万七千两，此外不敷尚巨。现经水道巡警总理报告，重庆商民闻有此举甘愿每船价值银百两者认缴水道警察经费二两，此议果底实行，预计重庆船捐银一项亦可收入银一二万两。然为数究属有银仍不敷水道警察之用，惟有再将沿江水保甲旧有之费、已办水道警察之费、救生红船之费悉予提并，并调查沿江各属水神浪王、镇江龙王各神会旧有经费各若干，劝其量力捐助，通计现在可筹之款只此数项。第闻各款向非充裕，即多方提并数亦无多，各会捐资犹难。深恃事关肃清江面，保卫闾阎，商民既享保护之利益，即有应担之义务。且干河经费即已如此拮据，将来推办支河需费益巨犹不能不先事筹谋，必须经费确定，乃有措手之资，应就目前已经议及与未议及各款详加咨询设法添筹请交局协议。

申复案 警察为内政之一，其主要在保安防患，故性质不容混淆。其作用在画段分区，故组织不得立异。查原案所云，统筹编制系寓水师于巡警之中，以期脉络灵通用，收指臂相使之效。此无论法理，鲜所根据，即事实亦属赘疣。警察行政一般学说即谓为不外两种目的：从积极言之，则在增进人民之乐利幸福；从消极言之，则在排除社会之障害危险。故每日直接执行于卫生、消防、泥醉、斗殴、窃盗等为尤切要。即有时逮捕罪犯行使司法之权，究与普通有别。若军务行政或为均势政策或讲尚武主义，其目的其作用不可与警察混合为一，尽人知之矣。川江绵亘极三千余里，商船客货间遭抢掠以溪峡僻地为多。查其踪迹出没大都会匪游民结合生事仍在陆上而不在河川，纵水道警务联贯一气舳舻千里终不适于搜捕追缉之用。况滨江州县治城咸有水上警察，将来推广乡镇巡警临河场市亦不能无水上警（查）〔察〕之设，加以旧日炮船红船沿途络绎亦可互相策应。是就事实言之，川江水道警察实在可有可无之数矣。原案又云，札委水道警察总理就正流三千余里分为十总区，中又分为三小区，各配置炮船小兵船若干艘。此等组织窃鳃鳃焉，以为未可。巡警道为全省警务，总揽上承民政部之命令，指挥近听督部堂之监督、考核。今置水道总理，权势相侔，受巡警道之节制，则取消更正权在中央，为事实所不能不受巡警道之节制，则独立自行形同两大为官制所未有名义不正统系不命。纵日以保安防患相绳而权限龃龉，终必归于鲜济。此就总理之组织言见为未可者一也。各国地方警察皆各守一定区域，以奉行一定职务，而其上尤必有主任监督之官。即以日本言之，府县及北海道厅之下置警察部而设警部长，警部长非独立府厅，不过为知事长官之辅助，故无发警察命令之权。盖地方警察亦为地方行政之一部，绝无令独立于地方官吏外者。今就江流三千余里各置区官不受成于各厅州而受成于总理一人鞭长莫及，苟有专横放弃诸事地方官吏转得藉事推诿而流弊不可胜言。此就区官组织言见为未可者一也。要而言之警察之性质不可混合于兵师警察之组织，不可明限以区域。四川各厅州县治之城警察纵已遍设而不完不备，亟待改良实局多数，即谓水道警察宜急兴设仍应责成于各厅州县就河流管辖酌量办理，庶经费不待统筹而事亦臻允协。

批复　盗匪窟穴虽在陆地而实以水道为窜逸之路。历观川省盗案往往此拿彼窜，一经附船远飏遂致无从踩缉。难于破获而拦江截抢客货之事尤时有所闻，设立水警所以扼防要害遏绝道源与陆警相辅为用，事为商民所赞成。本督部堂此举亦正为保护全省公安计耳，并非可已耳不已也。该局来呈辄以川江水警为在可有可无之数似非笃论。近数年来如粤东、西之两江、江浙两局、两省之内湖、外海皆因平日防缉不严，盗贼纵横几于受人干涉，始起而购船置械练警设防，以图补救。川省江程之远、伏莽之多，情势正与相同，故不惮深思远虑为分区置警之谋，作长治久安之策。凡事图始为难曲突薪在悠悠者或不加。深谅该议员等代表与论远瞩洞观岂所见犹有未了者。至水警开办之始，用人筹款事务纷繁，巡警道驻扎省垣职守非轻，自不能不遴选委专办大员董率其事，且遇事仍须会商酌辨，该道等和衷共济同维大局，何致有事权歧出之虞？各区水警虽系直隶总理，而原定筹办简章固明定各区内之州县均作为地方坐办，府直隶厅州作为地方提调；又定分区，区官以下对于道府厅州县均用属官体，固系为联络水路祛除隔阂起见，亦非如来呈所云受成于总理一人独立于地方官吏以外也。总理之此事断在必行，将来全部成立或可察看情形，移交地方官直接办理。惟缔造方艰，主持不可无人，固难骤议更张耳。

《四川谘议局第一次议事录》，成都印书馆，1910 年铅印本，四川大学图书馆线装书库藏

戒烟办法

原案 川省遵奉谕旨实行禁烟，兹已饬将各处烟馆一律封禁，并限定本年秋间全川境内概不准栽种烟苗，此后出产日稀土价日贵。凡向有烟癖之人，必须赶紧戒绝方免坐受困累。矧自治渐底实行，吸烟者并有夺权之限制，果惜名誉则烟癖尤应力除。惟查吸烟之人往往观望、因循，或有心求戒苦无良善之方，或因药不佳阻其自新之气。以此，廓清有待，积染尚存，亟应由各地方官绅协心合力，妥筹善法，广为劝戒。其在生计稍裕之人，但示以良方精药，再继以苦口之规劝、名誉之激发，力无难自行戒绝；□夫下等贫民，必尚有购药无资，求戒不得者，并应筹款购药施送，或略寓强迫于劝诱之中，俾嘉惠得以普及，斯烟癖可望全除。省城已由官提倡设立戒烟总会，并附设施药所，其一切详细办法载在章程，第模范虽树于一隅而效力未周于遐迩，并望各属明达士绅查酌。省城总会办

法多设分会施药所以辅官力之不逮，此项分会究应作何筹设始能相继林立，筹设经费应就各团体中作何捐集，劝戒方法各有所宜，更须不厌详求，以收同时并举之效。至总会所拟章程有无应行增改之处，均应详加咨询，请交局协议。

申复案　禁烟一事功令森严，关系至巨。从根本上立论，本年全川境内烟苗一律禁种，即（已）〔以〕绝吸食者之希望，其犹应注意者尚有二端。一、分销官膏店应先行停止以便稽查烟籍也。查禁烟章程原定逐年递减，官膏店自未便骤议裁撤，惟分销铺店百弊丛生，不惟暗售私膏，并且开灯发卖，目前烟馆封闭，若辈益收驱爵之利，应请先将省城各分销店一律停止，各厅州县只准于城内及繁盛市镇各设一处实行部颁购烟执照章程，庶几吸烟之户不难按籍而稽，即戒烟之法自可因人而施矣。一、土药进出口宜明定限期以免积存私土也。查川省为产土之区，每年行销粤沪为数至夥，现在实行禁烟，内地之绅富每欲居奇，外来之贩尚无从购买，积至数年藏土不少，川中若不设法消除，隐为戒烟之障碍，应请与各省明定限期，逾限买卖即以私论，此示一出，囤积之户自必求售不遑，而向来仰给川膏者尤必争相购买，则我川蓄土不难悉数行销，而吸食因循观望之心可以立断矣。至于设会施药，虽属補苴之计，究亦目前切要之图。省城戒烟总会颇著成效，章程亦简而易行，应请通饬各厅州县仿照多设以资扶助。其办法约分数项：（一）城内先由官提倡设一戒烟公会，附于自治公所内以节费用，省城戒烟总会现以传习有戒烟医士，应请各属拣派一人名为戒烟官医，主持制造药科、传述方法等事，其经费即由官膏余利项下开支，并一面将办法药方刊布四乡，劝令仿办。（一）凡旧日施药会送诊医馆以及各种慈善事业应由地方官劝谕添设戒烟分会，药方炮制不必从同，但能戒烟断隐即听其施送。（一）凡巨姓祠宇、蒸尝义田应由地方官劝令各设戒烟分会一所，专戒族中吸烟子弟，附近贫民能否施送丸药，悉听其便。似此通力合作，经费不必另筹，烟癖可期渐尽。此外州县长官及衙役书吏尤应稽查严禁，盖州县为人民之表率，有吸食者，其办理禁烟必不严且无以禁人民之不吸食，而衙役书吏多出无赖，若不限期戒断，必藉吸食以便私图。现在各属科房差房开设烟馆者颇有所闻，应饬由地方官限以一月之期，届满不能戒净者，一概斥革，如敢徇隐，即治该官吏以藐法之咎。此亦原案所谓寓强迫于劝诱之中也。

批复　申复各端，多属切中时弊之谈，实行购烟执照，停止官膏分销，尤为目前急务。此项执照办法早已通饬遵行，并由巡警道详定旅行购烟小票，严饬所属照办。官膏分销，原谋购烟便利，免购私膏起见，奈积久弊生，影射私售或所难免。现戒烟颇有进步，吃食者日见其少，所有分销店铺自愿由官膏总局分别妥议裁并以免流弊。土药出境入境前，据烟土总行、厘金总局酌定期限、拟具办法当经批令出示晓谕，并咨行邻近各省一体查禁，旋即札饬巡警道妥议查禁章程，各在案，至各属官佐幕友均有定章，勒限示禁，其办理禁烟不力各员考成所在，本督部堂亦决无姑宽之理。科房吏役非限期戒断，诚不免藉吃食以便私图，查各属来禀，多有如该局所议办理者，应由藩司通饬各属一律照办。他如设会施药各办法均尚可行，其分派官医一节，巡警道详定戒烟医药传习所章程，原系如此办理。具见禁烟一事官绅所见相同，应由各主管官署认真举办，各地方绅民实力奉行，俾早除一日之痼疾，即早获一日之幸福。本督部堂实深切盼焉。

《四川谘议局第一次议事录》，成都印书馆，1910 年铅印本，四川大学图书馆线装书库藏

设立各州县堰工塘工会

原案 成属农民食堰之利，亦受堰之害。盖其争讼至繁，旱时其讧尤激，农忙兴讼误时失耕，为害甚烈，其患半由地方豪霸恃势违规，鱼肉良懦，半由牧、令惮劳不肯，有案即勘，小之结为蔓讼，大之酿成斗伤。若能设会自治，平时则维持定章，有事则投凭理处会所，难决再控之官。既免农民辄起讼端，亦俾官司得所依据。平日研究利弊，公议改良皆斯会应有之责，尤推行尽利之道。其无堰州县，则设塘工会专以劝导，保护开塘为事。川省山多易旱，开塘诚急，然非有会劝导农民，安常习故，谁肯投资以兴功利。即有其人而无会为之保护利权，必且甲费开塘之资，乙争无钱之水，不惟无利；或以起争故，求塘工发达，斯会万

难缓设。两会皆可由地方组织各地方情形，拟定章程，官司核明可行即为尽力补助，不必集费，则成立不难，但能执行则收效至溥。

申复案　讲求水利为发达农业之先声，江淮之间运漕最重，故官民一心提倡水利，开筑官塘、官堰，与夫维持保护之力至详且尽。四川民风勤朴，注重农业远胜工商，如灌口之都江堰、新津彭山之通济堰，自秦李冰、唐章仇湙凿以来，沃野千里，利赖最溥而保存最力以外，川北各属山多，田引亢亦有因溪流、涧水、滨江、枕河之区修筑陂塘，以时收灌溉之利而为亢旱之备。惟是劝农专官徒存形式，里保公约半为具文，凡成属有堰州县一遇雨泽愆期，争水剧烈时候，弃农兴讼，所在皆然。诚如原案所云：地方豪霸恃势违规，而牧、令惮劳，深居简出，小之则结为蔓讼，大之则酿成斗伤者，至无堰州县农民富于资力而又怀珍重稼穑之心，则不惜金钱开塘以防旱涝，间亦有之。然能集合巨资因地制宜，广置陂塘以规蓄泄久大之利，则百不一闻。夫小民昧于远计，往往自己输粮管业之塘，有时淤塞、溃决亦听其废弛而不行整理，彼徒狃于雨阳，时若之岁以塘为无用，不知偶值旱虐，所得不偿所失，急欲收之桑榆盖亦晚矣。今日谋立堰工、塘工会以释雀鼠之争而防饥馑之患，公益之溥计，实无逾于此。四川农会已次第告成，而劝业员亦溥行选派，应由劝业道饬下各厅州县农会与劝业员集合各地有利害关系农民，先行立会共同研究，以为未雨绸缪之计。财力有余任其分立，否则附设于农会之中，徐图进步。机关既设，担荷有人，然后由会内派员调查境内有塘、堰若干，某人种田系用何堰，坝长、闸头若何，分日用水，并境内有无古堰可以兴复，有无源泉可以挹注，绘图列表，全局在握。如此，遇疏浚工事则指据有方，即因争水致讼，亦可按图立断，实于农业公利大有裨益。

批复　据呈堰工、塘工先由农会劝业员立会共同研究。自是简便之法，惟各属情形不同，如都江、通济各堰，滨河州县受水之利最多而争斗滋讼亦为最甚，恐非另设专会不足以兴利除弊，而稗农功候行劝业道分别酌核办理。

《四川谘议局第一次议事录》，成都印书馆，1910年铅印本，四川大学图书馆线装书库藏

调和民教

原案 川省民教争讼，较之沿江沿海各省为少。然民教之迹，虽经官府极力调和，仍每每不能尽泯。非在教欺压民人，即民人歧视在教。因此遇事相非，藉端修怨。近如调查户口，因谓调查员在教，民人出而抗阻，或谓门牌上十字缘系属从洋，无端打毁。而习邪滋事、愚顽之人，其目的更无论矣！此皆民教之见固结未化所致。查从教出于个人自愿，原与立身随世一切无干，欧亚各州合数宗教之人而建一国者甚多，近年来闻因教而生歧异，此必有调和之道存焉。各议员熟习本省情形，且多曾经游学外国，于调和之法当有心得，必如何而后民教长久相安，必如何而后民教融化无迹，欲求良法以策治安，各议员其集议备择。

申复案 调和之法不外积极的与消极的两端。中国旧有道、释、回等教，而人民对之无嫉视之念者，以其不倚权势以凌民也。外国亦有合数宗教之人而建一国，不闻尝有纷争相贼之事者，以其不恃国力以为祸也。自西人以殖民主义传教东来，入其教者恒借其势力强占优胜，故中国人之仇教起于畏教，而畏教之源又关于国之不强，民之不智。使领事裁判不行于中国，教育普及于人民，则外人先不敢以无礼相加，而人民对于外人亦知我无可乘，彼无足畏。即吾国人之从教者，亦惟信仰自由，相安无事，断不至倚外人为奸，如是民教不必调和而自可融化于无迹。此所谓调和之积极法在于振兴国势，普及教育也。然根本之图，究非救急之策。兹为目前实行计划，则有消极调和之法三端：一、请通饬各属地方官，对于民教争讼之端，宜据理裁判，不得袒教抑民也。盖地方长官每多不谙条约，不明法律，一遇外人交涉，辄瞠目束手，无可如何。而又恐妨一己之考成，只知外人可畏，吾民可欺，不惜枉民以伸教。民之受屈愈甚，则其仇教愈深，致激而为打教之举。此宜编定外交条约及国际法简明定章，颁发各州县，使其对外有所依据，而于民教之争不得有所偏倚，庶民教冲突之可免矣。一、宜专派各地明达士绅，剀切劝告，不得歧视教民也。盖教民与吾民虽因宗教之异，然同中国赤子，畏之者非，仇之者亦非，宜等其教于道、释、回等教，不可视之为化外而加之以猜嫌，诬之以怪诞。更劝教民不可倚势为奸，转于同国之人自相鱼肉，庶民教之情可以通矣。一、宜由督部堂照会各国领事转饬该国教士，遵守约章，不得干涉词讼，欺侮人民也。盖各国教士每因地方官民不谙条约，辄越俎妄为，违章滋事。一国开其例，他国咸效其尤，致民教之嫌始终不解。宜与申明传教之外，不得干涉他事，勿以小故致损邦交，在我既理正而辞严，在彼必畏难而知退矣。以上三端，虽为治标之计，亦属切要之图。

批复　积极之法果能如是，民教何须调和，此不待言。消积三法，多为本督部堂所已行者。如颁发条约成案，严饬词讼不分民教，持平判断，照会领事，不准教士干预词讼是也。即劝绅民勿歧视教民，亦经剀切示谕。然此等事非由上者谆谆告诫，仍须明白大体之绅粮以身作则，随时劝导。尤须教育速谋普及，无论民教，知务公德而爱国家，敬梓桑而重廉耻，则积极之法虽一时不能办到，正气日固，外侮潜消，各教之行必有如释、道、回彼此相安之一日。本督部堂跂予望之矣。

《四川谘议局第一次议事录》，成都印书馆，1910 年铅印本，四川大学图书馆线装书库藏

整顿团保

原案　川省团保屡易办法，均经奏明有案。现在举行巡警，固足以禁暴诘奸。第阖省盗案之多，甲于他省，实由幅员辽阔，居民散漫，加以山峦重叠，地方幽僻，最易藏垢纳污。即将来乡镇巡警推广完备，势不能处处站岗瞭望，自应严办团保，各担责任，以清盗源。有警则巡兵防营齐队缉捕，团保拦截歧路，四面兜擒，使盗无可逃遁，如此相辅而行，庶几盗气可息。是四川团保不能遽废，自与他省不同。乃说谓乡镇巡警亟待举行，团保积习过重，必须裁撤，始能输入

文明，体察情形，在近数年中，巡警之力尚未遍及，似不能遽撤防卫，置日受抢劫之民于不顾。此所望于关怀桑梓诸议员公共讨论，将团保应行维持及如何改良整顿之法，妥为筹议，以备采择。

批复　据呈已悉。整顿团保即在推办巡警，注重自治，来呈一语破的，所陈办法二端亦多切实可行，应俟随时酌核办理。惟各属团练经费前于该局议复巡警筹费案内，业经本督部堂明白批示，行令巡警道通饬各属，将此款指定作为乡镇巡警经费在案。现在成华两县及他属乡镇巡警，已有提前办理者。查照民政部奏定筹备清单，宣统二年以后乡镇巡警即在应行筹办之列，是将来警政推办一处，练费即应提用一处，断难拘以一定年限。来呈谓宣统八年以前所有团练经费一概不准挪用，实属窒碍甚多，应仍照本督部堂前次批示办理，仰即知照仍候分行查照。此批。

《四川谘议局第一次议事录》，成都印书馆，1910年铅印本，四川大学图书馆线装书库藏

解散会党

原案　川省会党，名目繁多。初由不法匪类结党横行，续而绅富相率效尤，亦各立会名，以图自保，迨人数既众，人类不齐，彼此争雄，因而仇杀。仇杀不已，因而抢劫。卒致缉获到官，身家不保。此等愚顽，于法固无可宽，论情亦有可悯。第各种会党随处皆是，捕不胜捕，诛不胜诛。若不设法急为解散，久之滋蔓难图，隐忧方大。有何良法使之复为良民，共享治安之乐。议员桑梓情殷，见闻亲切，必能知其致病之由，出其施治之法。亟应详细指陈，以备采择。

申复案　川省下流会党，名目繁多，人数既众，品类尤杂。彼此争角，常为治安之扰，劫杀犯禁，亦多自此而出。诚非设法解散，不足以除稊稗而靖隐忧。惟此种集会，举动诡秘，从类蔓延，既难寻其集合之迹，即未易施以廓清之术。

惟有待人民生计优裕，智识开通，各有恒业，则游食之徒寡，自无人聚而为奸。各有常识，则善恶之辨明，不至于群居不义。质言之，则解散会党舍促进实业、普及教育之外，别无根本之治法，断断然也。然而教育、实业两端，今虽并日力追，要须逐年进步。下流会党之患，则目前之窃发，岂能坐视其滋张而不问。为今日治标之计，固略有数端可择：一则辨其种类也。川省下流会党，千流百派，而大别不过两类，甲类为江湖会，乙类为孝义会。江湖会起最早，纠结日久，多亡命无赖及不肖绅衿，常为乡里所苦，于是孝义会起而敌之。其初由乡里有籍之民，互相结集，以抵御江湖会之侵扰，既而手滑势急，羽附日杂，其为患遂与江湖会无异。而各会党中又自分两类。一种各有正业，特借入党以联声势而为缓急之恃者；一种别无正业，而专以不法行为为业者。欲解散会党，必先知谁为会党，谁非会党，而后有所施其治。此辈既为秘密结合，无册籍可稽，则是否会党惟于有无正业辨之。有正业者不必尽非会党，顾即为会党而不必为非，即为非而祸犹不烈。有恒产者有恒心，其势然之。惟无正业者则可断其必为会党，且必属为非，而祸又甚烈之会党。解散之着手，必当以此曹为专注。胡文忠所谓不问其会不会，但问其匪不匪，实为治会党之科箓。否则不加辨别而求会党于漠然，万众之中其会而匪者既不可必得，徒以开含沙之射，兴瓜蔓之狱，且使会而不匪者望绝自新，党益滋而结益固，非解散之，适驱陷之耳！惟于无正业而衣食淫乐，辨齐民之蠹者认定为会党，筹其治法，庶几心力专而易以中其要害，此解散会党之第一路径，不可忽者矣！次则断其饷源也。凡众非能养，则不能聚，邪僻之途非有利，则人不趋。会党既无正业矣，其用以自养而诱聚徒众者，固自有各种饷源，以剽暴取之大端，则为劫夺勒赎，以和平取之大端，则为衙蠹赌局。劫夺勒赎，公然犯法者，即当置之于法，此无待论。顾往往罪人不能必得者，固由保甲巡警之不密，兵差缉捕之不力，而最为府奸庇恶者，害实莫深于衙蠹。各衙门、局所、丁役、差弁以及不肖地保之中，殆莫不有会党之足迹。此辈溷身于此，与外间会党互相勾结，诈财舞弊，既以为衣食之源，更复伺间漏言，塞聪蔽明，使其党之犯法者不轻易发觉，即发觉而消息相通，逃匿已远，而赌局尤资其包庇。然则欲使会党无所资以自养而诱人，穷而归于各寻正业之一途，其可不以澄清衙蠹为要图乎！又次则绝其滋乱也。前会党未息，后之会党方生，生生不已，解散虽多方，长此相寻，力且不给，法当先绝其滋乱之路，而后解散有所措手。会党之增加，党类必在开山结盟之时，开山一次，新入会者辄数十百人，如是不已，会党安往不多。其开山必在深宵僻地，又有衙蠹为之牒蒙，盖似不易察。然每开山少者人以百计，多以千计，来程至数百千里，如此五方大众，岂敢公然而集，大约皆藉期会或生辰燕会为名，发布红柬，遣人邀请，此为朕兆可观者也。苟非聋瞽，何难发觉。今其所以未能禁遏者，一在地方人知而不敢言，惧其寻仇，一在地方官知而不敢问，惧其逼乱。是宜令各州县于公众之所，设一告事匭，专收报告开山结盟之件，许告者密函指明开山地方及时日，阅后即焚，并不发表，而官仍自随时间察，一有影响，即檄乡保使公布而分谕之，并责以事前预防，震以临时亲往，其目的只在驱之使散，不得新增党类，而不在捕获多人，先声所夺，相机入破，固足以消患而有余矣，夫何寻仇逼乱之足虑哉！又次则广其消纳也。人生而有群性，不聚则不适，其性劳者思息，亦常以聚众为乐。禁止结会即为秘密结会所由生，此不易之理也。往年颁布结社集会律，盖即此旨。以后各地方宜多提倡各种公会，有自由集会者，无论其宗旨为政学，为实业，为自相保卫，为互谋娱乐，但不背于律，不害于俗者，皆许呈明官府，或报之警察，许其公然设立，并切实予以保护。如是既遂人民之群性，而又便于官吏之稽察，秘密结会之事必可渐少，而借会以聚诸不逞者，亦将无以自匿，是亦消弭会党之一途也。以上所陈，皆举大端，就中若澄清衙蠹，禁绝赌局，尤关要领。其应如何见诸实行以征成效，斯则为政在人，非一成之论所能具悉者也。

《四川谘议局第一次议事录》，成都印书馆，1910年铅印本，四川大学图书馆线装书库藏

破除迷信办法

原案　邪说诬民，智者辟之，愚者信之，矧为乡野朴陋之人，市井失业之子则偶被异说簧鼓，迷信尤笃。因迷信而遂多妄为，轻则破家亡身，重且贻忧大

局。低徊往事，良足喟然！川省岁积齿稠，民度弗齐，自北方拳匪乱后，根荄未能尽绝，影响所及，蜀中渐以多事。溯近十年内习拳肇乱之举，频有所闻。虽旋起旋灭，未克猖炽，而地方鲜有宁日，民生愈形凋敝。不谓覆辙相循，梧花邪教又发见于昨岁。迄今地方匪徒，犹往往利用前项邪说，荧惑众听。编氓寡识，动为所愚。他省非无邪匪，然传习必须时日，发动颇费周章，未见有如川省之十数日，即可立会，十余人，即敢暴动者！虽有善治，亦殊防不胜防。乃至雨泽愆期，冰雹伤稼，亦借口于现举要政，有干神怒，或捣毁学堂，或捣毁公局，最近调查户口，亦有数县人民妄信无稽之言，或挟阻钉牌，或殴伤员长。其它以讹传讹无理取闹之事，尤复更仆难终，皆缘迷信邪说阶之厉也。夫立宪期迫，内治为亟，民智弗开，振兴安望！虽执法以绳，责在有司，而易俗移风，有资乡望。自今以往，各地方明达绅庶，将为父母之邦，图谋公益，须先举一般人民破其迷信。应如何设法防范，使邪说之不再萌；应如何启导愚蒙，使信从之免歧误。自应详加咨询，请交局协议。

申复案　迷信之毒，中于心理，而其患贻于社会，然非法令所能遏，又非旦夕所能革也。惟智可以破迷，惟渐可以启悟。人民迷信之浅深与其智识之程度为消长，凡人智所不能，即举而委之于神。所知愈少，所迷愈多。考诸历史，中国自地理明而后蓬莱、昆仑神仙之说衰。泰西自科学兴而后耶稣、路德宗教之争息。今日新学开启，国中迷信之风较前实已大减。惟四川风气稍后，故中下等人锢习犹多，斯非智瀹之不灵，实缘灌输之尚浅。其有生奸阶乱，明干律例者，固不能以其迷悟而挠法，而发蒙启愚，明幽灯以挽失路，实不容已于得情勿喜之心。前本局会议期间，议决发起通俗教育社一案，其大端即所以破除迷信案，经督部堂裁允分布施行，提学司、巡警道及教育会自能切实筹办。若从此更能逐渐推广，则移风易俗，必日月有效可观。病在愚者，治以益智，实舍此别无要道也。

批复　所陈破除迷信之道，注重于逐渐开通下等社会智识，自系根本之谈。候行提学司巡警道查照可也。

《四川谘议局第一次议事录》，成都印书馆，1910年铅印本，四川大学图书馆线装书库藏

组织地方棉丝业公会

原案 鸦片已禁，抵补惟有棉丝。提倡虽在官府，劝导仍在士绅。各州县宜设棉丝公会，大端约分两部：一为补助，一为奖励。补助者棉则由会购买佳种，说明方法分散四乡，导其种植。丝则由会购发桑秧以至代备检种、防病、消毒、烘茧、缫丝一切器具，俾民间有力者分买，无力者借用。至于收集零丝，代为贩卖，而补助之能事尽矣。奖励者，或奖之名，或奖之利。奖名或地方自给，或请之官府。奖利则由会贷与一切当用子种器物，视其成绩良者，或较众约取其值，或特别作为捐送。成绩尤好者，或常年别与奖金，或下年多贷资本，其款则或由绅富捐助，或由地方另筹（其中亦有可以取偿之利，不尽属消耗也）。法国每年蚕丝业奖励金至八百三十万佛郎，皆由地方担任筹给，盖其获不止倍蓰。事如可行，或由官酌定普通章程，或由地方自订规则，由官核定均可。

申复案 棉为四川入口大宗，丝为四川出口大宗。非改良棉业无以抵塞漏卮，非改良丝业无以补充销路。如原案所列购种购秧，代备器具，代为贩卖等之补助，名利等之奖励，均属切要之图，惟所需会款，拟由绅富捐助或地方另筹，求之事实，似当变通办理。盖川民于公益等捐担负本重，即曰公家另筹，仍自民间罗掘。输将既不可必，募集实觉其难。查各地农会大都成立，蚕桑传习所亦已开办，无论多寡，均有的款，应请将棉丝公会附属于农会之中，不必另立门户，致多糜费。所需补助奖励各费，即于农会及蚕桑传习所分别划拨，事同一体，既无冲突之嫌，力可兼营，实有挹注之便。因利乘便，无逾于此。至公会章程，自应由劝业道妥定通则，布告各地，以规齐一。其变通细则，再由各会酌量情形，自行规定，呈请核准。

批复 农业范围极广，若图简便，则不特棉丝公会可以毋庸另设，即一切森林河堰水产畜牧，何一非农会所宜兼谋。但为一事一物之发达，则各会有各会之作用功效，现闻丝业繁盛之处，绅民已有自行筹设者，可见风气渐开，各知公益。候饬由劝业道妥定规则，详核颁行。

《四川谘议局第一次议事录》，成都印书馆，1910年铅印本，四川大学图书馆线装书库藏

设立工业器械试验所

原案　近年机械制造日益发达，论于四川，则提倡斯业，实有三虑：(一) 能仿造者亦购，徒糜运费，且失利权。(二) 道远滩险，往往沉没。(三) 与外人定购，立约以前无人检在图说，购到而不合用，损失殊大。有上三虑，故当设立工业机械试验所。其应办之事：一、制造。分仿造及发明二种。或制木器，或造木型，布之民间，既辟智识，亦保利权。二、检查。对于购用外国机械者，则先检查其图说，定其器之新旧、良否、贵贱，然后定约。购到之后，更检查其是否与原订相符适用，免受外商欺诈误购之损失。时于民间仿造或发明之机械，则检查其优劣，优者予之奖励，劣者导之改良，激发民间机械制造之知能。二者皆于机械工业前途关系极大。其费曾经调查，购器及运费约需三万元，建厂需一万元，聘用技师一人，技手二三人，岁需一万元，学生及消耗岁需一万元，计需开办费五万元，常年费二万元。款需新筹，事宜早计，否则机械工业不惟难望发达，且将陷于危境，究有何法以筹此款，应公众议拟备择。

申复案　四川幅员广漠，原料富饶，粗制日用之物品，俯拾皆是，实较他省为胜。惟徒恃人工，不用机器推陈出新，进化甚迟。届此商业竞争时代，实有货弃于地之叹。原案设立工业器械试验所，提倡制造，慎重检查，既可以辟新机，复足以防诈伪。发达工业嚆矢，非此莫由，立意甚盛。而在四川，尤为劝业行政切要之图。惟另筹的款，当此新政繁兴，官民交困，实难得至善无碍之法。本局一再讨论，只有化无用为有用，创立基础，徐谋扩充之一途。查重庆铜元局机器建筑，实费数万金，当时既未开办，嗣闻改办铜铁厂，亦未开工。空闲废弃，日

久必至毁坏，殊为可惜。拟请就铜元局所有房室及机器，改立工业器械试验所。重庆为四川工商总汇，凡制造检查，比较省垣交通便利，尤易激发一般作业之知能。如此购器之款，建厂之费均不待新筹，而试验所更可即告成立。反手之劳，为益殊捷。至于常年应需款项，此事属于劝业行政范围，欲谋工业发达，自不能不先有此举。应由劝业道统筹，全部开列预算，呈请督部堂于财政局岁出项下开支，乃为正当持久之法。

批复 所拟将重庆铜元局厂房机器改办工业器械试验所，意在化无用为有用。惟查该局厂房规模甚大，现正另筹方法，以免废弃。试验所需地无多，削足适履，未免可惜。而通理化机械各学之员，另聘既属不易，专设尤多縻费。至于局有机械除锅炉外，亦不适于试验所之用，如能任便相通，则铸钢早已开办矣！应候饬由劝业道另行筹议详办。

《四川谘议局第一次议事录》，成都印书馆，1910年铅印本，四川大学图书馆线装书库藏

劝戒缠足办法

原案 缠足为女流固习，朝旨早有明禁。川省风气迟开，民间狃于旧习，以故妇女放足一事，迄今犹多观望。前已先就省城实行劝禁，并饬属一体照行。其劝禁之法，约有数端：一编撰白话告示，详论缠足之害，不缠足之利，并指示放足方法，广为刊布。一官绅协力，分途演劝。一制定表册，按户调查，饬就表列各事项按户自行填注。表列要件有四：一曰该户缠足人数，一曰遵限放足，一曰生女不缠足，一曰不娶缠足之女为妻。调查完毕，然后按照该册依限复查，以为示奖示罚之标准。奖分两途，或以名誉，或以金钱。罚亦多端，应再熟察社会情形酌中定拟，要于克底实行。有谓对于缠足妇女宜禁止该亲戚不与往来者，有谓不准入家谱祠堂者，有谓宜登报示辱者，有谓宜申饬其尊属及本夫或罚金助充公

益之用者。事关矫正敝俗，作新女德，未便以激烈伤雅道，亦未能以口舌收全功。扶掖振兴，宜有多术。矧民俗以相观而善，王道必肇基于乡。各地方贤明士绅，对于此种敝习，并有匡救之责。应如何妥筹善法，协力劝禁，俾女界历年锢习，一旦全除。自应详加咨询，请交局协议。

申复案　放足之利，缠足之害，朝廷明诏，士大夫论说，言之綦详。年来开明州县提倡放足，固不乏人。但积习太久，或狃于故常，不肯矫正。或无所观摩，群事退阻。或鉴于变法之多所反复，恐既放之后，一旦变更，回复为难。此所以通国皆了然于利害之所在，而实行者仍居少数也。今年二月巡警道邀集士绅分地演说，又刊布白话告示及放足方法于各州县，且限以时日，定为奖罚。一时观听耸动，几有立除旧习之势。惜始勤终怠，致宏规硕画未及展布，遂寂然中辍。而各地方官政繁事赜，尤不能实力奉行，所有颁到告示方法，大都束之高阁。或且鄙为多事，其热心者亦不过代为出示或知会绅士照办而已。本局再四筹商，应将劝戒之法区为二种：一宜先从官绅着手以为倡导也。夫缠足之风本始于通都大邑，而乡里效之；尤盛于巨家大族，而平民效之。试观偏僻州县，有至今尚未缠足者，知小家细民之装饰无不随富贵显达者以为转移也。是宜先从各行政长官及学商各界以身作则，首先开放，使中下社会有所摹仿，则行之也易。无所顾虑，则为之也速。移风易俗可以操券得矣。一宜多立天足放足等会，以期实行也。调查之法，奖罚之策，原案所列已为周详，但以官力行之，既虞烦扰，亦病琐碎。惟有倡立天足放足等会，由会员联合同志自为组织，所有调查奖罚等事，均由会中自定，自行互相劝勖，互为干涉，实能事半功倍。俟势力渐广，信用日着，虽有顽梗，自然折服信从，无待强迫矣。以此二术而又先之以文告开谕，辅之以清议鼓吹，洗涤旧污，蠲除痼疾，直可拭目而待。

复批　所议劝戒缠足方法，先从官绅入手，以为倡导，自是正本之论。至多设天足放足等会，即由会员联合同志，互相劝戒一节，如果绅民热心公益，能自任调查奖赏议罚等事，当不难早收成效。惟各处风气通塞不同，不用官力董率，终恐难于实行。候行巡警道查照申复各节，酌核办理可也。

《四川谘议局第一次议事录》，成都印书馆，1910年铅印本，四川大学图书馆线装书库藏

三、文 牍

督部堂恭录谕旨悬挂议场以资法守札

为札知事。宣统元年九月初一日，准宪政编查馆通致各省督抚洪电：奉上谕，各省谘议局为采取舆论之所，仰蒙德宗景皇帝钦奉孝钦显皇后懿旨饬办。朕御极后，继迷前徽，责成内外诸臣依限办理。业据各省陆继奏报，谘议局选举事宜均已照章筹办完竣。

兹届九月初一日，各省招集议员开议之期，用特重申诰诫。各该谘议局议员于地方利弊情形，均当切实指陈妥善计画，务各恪遵前奉懿旨，勿挟私心，此妨公意，勿逞意气，以紊成规，勿见事太易而议论稍涉嚣张，勿权限不明而定法至滋侵越。各该督抚亦当虚心采纳，裁度施行，以期上下一心，渐臻上理。至开局以后，各该督抚尤应钦遵定章，实行监督，务使议决事件不得逾越权限，违背法律，共摅忠爱以图富强，上以副朝廷勤求民隐之衷，下不失官民守分获职之义，朕实有厚望焉。着将此谕敬谨缮录悬挂各省谘议局议场，一体钦遵。钦此。特此奉知，希即恭录悬挂议场，并希遵照奏决章程及本馆议复于大臣原奏办法，切实办理，务须随时监督，毋令逾越权限，致有纷扰窒碍，转阻宪政进步，是为切要。宪政编查馆世。等因准此，除分行外，合就札行，为此札仰该局即便钦遵，照缮悬挂，以资法守。

《四川谘议局第一次议事录》，成都印书馆，1910年铅印本，四川大学图书馆线装书库藏

督部堂转宪政编查馆定谘议局对官文称谓电札

为札行事。宣统元年九月初九日，承准宪政编查馆电开：谘议局对官吏称谓，各省多来笺问。兹定督抚署行谘议局公牍式，其专对局言者，应照章用札。专对议长、副议长论者，如系京堂翰林，无论局事非局事，应均用照会。其谘议局呈督抚文，应自称本局，称督祗督部堂，抚曰抚部院，不用贵字。如有与府厅州县关涉文件，应互用移，与司道领衔之局处，仍用呈文，均参照咨呈格式，惟不用咨字。即希查照饬遵。等因承准此，合就札行。为此札仰该局即便遵照，此札。

《四川谘议局第一次议事录》，成都印书馆，1910 年铅印本，四川大学图书馆线装书库藏

督部堂转宪政编查馆申明札文程序电札

为札行事。宣统元年九月二十七日，承准宪政编查馆宥电内开：上年本馆通行各省文称：督抚行谘议局用札系仿定例。各部札太常、鸿胪各寺、顺天府并礼部札各省学政之程序，其札文应首为札行事，末添为此札行谘议局查照，须至札者云云。首不用札饬字样，末不用札到该局即便遵照，切切毋违此札字样，无庸朱标，与外省督抚札饬属员文武须有区别。特此通电，以昭画一。希此查照转谘议局知，宪政编查馆宥。等因承准此，为此札行谘议局查照，须至札者。

《四川谘议局第一次议事录》，成都印书馆，1910 年铅印本，四川大学图书馆线装书库藏

督部堂转宪政编查馆定谘议局呈文格式电札

为札行事。宣统元年十月初一日，承准宪政编查馆通电，内电：兹将谘议局呈文格式酌定。首用呈明、呈请、呈报、呈复等字样，末用须至呈者。仍称督部堂、抚部院，不用贵字。希转饬遵，宪政编查馆宥。等因承准此。为此札行谘议局查照，须至札者。

《四川谘议局第一次议事录》，成都印书馆，1910 年铅印本，四川大学图书馆线装书库藏

本局报明开用关防日期呈文

为呈报事。宣统元年九月初一日，准督部堂札发本局木质关防一颗，文曰：四川谘议局之关防。等因准此。当经查照承领，于本月初十日敬谨启用。相应备文呈报，为此合呈督部堂，谨请查照备案，须至呈者。

《四川谘议局第一次议事录》，成都印书馆，1910 年铅印本，四川大学图书馆线装书库藏

本局报明开议日呈文

为呈报事。窃查谘议局章程第三十七条内载：凡会议时督抚得亲临会所，或派员到会陈述意见。又四十六条内载：各省督抚有督谘议局选举及会议之权。各等因奉此。兹本局定于本月十五日午后一点钟开议，前督部堂发文及各议员提出之议案，除星期休息外，每日午后一点钟至五点钟，以次递议。另编议事日程于各议案会议之前排日呈送，以便亲临或委员莅会。所有开议日时，相应备文呈报。为此呈请查照施行，须至呈者。

《四川谘议局第一次议事录》，成都印书馆，1910年铅印本，四川大学图书馆线装书库藏

本局延长会期呈文

为呈明事。窃查谘议局章程第三十二条，常年会每年一次，会期以四十日为率，自九月初一日起至十月十一日止。其有必须接续会议之事，得延长会期十日以内，等因。本届常年会议因系第一次创举，局中部署一切，开议稍迟，现在提出未议之件尚多，非延长会期不足以期详尽。兹经本局议定：于定期之外延长五日，展于十月十六日闭会。相应备文呈明。为此呈请查照施行，须至呈者。

《四川谘议局第一次议事录》，成都印书馆，1910年铅印本，四川大学图书馆线装书库藏

本局请分别提议咨询事件呈文

为呈请事。窃本局自九月十五日开议以来，所有前准督部堂札交提议咨询事件共二十二件。业经按次编入议事日程，排日呈送，并陆续付第一读会立案。查谘议局章程第二十二条、第二十三条、第二十四条案语：一、谘议局议定可行事件，督抚若无异议者，有公布施行之责。二、督抚提议事件谘议局如以为不可行者，有议请更正之权。又第二十一条第九项申复资政院咨询事件，第十项申复督抚咨询事件。各等因。是提议之件，本局有议定呈请施行或更正之权。咨询之件本局只有申复之责。办理既异，则区别宜明。所有前项札交事件清册节经本局审查员逐一查对，除册面标目及册内原文两相符合者外，内督部堂本衙门清册伍件，除一件应禁旁听不计外，仅票盐兴革利弊一件，册面标明咨询之件，其余三件止标应兴事件而无分别咨询提议字样。据札文而言，当系提议之件。而细绎册内原文语气，于各该件或未指明一定办法，或系多作问辞，又似未可一概论。又提学司清册三件，内筹设简易识字学塾一件，册面上方标明咨询之件，下方又有提议字样。以上各件讨论在即，若区别未详，于将来议定办法，实有毫厘千里之虑。所有未明缘由，相应备文呈请批答，以便遵循。为此呈请查照施行，须至呈者。

督部堂批答 据呈已悉。查此次司道提出各条件，或为咨询，或为提议，多未分别标准，故由本督部堂特于册面逐一标明，以免淆混。至本督部堂提交清册，均经表示系应兴事件。所谓应兴应革者，即显系咨询于众之意，故不必再为词费。且其中亦皆意主商榷，所有切实办法尚应俟之后图，固不能以提议事件概之也。至提学使简易识字学塾条件，其册面下方虽署有提议字样，自应从本督部堂之所标明以咨询事件为断。仰即遵照缴。

《四川谘议局第一次议事录》，成都印书馆，1910年铅印本，四川大学图书馆线装书库藏

督部堂取消议事规则札

为转饬遵照事。九月十四日准民政部致各省督抚通电内开：四川总督鉴：现在谘议局业经开会，会场宜整肃，希即酌派守卫巡查，俾昭慎重。民政部寒。等因。自应遵照部电办理。本日第一次开议之期，所有会场内外守卫巡查，已由本督部堂饬巡警道拟定规则，会同武员酌量派定。所有该局草章巡警在会场之规则，应即取消。合亟札知。札到该局即便遵照。切切，特札。

《四川谘议局第一次议事录》，成都印书馆，1910 年铅印本，四川大学图书馆线装书库藏

本局为前件呈宪政编查馆电文

北京宪政编查馆钧签：局章四十五条之规则应否订？及会场警卫现督札此节别饬巡警道拟定，是否可从？又批准二字如包涵核驳，似与案语中自行酌定之义有疑。并请电制台转示遵循。四川谘议局肃叩。删。

《四川谘议局第一次议事录》，成都印书馆，1910 年铅印本，四川大学图书馆线装书库藏

督部堂转宪政编查馆前件复电札

为札行事。宣统元年九月十四日，承准宪政编查馆漾电内开：据四川咨局电呈称：局章四十五条，规则议定，请督抚批准。批准之义是否包涵随时取销驳改而言？又会场警卫事宜，奉札分饬巡警道拟定规则，是否可从？请示等情。查局章该条案语，业经声明，细则规则系谘议局内部之事，均应归谘议局自行酌定等语。此项细则规则，若督抚以为不应批准，自应指明理由，驳令再议。至会场守卫，应听议长指挥，虽由巡警道派选，而并不能于场内行使普通警察权。除场外警察仍照通行警章办理外，所有场内守卫事宜，自应归入细则，呈候贵督批准施行。希转饬遵照。宪政编查馆。等因承准此。合就札行，为此札仰该局即便遵照。此札。

《四川谘议局第一次议事录》，成都印书馆，1910年铅印本，四川大学图书馆线装书库藏

本局请批答川盐改票归官事件呈文

为呈请事。案查督部堂昨以四川票盐兴革利弊咨询到局，本局亦正提议改良之法。乃据调查：外间舆论，谓事已着手实行。并有外省奸商捷足包揽，赍银赴省，希图认岸。势机激急，群情惶恐。查票盐非私，理本明白，引岸滞消受病，乃在官运价高苦民，不能以全非归诸挑贩。改票复引，官运商销，无论于国计民生诸多滞窒。即使确有把握，而事关本省兴革，加重本省担任之义务，未经提议

议决，即一面咨询，一面开办，揆之法理，则外间所传，似属未可尽信。据咨议章程第二十六条，本局于本省行政事件，如有疑问，例得呈请批答。所有前项传闻，是否属实？督部堂于厘革票盐之举，是否现已着手？并有无奏案在前？相应备文呈请批答。为此合呈督部堂谨请查照批答施行，须至呈者。

督部堂批答　呈悉。查盐法兴革，系属国家行政事件，非奉朝廷裁可，本督部堂亦不能着手执行，无所用其疑问。至此案既经本督部堂咨询该局，应即申复，以备采择可也。此批。

《四川谘议局第一次议事录》，成都印书馆，1910年铅印本，四川大学图书馆线装书库藏

本局为前件再请批答呈文

为再行呈请事。十月初三日，本局以票盐兴革呈请批答一案，准督部堂批开：呈悉。查盐法兴革，系属国家行政事件，非奉朝廷裁可，本督部堂亦不能着手执行，无所用其疑问。至此案既经本督部堂咨询该局，应即申复，以备采择可也。此批。等因准此。查改票归官，虽事属盐政，实系川省特别办法，即系川省特别利害。而归官以后，每斤须涨价二三十文。督部堂咨询原札内既有明文，明系增加本省负担。于此有疑，何能不问？又查谘议局章程二十六条第二项，若督抚认为必当秘密者，应将大致缘由声明。案语中又明注有问必答。虽秘密者亦当说明其大致缘由等因。是本局对于增加本省负担之事件，凡有疑问，自当呈请批答。即必当秘密者，亦当呈请说明大致缘由。况前项改票归官，事关民食商计，非军事外交在必当秘密范围者可比。今督部堂批开：无所用其疑问。等因。自是拒绝批答之语，是否与章程相合，不能无疑。所有前项呈请批答之件，务请详赐批答，以释疑问。除咨询之件另行申复外，相应再行备文呈请。为此，合呈请查照批答施行。

督部堂批答 呈悉。查行引有定岸，越界即为私，此系朝廷经制之法。本督部堂前据盐道所陈，以改票盐、复引岸、行官运咨询该局者，乃欲小民求生计于法律范围之中，不愿愚民赌生命于法律范围之外，非所谓增加负担也。其理由另详于批答该局申复文内。至该局前呈所问，本督部堂奏咨执行权限，不见于谘议局章程，业据另文电咨宪政编查馆暨资政院核复，应候复到，转行遵照。本督部堂为一省行政最高之官，谘议局非联邦地方议会之制，官定解释甚明。慎毋故为逾越。以仰副朝廷设立谘议局之至意。此批。

《四川谘议局第一次议事录》，成都印书馆，1910 年铅印本，四川大学图书馆线装书库藏

本局请电询奏咨事件办法呈文

为呈请电咨请示事。案查谘议局章程第二十五条内载第二十一条所开第一至第七各款，应由督抚先期起草，于开会时提议。等因。前项提议到局之件，应遵照章程第二十二至二十四条办理，自无疑义。惟本省行政事件属于第二十一条前七款之范围者，在谘议局成立以后，督抚若欲加兴革，是否亦可不提议到局，即仍照常自行奏咨执行？章程内并无明文，事关权限，非明白宣示，恐滋误解。相应备文呈请电咨资政院、宪政编查馆请示，俾知遵从。为此合呈督部堂，谨请查照施行。须至呈者。

督部堂批答 据呈已悉。所请询问各节，候电咨（宪政编查馆、资政院）核示，再行札知。此批。

《四川谘议局第一次议事录》，成都印书馆，1910 年铅印本，四川大学图书馆线装书库藏

本局请电询复议事件办法呈文

为呈请事。查谘议局章程第二十二条、第二十三条，督抚于谘议局议决呈请事件，若不以为然，均得令谘议局复议。此等复议事件，在闭会后始行交局者，应如何办理，章程并无明文，易滋疑问。相应呈请督部堂电咨宪政编查馆核示，以凭遵办。为此合呈督部堂，谨请查照施行。须至呈者。

督部堂批答　呈悉。查谘议局章程第十二条，谘议局闭会后常驻议员所能讨论者，惟局章第二十一条第九至第十二各款所列事件，是督抚之得令复议事件，亦只能以该各款所列者为限。其复议之件亦自应依十二条之规定，由议长委任常驻议员协议，于次期开会时报告全体议员。该局闭会后如遇有本督部堂交会复议事件，自应查照办理可也。此批。

《四川谘议局第一次议事录》，成都印书馆，1910 年铅印本，四川大学图书馆线装书库藏

本局请批答军费是否与谘议局无涉呈文

为呈请事。查报载督部堂咨宪政编查馆电：川省年来扩充陆军，筹备宪政，约非增筹二百万以上不能举办。按照谘议局章程第二十一条第五款，是否需开议案，交局议决，始可增加，抑或现在未办预算决算期内，可以仍由督抚体查情形，酌量民力，随时增加。乞速示复。宪政编查馆复电：所拟扩充陆军等项，系属国家行政经费，与谘议局无涉，应由督抚酌核办理。各等因。查军饷系国家行

政经费，本无疑义。然各国此项经费，皆由国库支出，从无就地方筹款者，将来中国财政统一，国库成立，凡国家行政经费，一律归国库经理，概不令本省特别担任，则自与谘议局无涉。目前情形似尚未能办到。本系国家行政经费而就地筹款，使各省特别担任者不一而足，并不止军饷一端，若概谓与谘议局无涉，则谘议局对于本省担任之增加，必至无可置议。谘议局章程第二十一条第五款，本省担任四字，当作何解？此即在今日行政官与谘议局权限实有重大出入，非独本局及一省之关系也。报登电文，是否有误？除呈请督部堂切实批答外，所有前项疑难情形，应请电咨宪政编查馆详悉核示。为此合呈督部堂，谨请查照施行。须至呈者。

督部堂批答 呈悉。各国财政虽曰统归国库，亦究系出之地方，以国家就地筹款外，固无生财之方也。至局章担任义务之增加，其上既冠以本省，则其为省地方行政用款上之增加，亦昭然可见。请电咨核示一层，应勿庸议。此批。

《四川谘议局第一次议事录》，成都印书馆，1910年铅印本，四川大学图书馆线装书库藏

本局请批答国家行政与地方行政界限呈文

为呈请事。本月十二日，准督部堂批答：呈悉。查行引有定岸，越界即为私云云（见前）。又准札开，前据该局呈称：以谘议局章程第二十五条内载第二十一条所开，第一至第七各款，督抚欲加兴革，是否照常奏咨，请电咨宪政编查馆资政院请示等语。当经本督部堂电请示复，兹于本月十一日承准宪政编查馆电开：各省向办事件，多属国家行政，其国家行政与地方行政之分，应俟拟定后通行办理。现在未经区别以前，应暂电督抚酌核。凡属国家行政者，皆由督抚照常奏咨，非谘议局所能与议，自无庸交局议决。如确系纯属地方行政，不涉国家者，而欲有所兴革，自可提交局议，再由督抚裁夺，分别奏咨施行。其由局提议

之件，亦应由督抚审查，如果逾越权限，可剀切劝告，若不受劝告者，应即照局章四十七条办理。上年钦奉谕旨：议院未开以前，悉遵现行制度。等因钦此。谘议局非议院可比，尤宜恪守范围，务遵定章及本馆议复于大臣原奏，是为至要。希转饬遵照，等因承准此。为此札行谘议局查照可也。须至札者。各等因准此。查谘议局章程，当从官定解释，久已遵行。如果解释甚明，本局自不得故为逾越，惟查宪政编查馆电开：既云国家行政，地方行政现在未经区别，又云暂由督抚酌核。凡属国家行政，皆由督抚照常奏咨。如确系纯属地方行政，自可提交局议。以未经区别之事，乃加以凡纯属等词，显然发凡起例，且辨其纯与不纯，则未经区别四字当作何解？此不能无疑者一。假即以暂由督抚酌核一语，作为以区别之权委于督抚之根据，则督抚当于开议之前，明示标准。何者为国家行政？何者为地方行政？庶局中知所避就，不至蹈逾越权限之地。今督部堂既未于事前先示义例，即札开本督部堂为一省行政最高之官，谘议局非联邦地方议会。二语亦不过申明督抚与谘议局之地位，并不能为区别国家行政与地方行政之标准，解释实极不明。如此一事一例，随时变转，是否地方行政惟督抚心知其意，莫可窥测。谘议局提议一事，若径以事理，当然认为地方行政，则恐督抚意见不同，决议后将有越权之咎。若遇事先行请示而后付议，则各国议会又决无此迂回牵制之办法。然则为谘议局计，惟有两途：欲为地方请命，则惟有闭目冥行，时时冒停会之险。欲避此险，则惟有一事不议。朝廷设立谘议局之至意又岂若此？此不能无疑者二。至若督抚有区别之权矣，而区别之标准是否正确，当此朝廷尚无明文以示区别之方，宪政编查馆又不以裁决自任，假如督抚一时误认，笼一切事件尽入国家行政范围，谘议局尚安得有存立之地？此不能无疑者三。即区别之标准确矣，而谘议局对于国家行政应议与否又有第二问题，则谘议局章程第二十一条第五款所谓本省担任义务之增加是也。同一国家行政而其经费有增加本省义务者，有不增加者，有不能因系国家行政将增加义务一款径行抹杀，即考各国地方自治事务有为国家委任者，有为地方固有者，委任事务之意义，盖谓以国家行政委任于自治团体，并使担任其经费，此等事务国家惟得强制预算，未闻禁止令其不议，今乃凡指为国家行政之事，不问增加本省义务与否，一切不归局议，是否与法理相合，抑是否暗默取消章程第五款之意，此不能无疑者四。以上各节，若不先求解决，谘议局所议之事，将无一不逾越权限，亦将无一议可以发生效力。为议员者日日在旁皇迷罔之中，更何能尽其心力。代表舆论，以仰称明诏。恭读光绪三十四年六月二十四日上谕：谘议局为采取舆论之所，总期民情不虞壅蔽，国宪咸知遵循。各该督抚等亦当本集思广益之怀，行好恶同民之政。各等因钦此。仰见训词深厚，所以期望全国官民至大且远。凡在率土，忍不祗遵。本局何心，乃至有故意逾越之举。无如以上疑难诸端，相随迭起，解释不明，竟有陷人于迷之势。相应呈请督部堂将国家及地方行政之界域，详析核示，若既确定允当，明示范围，再有逾越，自难辞故意之咎。若仍并未区别，则本无逾越与否之可言，亦自可以明其非出于故意。现在本局已将本日与及十三日议事日程酌量变更，改为全局委员会讨论旧积各案，以待核复。所有疑难各情，应请迅予逐一批答，以资循章。为此合呈督部堂，谨请查照批答施行。须至呈者。

督部堂批答 查国家行政与地方行政，现在虽未经区分，而细阅谘议局章程及宪政编查馆奏定局章解释，已可得其梗概，自应查照，酌核办理。况本督部堂懔遵朝旨，夙以好恶同民为怀，于平日士民之上书言事者，无不分别采择，岂于该局范围内应议之事，反有遏抑！世变日亟，危局同支。凡我议员，务应公益是图，略文字之攻辩，而重事实之研求，是所望也。此批。

《四川谘议局第一次议事录》，成都印书馆，1910年铅印本，四川大学图书馆线装书库藏

督宪批咨议局呈提议改状费审案差传各费章程一案文

呈悉所陈，具见关心民隐足备采择，惟内有原章，本系如此，因续行札饬外间未知，致生疑问者兹为条列于后：一、所定状费系俟审判应成立之处即遵部章办理本是如此。二、提解到省审案一半费，因系为省城商埠先行建筑审判厅而设，然既设高等则以下各级亦应并设完全，不比各外州县可以俟至五年后再行成立，此时自不能不藉资挹注，毋庸自隘。三、所提讼费一半，以足敷省城商埠建

筑即行停解归各本地存储，备开办审判厅之用，已经通饬。四、现审案费第二条财产钱债案情曲直万变，本与别项民事不同，专指第一条即有不能适用者，今该局既有疑问，应候另定办法，通饬遵行。五、罚款，即部章笞杖等罪之罚金，饬提报解，即所以杜私饱，且尚有新章解部之款，岂能削去，其有犯罪较重甘愿罚金百两以上特别自赎者，久已通饬，禀候准驳，界限极明，无虞如前此之漫无稽考得以藉案苛罚。六、新章既行，关于各项陋规尽行裁革，于案定外不许需索分文，本系如此办法，如有奉行不力之处，惟有随时惩办而已，至向来有藉权取警学各项费用者，非陋规可比，不取则公事立刻停办，只可暂行照旧，须俟筹得别款，再另停取耳。七、案费取入发给取单，已有如此办理者，前亦通饬仿办矣。以上各节，均毋庸再行改正，即将此次之批一并登报公布可也。此批。

《四川官报》第三十三册，己酉年十一月中旬

督宪批谘议局呈问按引摊征之康济仓款不明着落恳请批答一案文

查计岸官运收征康济一款，当癸卯纲开办伊始，即经前督部堂岑奏提银五万两，拨作粤饷，嗣后历纲所收，除富、乐两厂修仓买谷领过银八万五千九百三十九两，余照前督部堂锡留充本省军饷之案，陆续拨凑新军饷需，均有奏销可稽，并非无着。此批。

《四川官报》第三十三册，己酉年十一月中旬

督宪奏修建谘议局请将马长卿加三品衔李念祖加四品衔片

再查此次修建谘议局工巨期迫构造綦难，前经委令在籍绅士四品衔候选员外郎马长卿，同知衔拣选知县李念祖，督工监修。该绅等昕夕经营，不辞劳瘁，依期蒇事，并能体念时艰，力求撙节，计全局工程并制备器具等项，仅用银二万七千余两，较之他处工款所省甚巨。该绅等勉尽义务，不受薪赀，其劳尤为可泯。拟恳天恩，将四品衔候选员外郎马长卿加三品衔，同知衔拣选知县李念祖加四品衔，以为力谋公益者，劝除咨部查照外理合附片具陈。伏乞圣鉴训示，谨奏，宣统元年十一月十二日奉　朱批允行该部知道，钦此。

《四川官报》第三十五册，己酉年十二月上旬

督宪批谘议局呈资政院议员互选当选人候补当选人名册并票纸文

呈册均悉，应候复加选定再行榜示，惟此项互选当选人及候补当选人名册应再造呈一份，以便照章咨送资政院此批册票存。为呈送事，窃查资政院奏定各省谘议局互选资政院议员章程第十五条载，互选当选人额数以第一条所定各该省议员额数之二倍为率。又第十二条载，互选完竣后，由谘议局办事处造具当选人名册，连同票纸于十日以内呈送，互选、监督各等因奉此。查资政院议员定额六名，四川以二倍计算，应得互选当选人十二名。本局遵于本月十六日由督部堂莅局监督遵章互选完竣，所有当选人及候补当选人名册自应照章造送，除将票纸附

呈外，相应造具名册备文呈送，为此合呈。督部堂谨请查照办理施行，资政院议员互选当选人名册计开：李文熙，夔州府议员，奉节县人，年三十一岁，举人，内阁中书互选得五十七票。高凌霄，重庆府议员，璧山县人，年三十五岁，举人，互选得五十四票。刘咸荣，成都府议员，双流县人，年四十八岁，拔贡，互选得六十八票，辞退。张政，龙安府议员，江油县人，年三十二岁，举人，互选得六十七票。刘纬，嘉定府议员，荣县人，年三十二岁，增生，互选得六十票。郭策勋，夔州府议员，云阳县人，年五十岁，云南候补道，互选得五十七票。万慎，泸州议员，泸州人，年五十三岁，附监生，互选得五十四票。王树槐，重庆府议员，大足县人，年四十六岁，举人，互选得五十三票。沈敏政，顺庆府议员，蓬州人，年四十岁，廪生，互选得五十三票。吴季昌，资州议员，井研县人，年五十岁，举人，互选得五十四票。王昌麟，成都府议员，灌县人，年四十八岁，举人，互选得五十一票。以上共计互选当选人十二名。

《四川官报》第三十五册，己酉年十二月上旬

第三编　四川谘议局第二年会议文献

一、纪　事

谘议局电追股款 股东大会拟措施

沪商正元、谦余、兆康三钱庄倒欠公司股本一百零九万，驻沪经理人施子谦叠电，报告请人代替，而沪道蔡乃煜以维持市面依照惯例为词，朦禀江督张安帅出奏借款二百余万，先偿洋款置川路股本于不顾。谘议局得耗，即电邮传部请追，电苏抚程雪帅及同乡京官请维持，又函诘本公司。众股东均愤激，纷纷向公司责问，公司于十七日开特别董事会，股东到者约百人，经众议决办法概略如左：

（一）根据破产律及商部定案，先翻沪道朦奏之官定办法。

（二）主张照商部奏片所定倒闭帑项公款办法，川款应比照公款请求先偿，又照商律及商部奏片所举沪商惯例，川款应与洋款一律同偿。

（三）呈请川督出奏并电江督苏抚为切实之驳诘。

（四）以在省各团名义将驳议电致同乡京官，请转乔茂轩设法请代奏，并请言官据律严参。

（五）由董事电留施鹤生在沪助理施子谦暂不必交替以专责成。

（六）所有各函电呈交公推罗纶、徐□□、杨士钦、程莹度、施召愚、张知競等十人起草。

现公司均已依次执行。闻赵次帅已电江督力争，并允克日出奏。而驻京总理乔茂轩，驻宜总理李瑶琹均已赴沪办理此事云。

原题：《铁路公司之特别会》，《蜀报》第二期，宣统二年七月朔日出版

附：川督出奏路款文

北京军机处均鉴：辰据川路公司董事局暨临时股东会呈称，上海正元、谦余、兆康三钱庄压倒欠川路股款一百一十万两，沪道办理违法，款悬路危，群情惨愤。昨经详恳电奏，冀图挽回，蒙批分电两江督抚就近维持，仰见慎重之意。惟本月十七日公司会同众股东，查据沪道来电捏造惯例，朦请奏准，上误君国，下贼商民，不得不缕切陈之。查商号倒闭，但非有心倒骗，如何摊偿，照破产律应由商会邀同债主会议取决多数，又各债主应同董事公定平均成数一律收回。此次三庄倒欠洋款一百四十万，华款三百余万，其如何归偿应凭众商议决，断无先偿洋款之理。又前商部奏请将破产律第四十条暂缓实行，片内开具上海钱业合词禀称钱业定章遇有往来商号倒闭，无论洋款庄款均俟结清后，按照成数一律公摊压办有案等语，是华洋一律均摊乃沪上通例、国家定律。三庄股东家产素称股实，本有自行清理之议，只须官府稍为主持便可完结。沪道擅变定律，捏造惯例，先洋后华，不知是何居心。况通商条约华商倒欠洋商，国家只能代追不能代偿。若如蔡道此次办法，官借洋款代偿商债，势必成为国际贸易惯例，使国家对于华洋私人贸易负无限赔偿责任，后遇有此种交涉愈增棘手。而商民财产本赖国法保护，今官吏违法，优洋抑华，谓为维持华商信用，实系断绝华商生机，影响所及必致人民所有母财不敢存放行号转依洋商以资保护，洋商愈可发挥手腕吸收

吾国母财，以操纵吾国金融，不但人民生计困穷，国家亦立陷危险，患何胜言。至蔡道责施典章存放不慎，然则洋商被倒，其又奚辞，又谓其与正元有别项纠葛，鼓动风潮反对奏案，通电枢部，两省欲加拿办股东等。查三庄倒欠路款确实有据，施典章系经手，代表公司要求沪道持平办理，自是应有之责，如加以反对，奏案罪名，欲予拿办，不知故坏国法者又将如何？窃思川人杜外界觊觎合群筑路，不图一有陈诉便遭压制，商民依据法律求保私权，不图一遇危险转成罪戾，恐路政前途有拱手让人而已。现在川路之款，既因沪道破例先偿洋款致无着落，应恳奏请天恩饬下两江督抚转饬沪道，设法归款并将归款办法明白宣示，不得影射借款致使追出之钱不还商欠拖延渔利，并勿任将条约国律部案一概抹杀。川路幸甚，华商幸甚，等情。据此，查此次沪庄倒欠华洋巨款，人言咸谓沪道蔡乃煌办理，未能持平，漠视路款，乃该道又复通电京外措词失当，致川民愤激，叠次请奏，必须亟思善后，明示追偿办法，免激事端。据呈前情，未便壅于上闻，谨请代奏。

原题：《川督路款入奏稿》，《蜀报》第四期，宣统二年九月朔日出版

谘议局奏查安岳县令

安岳县王令志昂，前以财政不清勒派无已非刑毙命炮税敛钱等因，为县民陈请谘议局建议。经局派员查实，呈请都察院查办，由制军派解观察，往查事均属实，奏请开缺另补，并饬缴出所收参费银二千两，又罚缴银一千两，拨该县劝学所公用云。

原题：《安岳县查办之结果》，《蜀报》第三期，宣统二年八月朔日出版

谘议局议案续志

本届谘议局议案已登前报，兹将二十日起各议案续录于下：

二十日　一、督宪咨询撤裁差役案；二、督宪咨询改良风俗案；三、督宪咨询矿丁戒烟办法案；四、督宪咨询修理道路案；五、督宪咨询调查户口案；六、督宪咨询救济劳力办法案；七、督宪提议府厅州县自治章程施行细则案；八、谘议局提议法令公布规则案。

二十二日　一、督宪咨询本省筹办府厅州县及城镇乡自治事宜案；二、谘议局提议请取消官制婚书案；三、谘议局提议缘边绿营改为巡警案；四、修订谘议局议事细则及旁听规则案。

二十四日　一、谘议局提议设炼钢厂及机械工场案；二、谘议局提议厘剔财政积弊案；三、谘议局提议崇节俭以维风俗案；四、谘议局提议惩戒游民案；五、谘议局提议西昌县呈请建议案；六、谘议局提议石砫厅陈请建议案；七、谘议局提议江油中坝场陈请建议案；八、请开过会案。

《四川官报》第二十五册，庚戌年九月下旬

四川谘议局宣统二年九月常年会纪略

谘议局第二届常年会，合延期共五十日。除去休息、审查时日外，开正式会议约二十次。就本社派员旁听并访闻议决案有三十余件。兹撮其关系重要言之：一、从积极方面议决者，曰请代奏速开国会案，曰以地方公产筹设各府厅州县殖业银行案，曰法令公布规则案，曰整顿全省学务案，曰请饬审理词讼衙门张贴判决书案，曰请以捐税委任地方自治团体办理经征事宜案，曰提前赶办厅州县自治案，曰整顿全省仓谷案。以上八案，关系宪政、法律、实业、教育、租税、自治、民食，至重至巨，果就议决者悉得施行，则收效必非涓滴可知。一、消极方面议决者，曰实行讼费章程力裁陋规案，曰整顿丁粮征收办法案，曰整顿盐卡案，曰请取销计岸商以苏民困案，曰申明谘议局议权条款案，曰公布施行当力求实效案，曰废止官制婚书案。以上七案，或因于立法不善，或属于奉法不力，或由于监督法令实行之不完不备，果就议决者斩断根株，毋位支蔓，则吾川身受其毒者，次第苏息，一反手间耳。

除提议案外，咨议员议决纠举官吏违法案约十余起，其中可纪者，如纠举巡警道违法扰民案，纠举崇庆州牧张溥酷刑虐民案，纠举江津、西昌、通江、城口各县县令违法殃民案。议决纠举巡警道违法案之日，并质问督辕审查科科员。旁听八百余人。议员根据法理，不屈不挠，旁听席眉飞声舞，至日暮犹不去。吁！民气蹐局久矣。万头攒动，侃侃直言，无惑乎令人神往也。

按谘议局今年第一问题，为议决本省岁出入预算案。常年会中，因迭争地方行政岁入表册，各省函咆交驰，联络一气，求度支部与资政院解决。及部院来电，届闭会矣。闻各省开临时会议决预算，不下十余处。四川于十一月初十开会，现正在审交中。夫一省财政，胥内国民负担，别除积弊，涓滴有济，是又吾全川七千万人拭目俟之矣。

《蜀报》第六期，宣统二年十月朔日出版

议员无参观之权利

四川谘议局近因特开临时会议决预算，欲分派议员亲历就近各局、所、学堂、工场参观调查，以资印证。竟为官府所拒，谓宪政馆前有电咨，各省谘议局调查事件，只可函请抄交答复，勿庸派员径往。提学司刘家琛拒之尤力，通饬省城各学堂，不许接待议员。夫宪政馆之仇视咨议旧矣，种种剥夺限制，不遗余力，乃并普通人外国人所有参观之权利，亦不许议员享有，非别具肺肠，安能出此？而四川官场对于所管之局、所、学堂、工场，殆真有不堪对人之隐秘。不然，何必借此不通之馆咨为挡箭牌哉？吾于是为议员羞，而于四川官办之局、所、学堂、工场益不能不疑。

《蜀报》第六期，宣统二年十月朔日出版

二、议　案

纠举巡警道周肇祥违法案

为呈请事。谘议局章程第二十八条：本省官绅，如有纳贿及违法等事，谘议局得指明确据，呈候督抚查办。案语示：官绅有纳贿违法情事，人民必遭其冤抑，自应立予纠举，俾顺舆情等因。兹本局于十月十七日议决纠举巡警道周肇祥违律扰民一案，相应另册录呈。为此合呈督部堂，谨请查办施行。须至呈者。

计呈案一册。

巡警为消极行政之一种，其主义固有取于干涉。顾干涉主义当用于必要不得已之范围以内，过则伤国本而损民气，此政治上之大原则，司警政者所不可不知者也。

四川巡警道周肇祥自到任以来，寻隙苛罚，滥使权力。以修理街道为名，偶有触犯，辄罚石板数十百块不等。轻骑四出，夜无故入人家，声称拿赌，茫无所得，而人家已受其蹂躏者不一而足。是以省垣商民，岌岌不安。据成都商会及本局调查所得，应合纠举之事实，其最著者凡有二起。

一、省垣药铺三百余家，前月中旬，忽奉巡警道告示，略云：深夜检药，必须闻喊即开及不得以类似之品假冒。倘无是药，或购诸同业，或告知检药人自向别家购用云云。旋有上全堂、存义堂、同善堂、益春堂等四号，于前月二十四日被警务公所传去云：二十三日夜间派员调查，竟不开门，勒罚上全、同善两家石板各四百块，存义、益春两家石板各一百块。上全、同善、存义三家，当往商务分会报告云：昨夜皆闻呼即时披衣开门，而呼者已去。益春堂则称药已照检，惟欠甘草一味，嘱其另买，并系未尝违规。因请分会分协董出名具禀，恳予宽免。批：协恳已悉，此案经检药人报告公所，复派员查明，并查传该各药铺管事面询，佥称疏忽贻误，仅予处罚石板，本属从轻。上全堂乃省城大药铺，工徒众多，各色人等遇有大病重药，每向购用，似此漫不经心，必致有妨生命，情无可原。同善堂查系初开，约减二百块。益春堂系小药铺，宽减为罚石板二十块。存义堂减罚石板四十块。此因初次违犯，特予体恤。该邦董素知公益，应即认真劝导同行各药铺，务须遵照示谕办理，毋得违误，致干重咎云云。于是于药铺素有嫌怨者，借此捏词诬报，或故提乱药品，或少戥分两，来相陷害。无辜之商，多受无端之累。现在三百余家派人守夜，不遑安处。此该道违法扰民事实之一也。

二、本月初六日早间，有正府街钱米铺邬义和之工人到商务分会报告，邬义和与其雇工龚敬之突于初五日被外东一区区官传去。随有西三区巡警数人到铺，勒令将所有银元银锭交出，并打锁开柜，检视一切。铺中人不敢拦阻，听其查毕自散。邬义和与龚敬之至今未归，不识究系何事。分会同人闻知，急邀米帮分董到外东一区探问，始悉初五日有肖姓持银元数角，在东门外叶宜生换钱。叶宜生以其银元色低，恐系伪造，不允兑换，致与肖姓口角，当被巡警到场干涉，将肖姓拘回一区分署，区官恐肖姓擅使假元，严讯究问。肖姓供称：此数角银元，系在邬义和以一大元掉来，故将邬义和及其雇工传去对质。邬义和面称：商号掉出之元，系造币厂发出，何以谓为不真？况商非敢造假银元之人，应请详细调查。区官大怒，立即送之总署，转送警务公所，致有命西三区巡警收查之举。两帮同人随即到公所面见行政科长，力言邬义和系正当商人，断不做犯法之事，况造币厂发出之二角银元，成色稍低。光绪三十四年因钱商疑之者众，曾由钱帮分董到厂，请予化验，确非外间私造，始释群疑，一律行用，至今无异。以此而论，则邬义和掉出之二角银元，可以决其非假。两分会愿以全体商会具保请释，如公所尚须讯问，自当随传随到。吴科长允为转达。乃是日讫无消息。候至初八夜间，司法始提邬义和面谕，银元已交造币厂化验非假，饬即具结完案。是时邬义和被拘留业已冻馁三昼夜。不得已遵命具结，始得释放。现省城各帮，皆以行用二角银元为戒。币制前途，大有阻碍之象。此该道违法，扰民事实之二也。

以上事实，除商会陈请，本局调查外，该道来局曾向议长陈述，与议员当场质问，委员所答复，并皆相同，据此而论该道之违法扰民之咎有二：

（一）破坏违警律。违警律第三条，罚例分为七种。拘留自一日起至十五日止，罚金自一元起至十五元止。第二条，本律所未载者，不得比拊援引。第九条，凡同时犯本律二款以上，各按应得之罪，分别处罚。其拘留期限，长至三十日为止。罚金数目，多至三十元为止。第四十五条，本律所载之外，各直省督抚得因地方情形，酌定违警章程，变通办理。惟不得与本律相抵触各等因通行在案。今该道处罚上全堂等各家，其罪名为有人检药不开门，律文无此条款，督部堂亦未定有此等章程。而该道竟凭空结撰，设阱待人，实属擅造罪名，不止触比附援引之禁而已。况督抚对于违警律，虽可变通办理，仍不得有所抵触。乃该道苛罚石板，多者至四百块，值银一百四十余两。不但逾罚金十五元之限，且浮于二罪俱发之罚者亦已数倍。委员答辩时，犹自称变通办理。以督抚所不能抵触之七律，而巡警道可从任意变通，置长官于何地？视违警律为何物？以此奉职，一切法律，可以扫地俱尽矣。

（二）干犯现行律。现行律载：凡有官吏人等，非奉上司明文，因公擅自科敛所属财物；及管军官吏，科敛军人钱粮赏赐者（虽不入己），处六等罚。赃重者坐赃论。该道指补修街道为名，勒罚石板至数十百块。初未闻奉有上司明文，又非警律所有，是直因公擅自科敛矣。又律载：凡设计用言，教诱人犯法及和同令人犯法，却行捕告，或令人捕告，欲求赏给，或欲陷害人得罪者，皆与犯法之人同罪。今使上全堂等各家夜不开门即为犯法，亦应捡药之人告发。乃该道身司警律，家无病人，辄派警员入夜遍叩药肆之门，乘人睡梦之中而寻其隙，是直设计用言，陷人得罪矣。又律载：凡投隐匿姓名文书，告言人罪者，绞见者即便烧毁，将送入官司者处八等罚，官司受而为理者处十等罚。被告言者反坐例载：凡散布匿名揭帖及投递内外各衙门者，俱不准行，拿获照律治罪。如不行严拿者，交部议处。受揭帖具禀及审理者革职。若不肖官员，唆使恶棍粘贴揭帖，散布投递者，与犯人同罪。今上全堂等各家，皆次日被唤，究与昨夜喊门不开之罪，事无左验，情同栽诬。本月十九日，该道召集各商董二百余人，在商会申辩，谓上全堂等家喊门不开，除派员调查外，尚有他人报告。诘其报告者何人，则称由邮局递到，函内初无姓名。该道居心陷人，既可派人黑夜叩门，又何不可使人匿名投函。是直唆使恶棍，投递揭贴，非止为之审理而已矣。至于私铸为刑事重罪，非警察所能裁判，不过仅有搜查逮捕之责。该道于邬义和一案，既已将本人看管，应先将银元化验，实系伪造，再行搜索，并不为迟。乃遇事生风，辄派人强入人家，打锁开柜，不得赃证，化验之后，银元非假，仍复拘留邬义和至三日始行释放。先则有故入人罪之心，复又犯淹禁平人之律。若必一一执律例以相绳，恐该道无复容足之余地耳。

本局查该道周肇祥以废弃之员，弃瑕录用，历年追随督部堂赞襄幕职。经督部堂以该道于警务确有心得，保授今职，自系鉴衡不爽。宜如何策勉初终，以图报称。乃该道受事以来，幡然改辙，专横恣肆，败法滥权，日在刑律禁网之中，犹强颜执违警律以绳人纤芥之过。身居奉行违警律之地，即亲为破坏违警律之人。正不独寒人民信用法律之心，亦且负督部堂培植人材之意。况巡警道一职，为全省警政之枢纽，方今推广巡警，正在严限之中。为此违法扰民，何堪指挥属下？本局职在纠举，并无为上全堂等各家平反冤枉之权，其罚款应追应免，并非所能过问。即巡警道之违法，亦绝不能因一二家之罚石未交，遂为解免。所有调查事实，并公同意见，应合照章呈请督部堂从严查办，以肃宪政，而惠蜀民。谨议。

《蜀报》第六期，宣统二年十月朔日出版

纠举崇庆州牧张溥酷虐玩法案

为呈请查办事。查谘议局章程第二十八条：本省官绅如有纳贿违法等事，谘议局得指明确据呈候查办。本条案语：地方官绅有纳贿违法情事，人民必遭其冤抑，自应立予纠举，以顺舆情各等语。兹本局纠举崇庆州牧张溥酷虐玩法一案，公同议决，应即照章呈候查办。为此合呈督部堂，谨请查办施行。须至呈者。

计呈案一册

署崇庆州牧张溥，前在灌县任内，任刑残酷，狱多冤滥，早已道路藉藉。自到崇庆州以来，水深火热，有加无已，民犹岌岌不堪。据本局调查其违法滥刑重要之款如左：

一、造用非刑。查律载刑具笞杖长阔，并有定式；夹棍拶指，更须呈明督抚验烙；违者以酷刑题参。至现行刑律，以夹棍拶指为明末厂卫创为，俱非正刑，与枷杖一并删除。其犯应刑讯者，止用掌嘴、笞责、跪链等刑，此外皆为非刑。刑律具在，不容不敬谨遵守。乃张牧则自出新意，造用惨无人理之刑。凡有六种：

（一）满底拾榼。刑如礼榼，底木厚三四寸，当胸处置横木一根，使人不得前俯。用时于榼底上先盘铁链，复铺以烧过炭渣，使人露膝坦背，跪于其上，次将两手分绷榼柱，以横木杠压其腰弯，陆续加楔递敲，上拶下钉。受者骨疼欲破，求死不得。

（二）懒板凳。用板凳两条，凳面凳脚缚横木棍各一。将人两腰弯缚凳面横棍上。次将两手从棍下弯过，合脚手大指，并缚为一，系于凳脚横棍上。腰股坐垂棍后，另以大石坠悬发辫，使不得前俯。并使全身与大石之力咸集手足大指。受者号哭声嘶，汗出如沐。

（三）鸭儿浮水。用绳一根将两手反接，缚其两大指，升悬相柱，离地三四尺。次用一绳，缚两足大指，绳端坠悬大石。受者挂如死蛇，惨不忍睹。

（四）塌背烧香。此为前三种之附加刑。用粗香百余枝燃红，缚人背上。另用一木垫高香尾，使火头紧着背肉。差役执扇，交扇其旁。顷刻肉烂脂流。

（五）马鞭条子。此亦前三种附加之刑。以密节实心竹根鞭子三根一束，使执刑者两人左右夹立，各执一束，交击互下。不数十鞭，满背血流如瀑。此刑常兼用于塌背烧香之前，盖附加刑之附加刑矣。

（六）吊高笼。与寻常囚笼同，惟加高二尺许，使人全身悬挂，与雉经同，而惨酷倍之。有辗转觳缩，至半日而始能毕命者。

以上各刑，均为张牧所创造。布满皇堂，日日使用。全州无人不知，无人不见。本年九月初间，成都府于守到州提讯大邑县杨益元等人犯时，亦曾亲睹。大邑县胡令恳释杨益元等禀内，称张牧迭次加刑，已成残废。是该牧之造用此等刑具，尤为上下所共闻。其为显违律例，私造酷刑，昭然在万众耳目之间。遍地皆其确据，不待一一举证者也。

二、刑狱冤滥。查律载：凡犯罪应死，证据已确，不肯供认，应行刑讯者，概用竹板长五尺，大头阔一寸五分，小头阔一寸，重不过一斤。每次刑责不得过三十板，至初次讯供时，及徒流以下罪名，概不准刑讯。如有违例用刑者，该管上司即行据实参处。又载：草率定案，证据无证，枉坐人罪者，究明有无威逼妄供，及枉坐罪名轻重，分别办理等语。矜慎庶狱，立法本极严明。乃张牧徒以治盗邀功，于民事诉讼，沈阁不问，惟受意巡防堂勇，求盗于疑似之间，四出纷拿。逮到后不论证据有无，概加各种非刑。每讯一囚，从日至夜，不致垂死不止。惨号之声，达于堂外，而张牧曾不少恤，一味胁其招供。无辜受累之案，日有所闻。今举其曾受非刑，业经省释，确知其冤者数人为证：

（一）高沛霖。系新津县绅士之子。于本年四月二十三日被拿到案。受懒板凳、塌背烧香等刑，讫无确供。系数月，由新津县及崇庆州两地绅首具保，始得解回该县省释。

（二）张立斋。新津县人。与高沛霖同到案。与高沛霖冤枉被刑情形相同。后亦解回该县省释。

（三）李树生。崇庆州人。因其背曲，群呼为李驼子，年仅成人，业为医徒。本年六月十九日被堂勇枉拿到案，受鸭儿浮水、塌背烧香等刑，迫认李姓被劫之案，讫未招供。后经失主李姓邀同该处总保力保释回。

（四）熊老十。崇庆州道民场担水夫，通场皆知为良民。本年五月二十一日，为巡防营枉拿。被拿时有本场农民胡朝凤及其兄医生胡朝龙见之，叹称冤枉。防勇恶其多言，加以毒打，诬以阻抗，与熊老十一同扭去。其弟朝佐见两兄被扭，欲前分解。防勇挥刀相格，朝佐左手受伤，拖殴至半途始放。朝凤、朝龙到案，已经张牧讯明无干，仍一杖五百，一杖一千，押店取保。而熊老十到案，则一日之中，两次备受非刑。一次从申至酉，一次从初更至夜半，而件件加重，几至于死，始行解下。讫无确供，系卡二十余日，该地首人力保得释。至今伤痕未愈，一足残废，不良于行。现在道民场流为乞丐。

以上数人，不过略举为证，其实似此者多不胜书。本年九月间成都府于到州讯释杨益元、杨益光时，外又讯释数名。回署后札委知县准帮审，札内有崇庆州囹圄之中，羁押许多犯证。鸠形鹄面，情实堪矜，饬张令随讯随结随释等语。足见枉滥之多，已为上官洞鉴。于府去后，张牧旋亦自释多名，是犹自知枉滥之证。顾此特其幸未至死者耳。至若过受非刑，因伤毙命者，则有如刘麻子一名，本年六月十七日到案，刑后三日而死。王麻子一名，本年五月十八日到案，刑后九日而死。均未认供，而高笼吊毙，则最近八月二十二日，有徐二昏一名，案称在卡病故。该牧之草菅人命如此，盖非仅违例用刑，草率定案，枉坐人罪矣。

三、故违法令。宪政编查馆通咨谘议局议决呈请公布施行各项办法内开：督抚批准公布施行之件，既由督抚行文到后，行政官吏亟应实力奉行。惟须有有期限与无期限之别，如明定期限之案，以到所定期限为断；不定期限之案，以到次期常年会为断。如于各该限内，而该管官吏未经声明碍难情形，详奉督抚批准展限在前，故意延宕不行者，该局得照局章第二十八条，指明确据，呈候督抚查办。又去年会期中，督部堂批复本局请改讼费章程案内开：新章既行，各项陋规尽行裁革，如奉行不力之处，惟有从严惩办而已各等因。乃张牧于本局议决，督部堂批准裁练归警之案，迄今已满一年，并未奉行。且于捕厅月费五十二串内提出三十串为堂勇口粮。别创厅戳名目，每呈取钱八十文以弥捕厅损失。既不遵裁撤堂勇之命，反复于讼费新章外，私加陋规。推广堂勇以为其淫威之助，此在张牧，不过其不法之细者而已，为局章所不能缓纵矣。

上陈各款，或有本府及邻县印委可证，或有被刑未死之人可验，或有本州岛案牍可查，违法确据不一而足，应合照章纠举，请督部堂从严查办。

《蜀报》第六期，宣统二年十月朔日出版

质问道员饶凤璪诬拷良民及检查厅循私败法事件

本月初四日，由巡警盘获贼赃一起，贼名老唐，旧为寓居布后街徐某之轿班。道员饶凤璪与徐同居相善，故徐已出省，而老唐犹常往来饶家，今所窃即为饶家之物。当由巡警送审判。据供与饶家看门厨子、老妈等三人，通谋行窃。此外并未供攀他人。

乃是夜与饶道同院居住京职盐政公所科员李瑞钟之轿班老罗，二更时自外归家。饶家后门当同院进出公路，行所必经。正行时，值饶家人开后门将出，老罗以为女眷也，引身侧避。旋乃系饶道送一客出，瞥见老罗，即呼捉贼。立刻拥出差官仆役十余人，不由分说，掩翻在地，砖石木棍，交加捶击，逼令供与窃贼老唐同党。老罗不承，乃绳捆双臂，衣裤尽褫，移悬于公共大门内厅梁之上。竹板马鞭，轮流痛棰，至于鞭板皆折，尤然香欲烧其背。当时同院各家，以及李科员瑞钟，并与李科员同居亲戚云南知州陈先湖等，闻声四集，环而观之，惨不可忍。畏饶道主仆之凶焰，正在莫敢谁何，适幸有警察三人，闻呼救命，喊门而入。查问情由，陈牧、李科员乃进前发言，谓老罗系李家轿班，同院皆知。果有可疑，告知李家送官讯究，李家决不能袒护，何至不间情由，楚打至此？况老罗由通路经过，并未窜门入室，何以遽指为盗。此言甫出，饶道主仆即哗曰：为老罗辩者即窝户，可一并捆打。于是汹汹群起，将陈牧、李科员抓扭，肆其殴辱。经在场警察拼命拖救，良久乃免。警察旋见老罗尚捆悬梁上，当众解下，释其臂缚，亲为披衣着裤。见其身无完肤，伤势甚重，遂送往警务公所。司法赵警官耀基立刻讯问，老罗已气息仅属。口供既不认窃，脱衣验视，更无板花可为曾经作贼之证据。惟有遍体鳞伤，血肉狼藉，明为饶道私刑拷打所致。赵警官恐伤重人死，面禀巡警道连夜送交成都地方检查厅。计当夜目睹其事者，有同院各家，有亲手解缚之巡警三人，有审讯见伤之司法警官赵耀基。此饶道凤璪横施威势，凌虐平人之实情，不可掩盖者也。

此事既出之后，次初五日，老罗之胞兄罗清贵，以职官野蛮，诬良为盗，私刑吊拷，残废命危等情，请求检查厅起诉。乃该厅始则不给状，继则以状告道员，拒绝收受，展转支吾。至初六日，仅得将状递进。是日即有推事李光珠至饶家，谈过数点钟而去。次日高等检查长陶思曾又至饶家谈数点钟而去。而验伤传案无闻也。至初八日，李科员因罗清贵涕泣哀求，不得已以雇工被殴，伤重命危，恳取供相验免累等情，递状于检查厅。而不验伤不传案如故。初十日又递状，候至十三日仍无影响。又递状，至十五日乃得一批曰："查该仆主李瑞钟前以雇工被殴遣抱诉饶凤璪等在案，当经本厅明白批示，于次日粘贴厅外。该仆等曾不顾，又以刑案久悬等情，一再呶渎，殊属昏愦。据来状拉杂援引，察其意之所在，不过饶道凤璪未告知该主，遽送其雇工，引以为耻，思捏砌以泄其忿。本厅办事，但知依据例章，断无不察虚实，辄予批准之理。既据刺刺不休，姑候移送审判厅并案集讯，以资折服云云。而仍不予验伤。至是以来，又经半月，究竟老罗是否有伤，此案如何讯断，不见明确宣告。而街巷流传，则有谓捏道嘱托运司，以撤差胁制李科员者。有谓饶道嘱托藩司，数次传见陈牧、李科员等，嘱其勿向本局呈请，为之和平调息者。有谓饶道嘱托巡警道销灭当夜殴人之证据者。有谓审判厅号称用秘密审讯，老罗已认同窃分赃，得银二十两或十两者。黑暗迷离，莫可究诘。而检查厅自初四以至十五，十日之间，未经验伤，未经送案起诉，则据其所悬批示，固已自陈铁证，无能掩藏。此检查循情败法之实在情形也。

据以上事由，经本局数四调查，见闻不爽，窃举疑义如左：

查现行律例载：凡将良民诬指为窃，及寄买贼赃将良民捉拿拷打，吓诈财物，或以起赃为由，沿房搜捡，抢夺财物，淫辱妇女，除实犯死罪外，其余不分首从，俱发极边足四千里。案据调查饶道凤璪当夜出事情形，实与本条例文相符。然欲定老罗之是否受诬，必先证明是夜被捉被拷之地，究为盗所，究为公路。欲定饶道曾否诬良为窃，捉拿拷打，必先证明当夜老罗是否由巡警亲从梁上解缚送厅。此虽传闻饶道四面属托，欲以延缓灭迹，然袭罗之伤可以拖久渐平，检查厅可以通同隐蔽，而当夜环睹之同院各家，解救之巡警三名，审验之司法警官，活口现在，良心不能全死，能否一一令其具结保证饶道并未将老罗捉拿拷打，并代为指明老罗被拿实在饶家宅地以内，而非在公路之上。此节关系搜察证据，不侵审判范围。督部堂有督饬行政官吏查办之权，此应请迅予批答者一。

查检查厅对于邢事诉讼，在受状二十四点钟内有提起公诉之责。章程斩截，并无例外规定。此案检查厅如以老罗为冤，固当代老罗为原告，于二十四点钟内验伤起诉。何以事经十余日，仅以移送审判一批搪塞。其批中所谓前已明白批示，递状之家终朝傍皇厅外，何止百顾，实无一睹。是否捏词支吾，惟该厅员良心自知。即使果有批示粘贴，而万目失睹之怪事，究竟批意云何，该厅何妨自举其词。是否已经验明无伤，以晓此昏愦呶渎之讼主。此十余日间，该厅所作何事，乃于请验重伤及老罗是冤是窃，始终无一字着落。事之可疑，无过于此。其或该厅以饶道之言，竟认老罗为窃贼，则更当于二十四点钟内，代饶道为原告，提起公诉。何待至窃贼之主人，窃贼之胞兄，至再至三，剌剌不休，乃为移送审判，则又可疑之甚者焉。意该厅欲曲解此难，必谓批中所云移送者，乃指李瑞钟、罗清贵为老罗呼冤之案而言。若老罗行窃之案，则固早已送审。果如此，则该厅已自忘其为法律上之原告矣。该厅办事，固应如所云依据例章，断无不察虚实，辄予批准之理。既已察实送审，则该厅之认老罗为刑事被告，自必确有把握，何至因人之剌剌不休，逮尔极端反复，竟将以饶道为刑事被告之诉状，移送审判。天下有自相反对，至于此极之原告，诚为闻所未闻。该厅若不能将以上疑点一一确切证明，即不能免于徇私败法之议。检查厅是司法上之行政官，不能以独立不受干涉，依托逃责。督部堂有权监督节制，究竟该厅办理此案，何以种种可疑如此，此应迅予批答者二。

《蜀报》第九期，宣统二年十一月望日出版

三、文　牍

督宪札知各署局谘议局函请调查事件照章抄答文

为札知事案，据谘议局呈案，查宣统元年九月初七日，准宪政编查馆复湖北电，开谘议局应议事项内遇有必须调查卷宗及诹访事件，止可函请各署局抄交，并答复毋庸派员径往；又咨开各署局于该局，函请抄答复之件，不得延置不理，俾调查确速，以收官绅相助为理之效各等。因本局应议事项临时，固当精详讨论平日尤宜确实研究，始可免卤莽之讥而收实事求是之益。其间有非，向各署局诹访及调查卷宗不能明其事之始末者，自应援照办理，以资依据，应请查案，通饬本省内外各署局一律知照。俾本局遇有前项事件，得随时函请抄交，不至延置，于议事前途禆益非尠，谨请查照，迅予施行等情，到院据此，当经本督部堂批呈。悉查宪政编查馆，前复湖广总督部堂鱼电，系指谘议局章程第二十一条所列各款事件，而言嗣后该局于应议事项之范围内，遇有必须诹访及调阅卷宗者，如系归主管各署局经管之件，应由该局函请抄答；其归府厅州县及各分局经管者，应由该局函请主管各署局转行抄答。至非应议事件，该局即勿庸调查，以资研究而归简捷，应即知照仍候通行查照此批。除批发外合就札行为此札仰该　即便遵照办理此札。

《四川官报》第八册，庚戌四月上旬

督宪批谘议局呈泸州绅士季锡畴等以纳谿划拨泸地不便情形陈请建议文

呈及各件均悉，查划分厅州县区域为行政要点，关系綦重，必须熟权利害，统筹兼顾。诚有如来呈所云者，惟人情习惯每惮更移，本督部堂去岁因纳谿县禀请划地，即饬藩司札饬泸州会同叙永、江安、纳谿等厅州县逐一查勘，妥为筹议，绘图贴说，禀司核议，详夺在案。该四属区域究应分合变更与否，应俟各该属禀司转详到日再行酌夺，此时自未便仅据彼此各一面之词遽为悬断。又昨准民政部咨以筹办府厅州县自治，先从分划区域入手，凡府厅州县辖境坏地□花不便者，非及时整理，嗣后殊多窒碍。奉旨饬通行各省督抚，迅将区划不便之处，酌量改正，奏明办理等，因业经通饬照办□，再札行藩司自治筹办处转饬泸州会同各该属，妥为查勘、协商，禀复司处核议，汇案详候查办。原图二纸既须存案，又须发交，自应以原绘为准，未便发还该局，如欲备查，可令该建议人再给一分，可也此批各件存。

《四川官报》第十一册，庚戌年五月上旬

督宪札饬司道草立议案以备谘议局开会提议文

为札饬事。照得谘议局章程第二十五条内开，第二十一条所开第一至第七各款议案，应由督抚先期起草，于开会时提议等语。查本年谘议局常年会前，经本督部堂行文召集并饬知各司道在案，计各该司道于应行提议事件当已早有准备，现距该局开会为日匪遥，亟应博采周谘，先行草立议案，以备提议。除分行外，为此札仰，该司道按照谘议局章程第二十一条第一款至第七款所列事件，除第二款应照清理财政章程第二十条办理，第三款非本年所能提交者外，各就其职权范围之所及，悉心规画，切实推求，于文到二十日内妥草议案，具复由本督部堂斟酌议题关系之轻重，与各局有无牵涉分别核□，或提交会议厅再行酌核汇办，以期筹虑之周详，而备届时之提案札到该□□□遵照并速分移，关系各局处，一体遵照，切切此札。

《四川官报》第十八册，庚戌年七月中旬

督宪批谘议局呈九月朔日开会及拟定礼节一案文

据呈已悉，查是日午前九时为考试法官口述开始之期，应将开会时期改为午前七时齐集，八时开会，以免两歧，希即知照此批礼式单存。

《四川官报》第二十二册，庚戌年八月下旬

督宪批谘议局呈另缮议事细则及旁听规则请即公布文

查所呈另缮议事细则及旁听规则，大致妥适，应即批准公布，并候分咨馆院备查，希即查照此批册存。为呈请公布事，查本局提议修订议事细则及旁听规则一案，前由本局复议议决，呈候批准在案，旋准劄复将条文另行排比清缮呈候批准公布施行等语，本局现经另册清缮议事细则凡十五章共一百六十七条及旁听规则十一条相应备文呈送，为此合呈。督部堂谨请查照，公布施行。

《四川官报》第三十二册，庚戌年十二月上旬

督宪札自治筹办处、谘议局议决府厅州县自治章程暨选举章程施行细则文

为札饬事，据谘议局呈议决本省府厅州县地方自治章程暨选举章程施行细则，业经本督部堂裁夺无异，自应公布施行，除登官报外，为此，札仰该处即将此项施行细则妥慎校印，通行各属，出示布告，并饬分行自治各会一体遵照。切切此札。

《四川官报》第三十三册，庚戌年十二月中旬

督宪札自治筹办处、谘议局议决城镇乡自治章程暨选举章程施行细则文

为札饬事，据谘议局呈议决本省城镇乡地方自治章程暨选举章程施行细则，业经本督部堂裁夺无异，自应公布施行，除登官报外，为此，札仰该处即将此项施行细则妥慎校印，通行各属，出示布告，并饬分行自治各会一体遵照。切切此札。

《四川官报》第三十三册，庚戌年十二月中旬

督宪咨度支部谘议局复议设立殖业银行则例文

为咨明事，案查前据劝业道提请遵照银行则例以地方公产设立殖业银行一案，当经发交谘议局议复去后，旋据该局议复前来，复经发交会议厅审查科照章审查，嗣据该科呈复并将变通股本豁免契税二事电请贵部核示接准电复，又经分别劄行，兹据该局复议议决到院，除登报公布并饬司通行外，相应抄录议案咨送。为此合咨贵部请烦查照立案施行，须至咨者。谘议局复遵照银行则例以地方公产设立殖业银行案。（理由）四川地大而特产之输出者甚少，物博而仰给于外来者甚多，商战不竞以农工业之进步缓滞为其总因，而农工业缓滞又以资本不济为其大原。现在鸦片禁种，民间骤短数千万金之生产，于农则非改种他物不能直接抵补，于工则非振起与农业相辅之制造。而农业不能发舒，此其事皆似因实创，即识时者常不免力绌于心。就劝业行政而言，法当官为辅助，以促其勃兴，如日本奖励远洋渔业及台湾改良蔗糖之例，然而非今日国力之所及也。则惟有望之于地方公共财产，而地方公产又不便直接经管农工业也，则惟有变公产以立银行为农工业资本浚源之计。盖今日四川经济之觳缩极矣，民间所有母财常以博生活必要之资，而不足安所得余资以立银行。去年本局有各地方立银行之议案，至今成立者仅隆昌一处，则其艰难可知。纵令需以岁月，正不知何日始能普遍，而农工业之待兴乃急在旦夕。督部堂提议此案其重要目的一在变固定资本为流动资本，使有大宗活财周灌于四川全省，以救经济涸竭之急；二在挹至近易集之款，使各厅州县银行得迅速普遍成立，以应农工资本之需要；三在使地方公置于稳固且可望发达之地位，而农工业与地方自治两受其益。比较去年本局议案，虽各取一途而并行不悖，故本局极为赞成。惟其方法次第有宜再致详者，谨为修正如左：

第一，银行设立之纲要。一、四川各厅州县各立一殖业银行，其资本以足库平银行五万两以上为度，不足之处暂从缓设。（理由）普通银行直接以流通市面发达各业为目的，殖业银行直接以发达农工业为目的。四川经济窘迫，其表征在商，其根本实在农工，宜设殖业银行之理由，此其一。今日金融界之恐慌益甚，惟殖业银行放款，必以可靠之产业作抵，绝无此虑，宜设殖业银行之理由，此其二。四川农工之有待于银行急在旦夕，而招集民股需时久而并无把握，惟殖业银行可以地方公共财产设立，其事易集，宜设殖业银行之理由，此其三。或疑殖业银行不能兼营汇兑，则金融未必圆活，不知殖业银行故可通农工业家之汇兑，此见诸则例第十七条者也；或疑殖业银行放款以低利为原则，恐有利不敌费之虑，不知殖业银行放款固应较普通利率稍低，然法律上并无绝对之限制，主持银行者得内计营业费及额息，使足相敷外，视时与地之缓急而剂其涨落，断无以低利自戕之理，此见诸则第二十八条者也。至于得兼营储蓄事务，得发行债票，则可以吸取资本厚银行之信用；得放出短期借款，则可以流通一时资各业之周转。如有余款，得存放妥实，银行生息则可间接以利及商业而直接以保其额息。此皆殖业银行之特长，明明载诸则例者。而或犹有疑焉，则谓五万金仅少之资本所逮及者有限，而小农小工无产可押则尤不能享借助之利益，是事实上固无大裨益也。不知凡兴一事只当问其有无裨益与否，不能以裨益不大而不为。五万金虽少，一邑得此以兴农工，则缘附其业之劳力贩贸者辗转脂润其人，宜以数千或万计，视向之束手坐困、同归于尽固已裨益不浅。况此所谓五万金者不过最低之限度，现在财力有余之地将来事业膨胀之时，一银行能得资本数十百万固在所蕲，而非所禁不能以五万金为止境也。小农小工虽无产可押，然果得殷实保户五人以上，则银行亦可放款，非绝不能享藉助之利也。当兹民贫政繁之时，增一分生产即社会中多一分财源；兴一种实业即民间少一部分穷窭，岂必如溱洧乘舆，人人而济，然后谓之有裨益哉？惟并五万金之资本而不足者，则营运既不免窘于边幅而本少利微，或不足以偿营业之劳费，此等地方不能不暂从缓办。顾所谓缓办者，招民股组织他种银行是在地方官绅之热心倡导而大府固不吝其保护维持也。二、各厅州县殖业银行之资本以公产变价充之，其公产以旧日及现在供办全境公事之田产为限，无论官管绅管一律照办，其余城镇乡及各庙会团体一部分所有者概不涉及，但其本团体之意思自愿变价附入者亦可酌量接收。本案所谓公产以左列各种为例：学务田产、警务田产、三费田产、保甲田产、育婴田产、城垣田产、劝工局田产。（理由）变卖公产限于厅州县所有，而于一部分所有概不涉及者，所以防纷扰争议也；又只限于田产而不及于存款捐款者，存款息较高不适于为银行资本，捐款供地方岁费不能为母财也。公产之界说如此，其种类大概有七，自余（疑为“至于”）性质相近者可以类推。于是举变卖公产之利益，约有数端。一则较招集民股易于集事；二则合于殖业银行则例既言之矣；三则公产额息较低，藉以营运有余利可收，此皆利在银行者也。再就公款一面言，田产之丰歉无常，变为银行股本则常年有一定之额息，其利一；收谷变价涨落不时，换佃招租事多委琐，贤者苦其烦难，而不肖者恣为奸利，各处公田把持亏空、讼连不解者所在多有，变为银行股本则每年按本归息，一切纠结俱解，其利二；各地方公事常苦款项支绌，而田产岁收受天然限制，无可增殖，变为银行股本则额息既足抵其租息，此外并有红利，可望各种事业得以渐扩充，其利三，此皆利在公产者也。于是，犹有疑者谓放债之息厚于田产，人皆知之，顾不肯轻易变动者，债多危险，而田较稳固耳。不知以公款直接放债，其稳固诚不如置田，若变公产为银行股本，则放债之责银行任之，公产之本息银行任之，银行无危险即公产无危险，而银行放款有确实抵押，总理有相当财产，官府有种种保护，地方有种种监督，假即有危险之事出自意外，较之田产之天灾水旱非人力所能救济者，固不侔矣。既利银行又利公产，两利俱存，以利及农工社会事之可行，夫复何疑?（注意）公有田产之非策世界财政学者所公认，因其说甚长，且有识多能言之，故不具引。三、各殖业银行资本一律以银五十两为一股，公产变价如有畸零之数，当事者得筹款补足为一股，否则以其零数归还当事者自行收管。本案所谓当事者指现管公产之官绅而言。（理由）殖业银行则例第一条规定殖业银行为股（分）〔份〕有限公司，则其资本当然当作划一股分，不许参差。四、各当事者交纳股本时银行应即掣给收单或股票，其收单股票内应记入该公产现在所属之名义（如三费局、育婴局之类），将来所属名义有变更时由当事者报明，银行查无违（确）〔碍〕当即照换。（理由）殖业银行则例第二条规定殖业银行股票用记名式，今股本为公产变价，自应记其公产所属之名义，而公产所属不能永无变更，此为地方行政或地方自治之权限，非银行所能干涉致使一定不动，自应随时照换。惟须查无违碍而后照换者，因则例本条有不许转卖外国人及外国公司之制限也。五、银行掣给收单股票同时，应即给发息折，算定该公产股本应得额息记入折内，交当事者按时取息。其取息之时期或年支一次，或年（分）〔份〕数次，由银行与当事者协议定之，此项额息无论银行情形若何届期，必须只给不得有误。（理由）公产之额息系办公之常年经费，不但不能一日短少，且须适其缓急，乃符本案公产与银行两利之意。殖业银行则例第二十七条所谓五年内不分额息者，专指官款而言，今公产系地方公共财产，与官款有别，自不适用此例。且银行纯持公产而成，公款不分额息则万不能作银行股本，本条规定纯为使公产额息稳固以坚银行之基础。六、算定额息时以属于同一名义之公产归入同一息折计算，若一厅州县之公产有数种名义时，分别各立一息折，其额息即分别算定，算定之法如左：甲、凡同一名义之田产有二处以上时，应通合计算，求其一年租息实得之库平银数。乙、凡同一名义之田产既得其每年实得租息之银数，应通三年计算求其每年平均之数，即定为每年应得额息之数。（理由）地有肥硗岁有丰歉，故必先通合计算，再平均计算，以定其额息，乃免畸重之弊。银行股本以银两计，故无论其田产系取钱收银谷，俱应求得库平银两之数，乃便于计算股本及额息。丙、额息之数有畸零时，以一忽作为一毫。（理由）此为计算之整齐计也。例如算定应得额息五厘四毫一忽者，即作为五厘五毫。此于银行初无大损而薄记上则省去无数纠绕矣。（理由）凡公司股本应定书一之额息，不能因入股者之不同而额息有高下，此通理也。本条因银行成立之事实有不能以普通公司论者，乃不得已而用变则规定。盖银行股本既集合各种公产而成，各种公产年收多少不同而皆各有专支，各不通假，若强之使同一额息以最多为准，则捐在银行，以最少为准，则损在公产，无论如何不能平也。惟有以同一名义之公产同一额息，事实难有迁就，而计算当不至十分纷难。例如已立公款收支所之处，则无论有田若干处皆同属于公款收支所之名义，则同一额息，此不难画一者也。无公款收支所之处，则属于劝学所者，额息若干；属于保甲局者，额息若干。劝学所不必与保甲局同，而劝学所、保甲局各自所有之田产，无论有若干处，其额息必同，则亦不尽一之划一也。要之为公产计，不得不如是也。或疑额息高下不以银行之主管的定之，而曲从他方面之事实计算，参差其病犹小，而因曲从他方面之故，额息过高致银行不能以原额放出，则实质上之损害甚大，不知此万无虑之事业同为变产得价相差必不甚远。四川田产收入少者四五厘，多者八厘极矣，现今他种公司额息当有至八厘或一分者，似此并不为多，而四川普通放款月息恒在一分五厘上下，以八厘付额息，以一分取息于农工业相当而当有赢。况额息不必皆高至八厘，放款不必皆低至一分，挹彼注此绰然有余地焉！银行何至受实质之损害乎？既无实质损害，则为银行、公款两面兼全计计算，稍有差参固亦不足顾虑耳。七、各殖业银行之营业事项俱遵照殖业银行则例办理，但资本未满二十万两者不得发行债票。（理由）则例殖业银行资本必在二十万两以上，盖以其有加五倍发行债票之权利，恐资本不厚而滥发债票不昭信用易生危险也。今既变通以五万两以上为资本总额，则未满二十万者不许发行债票，乃推定则例之意当然应有之限制。八、各殖业银行之股东会以厅州县议事会组织之，城镇乡有以公产附入者，该城镇乡议事会会员得加入股东会，各庙会团体有以公产附入者，该团体得举代表人加入股东会。厅州县会未成之处，以其厅州县内之乡镇乡会议员组织股东会，镇乡会未成之区域，依惯例举出公正殷实绅士若干组织股东会。九、董事查账人由股东会互选，其额由创办会议定之。（理由）殖业银行既为股分公司，则当然有各种机关。惟殖业银行本纯系公产，与私人为股东者不同，故设此规定以申商律未详之义。若夫股东会、商董事局查账人之职权有商律在，不待赘举。十、各殖业银行设总理一人，执行商律总司理人之职务，其人由董事公推之，须限兼有左列资格者：甲、有的确财产足当银行资本三分之一；乙、在本厅州县有选民之资格。（理由）银行资格本为地方公产，故总理须为本地选民，其职务始能亲切；又必须有相当财产，以预防危险。十一、各殖业银行总理不得兼任他项有报酬之事，厅州县参事、议长，城镇乡总董、董事并不得兼充银行总理。（理由）银行总理责任綦重，非常川住行办事不可，自不宜有兼事以分其心。惟无报酬之事必系公益，义务未便禁绝。至若议长、总董、董事、乡董等，果其材为银行所必需，固可辞彼以就此，特不许兼充两职而已，非禁其不为银行总理也。十二、各殖业银行应拟定详细章程，报部核准，其章程除遵照殖业银行则例、银行通行则例及商律将应有事项详析规定外，并不得与本案意旨相背。（理由）殖业银行则例第三条及第三十三条载明应守之条，此特申明之。而各厅州县银行之成立，尤有特别事实为本案所范围者，若无本案，则银行无成立之根据，故本案意旨不可违背。

第二，举办次第。一、咨部变通立案。殖业银行每厅州县以五万两以上为资本总额分计，似觉其少。然若能普通成立，则全川资本殆不下四五百万，合计不为不多。特因地势禁格，遽难联为一体，不能不先就各地方分办，即不能处处皆足二十万两之数，故拟定以五万两为率，而制限未满二十万者不得发行债票，有裨实际而仍默衷法意，此宜请变通者一。地方公款各有专支，不能一日无息，且性质与官款有别，从交股之日起算额息实与则例不背，此应请咨部声明者二。查殖业银行则例第二十四条，除上列各条外，未经载明之事不得经营，如有不得已之故，定须经营者应呈请度支部或该管地方官核准，是则例因不得已之事由本可变通，又承督部堂答复本局议员质问，亦云可与度支部咨商变通办理。以上各节俱关系银行成败，应请于本案核准公布施行之日迅予咨部立案，以资遵据。二、通饬查报公产。本案公布施行之日，应请同时檄饬各厅州县官，将本案所指各种公产分别详细查明，于檄到十五日内造报督部堂，并分报布政司及劝业道。若各公产中有碍难变卖、不必变卖情形，得由地方绅士或自治团体呈请地方官随案申明，以凭该办。其应查报之事项如左：甲、该厅州县公产之种类及总共亩数；乙、该厅州县公产公款收支所一处管理或分别管理；丙、某种公产有田若干处；丁、某种田产若干亩，或施或买，原契价若干，载粮若干，押租若干，现在时值约计若干。三、核定应立银行之地方。各厅州县能设立银行与否，以公产变价能足五万两以上与否为断，若以应否设立委令各地方自为决定，恐喜事者款不足而妄报设立，易滋事端；畏事者款本足而藉口因循，遂滋注误。惟核定自上，则款不足者不必勉强，款已足者期以必成。庶事无留滞而地不纷扰核定之责，应委之布政司及劝业道。凡查报已到之厅州县，随到随核，凡公产变价足五万两以上者，即由该司道详请檄饬该厅州县将所有公产尽数变价设立殖业银行，其变卖公产设立银行之次第照后列各简章办理。

第三，鉴定会简章。（理由）四川田地买卖弊窦最多大约以秘密黑暗为作弊之薮，今变卖公产若仍照民间惯习，则当事者产非己有，以不甚爱惜之心弄上下其手之技为弊，胡可胜言。兹特设鉴定会之规定，所以除积弊而保田价之公平也。

第一条　奉檄设立殖业银行之厅州县于文到二十日内必须成立鉴定会，择城内公地为该会事务所。

第二条　鉴定会以左列人员为会员：甲、厅州县会议员及城镇乡会议员，总董、董事、乡董由该地方官选任；乙、熟悉田事、公正殷实、素无劣迹之绅商，由地方官委任。

第三条　鉴定会员以十二人至二十人为额，由该厅州县官斟酌事体繁简定之，但前条甲、乙两项人员必各居半数。

第四条　现管公产之绅董不得派充会员。

第五条　鉴定会由会员互选主席一人，准商律，主席、董事执行职务。

第六条　鉴定会得雇佣五名以内之书算及丈手二名以内之杂役，供会员指挥。

第七条　鉴定会之职务如左：甲、勘丈。实行履勘田产之地形界址及附属之房屋、林木、塘堰，分别清丈田土之亩数。乙、调查。调取公产之原契佃约粮单收租卖谷之帐薄，分别田产处所佃户姓名逐一详记。丙、评价。据调查之结果分别处所评定田产之价值。丁、揭示。评价既定，分别处所详载该处之坐落、界址、田土亩数、载粮之数、押租之数、约定租石之数，并附属房屋、林木、塘堰各情形，拟定价值若干，张贴事务所门首。戊、呈报定案。前款揭示经过十日无异议者，即照揭示抄录清册呈报该厅州县官立案，作为定价。呈报立案之日，同时应将定价清册刊刻布告阖厅州县。

第八条　凡勘丈田产，至少须有会员三分之一以上视到，始能作准。

第九条　凡评价须在事务所公开之以会员五分之四在座，得五分之四之同意为有效。评价时应请该厅州县官临会，并许其他绅士旁听，但不参与议决之数。

第十条　揭示之价值在十日内有确实本地绅商十人以上出名具书对于价值有异议时，鉴定会应刻日招集该绅商到会，征问意见再为评价。前项之异议，系指摘所评价值过高者，作为无效。

第十一条　鉴定会调查各项契约薄据时，当事者应立即送交，不得迟延拒绝。

第十二条　鉴定会勘丈田产前三日知会当事者转告佃户，届时当为引导，不得拒绝。会员及所带勘丈人等，亦不得沾受佃户一粒一钱。

第十三条　鉴定会之费用由该厅州县官饬绅筹垫，将来于公产变价摊收。但非左列各款不得开支：甲、会员日食及勘丈时必不可省之夫马；乙、书算及丈手杂役薪工；丙、因公必需之纸笔茶水灯烛。前项用费，鉴定会解散应详细造报请该厅州县官核销，若各该当事者认为开报不实时，得指明请官查办。

第十四条　鉴定事毕，立案报告之日鉴定会即行解散，但由成立之日起至多不得过两个月。

第十五条　本章程鉴定会解散之日即行作废。

第四，创办会简章。（理由）殖业银行既为股（分）〔份〕有限公司，照公司律，事前应有创办人接收股款、拟定合同及主持一切创办事务，本简章之规定即此目的。

第一条　创办会应与公田局同时成立。

第二条　创办会以将来组织股东之人组织之。

第三条　创办会之职务如左：甲、议定该厅州县殖业银行创办合同（即则例所谓详细章程）；乙、议定接收股本办法及收单股票息折方式；丙、设立创办事务所（即为将来之银行但暂时亦藉用公地）；丁、举定创办总理（即为将来之银行总理须有商律及本案所定之资格）。

第四条　创办总理照前甲、乙项所定执行职务，在其范围内有一切用人行事之权。

第五条　创办会有必不可省之费，用由银行担任之。

第六条　创办会之结果，应将议决事项呈报该厅州县官分别申报呈案。

第七条　创办会以五日为会期，有不得已事故，展限三日，到期即行散会。

第八条　本简章至创办会毕即行作废。

第五，公田局简章。（理由）变卖公产别设鉴定会而不令当事者参与，所以免其经手之嫌疑也。本此目的故，实行变卖时，更有设公田局之必要。

第一条　公田局应于鉴定会毕之秋收后设之，若鉴定会认为应提前赶办者，得即时设立，但买主于田价外须算补该公产应得之租息。

第二条　公田局设局董三人或五人，由鉴定会会员互选，该厅州县官加劄委任，益刊发图记，以资信守。

第三条　公田局得雇用三名以内之书算人及杂役。

第四条　公田局所即以鉴定会事务所充之。

第五条　公田局以经理变卖本案所指之公产及田价交割一切为唯一之职务，自余（疑为“至于”）团体愿变价附入银行者，各自经理公田局无代卖之责。

第六条　各公产原契佃约应于公田局成立五日内，由当事者送交公田局挂号收存，不得延误。无原契者，须写具详细声明书，由公田局审查确实报官立案。

第七条　公田局经卖各公产一律仿用竞卖法，应由局制备定式愿书，待承卖人取用。愿书定式如左：

愿书内笺：

承卖公田人○○○年○○○岁住居○○○今愿承买○字○○号公田分照鉴定会定价或加价若干俟开函决定后所有立契交价一切交割俱照公田局简章办理如有替外国人及教堂顶名承买等情查出甘愿受罚兹特凭请妥实中证人○○○、○○○、○○○等亲送愿书到局希贵局查照是幸

承买人○○○印或押

年　月　日　时

愿书外函（略）

第八条　公田局开局十日以内，应照定价清册将各公产编列号数及本简章刊印成册广布周知，册内并载明开局卖田及免税期限编号时，得斟酌地势及田土肥硗，以同一名义之田产并合搭配为一号或数号。

第九条　承买人欲得某处田产，应先请妥实中证人到局领取愿书，照式填写，押印封固，由该中证人亲送到局挂号收存。前项收存愿书应由局董公同领置于谨密之处，无论何人不得私阅承买人填写愿书，其田价数目只能依定价或在定价以上，如所填之价少于定价时，应罚赔银二元，由该中证人措缴。愿书开函时如查系外国人或教堂出名承买，当众声明作为无效；如系中国人出名代外国人或教堂承买，无论何时查处，俱作为无效，已立契者，销契还产，并将出名人及中证人请官究治处，以相当之罚。

第十条　公田局收到愿书除登薄挂号外，应照抄函面粘帖局门随到随贴，至迟不得出两小时以外。

第十一条　公田局逐日检阅号薄，查某号田产，自有人投函之日起满十五日截止收函，定明开函日时，通知各该当事者及中证人，邀集承买人到局公视开函。

第十二条　开函日应请该厅州县官到局监视，并许公众参观，其局董除疾病大故外，必须在场经理。

第十三条　开函时应由局董应将同一号数之愿书当官（疑为“众”）查明件

数与挂号薄相符，并无私拆涂改痕迹，然后当众逐一朗读，决定出价最高者为买主，出价相同时以投函日时在先者为买主，同时则以抽签定之。

第十四条　买主决定之后，公田局应于三日内招集该当事者并买主、中证人协议立契，拨佃交价，一切交割俱照各该地方惯例办理，惟不许沿卖主需索种种陋习，局董、书算人及当事人俱不得向买主需索一钱。

第十五条　公田局凡收到田价，俱即刻邀同各该当事者送交银行创办总理掣取收单，股票、息折由该当事者收执，不得迟留，但局内仍须设置帐薄，记明经手出入数目。

第十六条　公田局费用于公产变价内摊收，但非左列各款不得开支：甲、局董日食及夫马；乙、书算人及杂役薪工；丙、因公必需之纸笔灯烛茶水。

第十七条　公田局应卖之公产已毕，即行裁撤，但经过免税期限尚未卖毕时，得呈请该厅州县官酌核展限。

第十八条　公田局开局撤局日期，俱应随时呈报该厅州县官分别申详立案。

第十九条　公田局撤局之日，应将经卖田产及经手出入款目情形呈报该厅州县官分别申详立案。

第二十条　公田局费应于裁撤后详细开报，候该厅州县官核销，并报告各该当事者，若当事者认为开报不实时，得请官查办。

第二十一条　各该当事者认公田局经卖田产有弊资时，得呈请该厅州县官查办，但须指明确据，不得以风闻为口实。

第二十二条　本简章于公田局撤局之日即行作废。

《四川官报》第三十三册，庚戌年十二月中旬

第四编　四川谘议局其它相关文献

一、文　牍

谘议局联合会呈督察院代奏请饬阁臣宣布借款政策文

呈为新借巨债，关系国家存亡大计，请饬阁臣宣布政策，以释群疑而定责任，恭请据情代奏事：

窃本年四月初六日，奉上谕："近来国家财政竭蹶，由于币制不一；民生困苦，由于实业不兴。朝廷洞见于此，不得已，饬部特借英、美、德、法四国银行一千万镑，日本横滨银行一千万元，专备考订币制，振兴实业，以及推广铁路之用。该管衙门，自应竭力慎节，不得移作别用，并著随时造具表册呈览，以副朝廷实事求是之意。钦此。"四月二十二日，钦奉谕旨："邮传部会奏粤汉、川汉铁路接议英、德、美、法各银行借款合同，磋商定义，缮单呈览，并请旨签字盖印一折，着邮传部大臣签字；余依议。钦此。”恭读两次上谕，一发于内阁官制未颁以前，一发于内阁官制即颁之后。然第一次上谕，署名者为军机大臣奕劻、毓朗、那桐、徐世昌；第二次上谕，署名者为奕劻、那桐、徐世昌、载泽〈假〉、盛宣怀，除毓朗、盛宣怀外，后之内阁总协理大臣，即前之军机大臣。事本相承，诸臣既始终主持，自当始终担负责任，断无因军机变为内阁，责任饬行中断之理！

该员等对于暂行试办之内阁，曾呈请代奏另派大臣组织，原期实臻政治之统一，责任之确定。惟暂行阁制未取消以前，国家政治上之责任，不可一日无所寄。而借债政策，关系国家存亡大计；一日无确定之解决，即国家大计日陷于䶢□之危境。此议员等所以仓皇呼吁不能遽息者也！

近日中国之贫窘，达于极点，借债以谋救济，诚属万不得已之举。然借债之公例，必政府与国民均有用债之能力，而后可利用之为救时之药，否则饮鸩自毙，势必不救。埃及、波斯之覆辙，稍治历史者皆能言之。故立宪各国，慎举国债，必经国会之议决。先朝钦定《资政院章程》亦以议决公债之职权，畀诸资政院。不经资政院议决之国债，遵先朝之法律，原应归于无效。惟合同既已签押，事实再难更变，大臣违法属资政院弹劾之范围。议员等请姑舍法律之争论；所急求明白宣示者，为关系存亡之借债政策。

此次借债政策，恭释谕旨，明定为改制币制，振兴实业，以及推广铁路之用。改订币制、振兴实业、推广铁路，为政策之标题，决不可即认为政策之条件。在诸臣本此政策而借巨款，必先有精密之计划，断无漫无成竹，冒然一试之理。

就改订币制言，此项借款将以为购买币材之用耶？按中国人口之比例，需铸实币若干？需用币材若干？流通于中国之生银若干？银元若干？阁臣曾有详悉之调查比较乎？有详悉之调查比较，当采自由铸造之法，以实值换实值，吸收中国之银货，而以外债济其不足。今于法制则不采自由铸造，而以外债为基本，此何说也！将为大清银行准备金之用耶？大清银行之组织，纯戾于银行之原则。迩年以来，败相毕露；救正改革，实为先决之问题。而所谓准备金这，亦必有一定之成数；阁臣曾于银行改良之法，与准备金之确数，有精辟之计虑乎？将为收回旧币之用耶？国中旧币之恶孽，无逾铜元之充斥，非用不加贴补，尽数收回之法，必终乱币制之统系，而蹙国民之生计。阁臣于筹拟旧币办法，亦当略陈梗概。大旨所在，不外暂准照市价行用，按年限制，随时设法收回。最后之解决归于体察事情，斟酌办理。以何方法能使并行不害于主币，收回不累及国民，阁臣曾有确实之把握乎？则例颁布，一载施行，瞬将届期，币制根本问题之待决者，不知凡几，必计之已熟而后敢树借债改订之政策，此不能不宣示者一也。

振兴实业，尽人皆知为要政，此项借款条款，指定东三省工业。东三省之工业以何者为重要？东三省重要之工业，须若干资本，而后能举办？而后能推广？必有以总计而区划之。振兴实业之要件，必有赖于国民银行，银行之外，必有赖于股份懋迁公司，阁臣能为有条理之布置否？实业之发达，必恃有完备之法律，以为监督保障。内地各种已举之实业，旋起旋灭，律法非不备，即用法不善有以蹙其性命。今欲移植发荣于边省，阁臣能为保障监督之实计否？此不能不要求宣示者又一也。

借债修路，阁臣既借上谕以定为一种政策，然政策云者，非仅以铁路国有一语遂足以了之也。中国幅员之广，铁路何以必须国有？国有铁路何以摈斥民款而纯借外债以收回之？外债之数能否尽举国中之干路？修筑国中之干路应以何路为先著？路款之预算，路材之取给，路师之分配，非有成算在胸，安敢毅然取消累年之成案，夺商民已得之权利。且救中国之贫困，借债造路，自以生计之铁路为先，尤必经营铁路以外之事业，以求本息之有著。四国六百万镑之借款，指定之粤汉铁路，固可列于生计铁路之数，川汉铁路已不能纯谓之生计铁路；此外干路属于政治者较多。借日本之一千万元，未指定为何路之用。逆计大势，生产与不生产之比较，必不足以相抵，而铁路以外之实业，凋敝已极，无余沥为之分润。以外债造铁路，亦必以铁路受外债之害；路未成而本息已无所出，将何法以治之？官办铁路，夙称弊薮，京奉铁路，每里三万余两，沪宁铁路每里五万余两，津浦铁路，尚不止此。以有穷之借款，供无穷之挥霍，将何数以弭之？此不能不要求宣示者又一也。

现时中国外债，已达十万万两以上，罄全国十年之岁入，毫不用于他途，犹不足以偿还夙逋之用。况本年预算政费之不足，超过七万两。计臣已穷于罗掘，人民已穷于负担；重以新债骤增，诚不知所以偿还之计！不问所以偿还，而姑救目前之急，偿还期至，保不借债还债，出于附水附涂之下策乎？涂附既穷，保不乱增恶税，以自绝税源终，至债权国攫抵押物之主权乎？

恭读四月初六日之上谕："该管衙门，自应竭力慎节，不得移作别用，并著随时造具表册呈览。"四月十九日上谕有："著度支部将内外各衙门应造全国预算，及借款用法，各项表册，分别严催，克期办妥，一俟九月开常年会，即交该院议决，毋稍延误。等因，钦此。"仰见皇上慎重借贷，兢兢业业之意，朝野内外，感激莫名。然以皇上圣明，日理万机，表册繁多，断难一一稽核其真伪。审计院之设置，尚须俟诸明年；资政院之决算，亦必穷于钩考；非更筹严密监督之法，必无以副皇上实事求是之盛心。而财政顾问、币制顾问之电传，方宣播于东西之报纸，设其不谬，则内国之监督且均无所用，驯至于受外人监督。况大宗外债，骤输入于内地，银价之涨落，物值之低昂，贸易出入正负之差异，皆将缘而生绝大之变动。久困涸辙之社会，亦或以骤增消费，生蒸蒸蕃富之幻象；外贸竭则幻象灭，反动力之发现，其困苦且百倍于旧时。前途种种之危险，消弭于未然之策，又均不能不要求其宣示者也。

阁臣同列责任，为圣训之所明示；无政策而借债，是以负皇上者负国家，非阁臣之所可言。有政策既当宣布政策之所在，以定责任之所归。大计攸关，存亡一发，薄海士庶，危疑交并。拟请皇上饬内阁将关于此项政策实行之法，及与此项政策相辅而行之计画，明白宣布，以释疑虑而利推行。伏乞据请代奏。

谨呈。

附：清帝令度支部将全国预算及借款用法表册交资政院议决谕

资政院奏，据议员等呈请开临时会请旨一折，朕披览呈词，似于预算、借款两事不无疑虑。明白宣示：

本年试办预算案，度支部两次奏请维持，均经严饬京外各衙门遵办。自本年起，试办全国预算，亦由该部筹有切实办法，奏准施行。朝廷主持于上，部臣复稽核于下，此预算之无可疑虑者也。

至待借两类，前已降旨申明，专备改定弊制、振兴实业，以及推广铁路之用，并谕令该管衙门竭力撙节，不得移作别用，即系为预防危险起见，此借款又无可疑虑者也。

以上两事，虽属重要，尚非紧急，自可欲开常年会时从容详议。着度支部将内外各衙门应造全国预算，及借款用法，各项表册，分别严催，克期办妥，一俟九月开常年会，即交该院议决，毋稍延误。

所请开临时会之处，著无庸议。钦此。

《申报》，宣统三年五月廿四日出版

呈请电奏取销川汉铁路改归国有一案文

为呈请电奏事

四月十一、二十、二十四等日，叠奉谕旨：昭示天下，干路均归国有。并派端方以候补侍郎充督办粤汉、川汉铁路大臣，饬令迅速前往，妥筹办理。所有川、湘两省租股，一律停止。各等因。钦此。闻命之下，四川省内外绅商人民，异常惶惧，纷纷函电到局，请求协力挽救。

窃维朝廷庶政，公诸舆论；谘议局地局代表，值此事关全局死活，商民血资，何忍缄口结舌，蕴疚在心！用敢不避罪戾，谨以愚虑所结，披沥陈之：

查铁道国有之政策，德、日两国仅见实行，其余民有及官民共有之国，实占多数。学者辩论得失，亦多以民有为长。先朝注重交通，深维国力，所以采用官民分办之制者，盖以我国幅员辽阔，夐非德日可拟。应筑之路，里以万计。租税已穷于征敛，则倾帑藏不足以程功；外债决不免抵押，则饮鸩酒不如起忍渴！

况当时商办之路，率因外力压迫，仗民气以折卫，或则夺还于涎口之下，或则绸缪为未雨之防。草莽臣分国忧劳，固当瘏痡尽瘁。先皇帝畀以路事，实有远识深心。并非规画未善，使全国路政纷歧；尤非不量民力，据一纸书，辄行批准。不谓举国上下，历年含辛茹蘖之图，转为目前归过之地。此诚普天下臣民所宜寒栗雪涕者矣！

若夫外债难为国际之通融，而我则累借不已，而益饮裨毒。此次国有干路，明旨以四国外债兴办，而利息何度？抵押何物？取偿何地？归还何年？一切未承宣布。倘或即以路作抵，则夺之所亲而予其敌，仁智固所不为；即或不直以路作抵，而税项实业，莫非苍赤膏血，吾民固纡四周折而不能终免。务国有之虚名，坐引狼入室之实祸。为国家计久远，又岂宜出此乎！

且各商办铁路开局以来，各有成绩可考，未能一概抹杀，其间虽不能绝无糜费侵蚀，是则人为之臧否，既官办又何尝不然。而延误之咎，尤必不尽在商办。即如宜昌购地，请督办大臣一纸告示，经年余而始下。因官府之沮泥干涉，而致延误者，此其一端。四川倒款之施典章，乃出于川督奏派而非商民公举之人。凡此口实，岂能一归国有，即保其净绝根株。此就国家收回干路之不可而言也。

至于商民兴办铁路，沥汗绞血，固由基于热诚，亦未尝不远规后利。圣人之政，不忍一夫失所，乃肯夺多数人之业！虽云筹换还股本，不使有丝毫亏损；实则投资营业，不生产者数年，所望在成功以后。一旦希冀全绝，仅能收本，则亏损实多。日本顷年收回东海铁道，照股本加给十分之七，舆论犹病其酷。今岁方拮据负债，能否视此从优，恐不待言。按租抽股，赓本给息，得息者仍为吾民，朝廷尚以贻累闾阎，无裨路政为虑；况路归国有，债自外来，假即迅速告成，其利益非人民所能沾丐，而债款本息，则重为人民负担。民力疲斋之时，岂复堪此！此就取销商办铁路之不可而言也。

议员等在川言川，情形正亦相同。而更有进者，谕旨收回干路，而川汉并非邮传部从前奏定干路，且不在正枝之列，乃部咨一并牵连收回，似尤未为允协。无怪本省京外绅商人民，迫切激昂，不肯诡随。议员等协议公司之见，以为募借国债，载在资政院章；取销商路，事系剥夺人民既得之权利，存废应由本省谘议局议决。

当兹内阁成立统一责任之际，言论机关自当各保权限，以期宪政实行。应请督部堂据情电奏请旨，饬下督办粤汉、川汉大臣将本路政暂缓接收；一面分别交院、交局开会议决，再行奏明办理，方足以遵法律而顺舆情。为此合呈督部堂，谨请查照施行。

须至呈者。

《蜀报》第十二期，宣统三年四月望日出版

李稷勳致省谘议局请反对出卖铁路如收归国有应以现银偿还用款电

铁密转谘议局鉴：删电悉。路归国有，注销商办，政府牺牲信用，已表决心。鄙意谓路权可归国有，若归外人，则土地人民受损甚巨，当拼力拒之。川路既欲收回，则川省人民办路用款，应照数拨还现银；若尽空言搪塞，苦我川人，当抵死争之。此二端能否办到，尤赖大局维持。

现在查账时期，部电查明后，尚须请旨，暂勿轻动。敝处工役数万，现准部示，毋庸停工，同乡京官公电，亦嘱照旧进行。而讹言日滋，人心惶扰，镇静防维，心力交瘁。知念，并闻。勋。筱。

《川路收回国有往来要电》，第3—4页，原题：《宜昌来电》

李稷勳致省谘议局请与川督交涉发还路款电

铁密转谘议局鉴：电谓政府收回川路，祈与川督交涉，不与川人直接，公司历年筹股办路，用款甚巨，筹还不易。路为全省财产所在，即人民生命所关，徒持压力，后患滋大。

至四国借款，本无川路在内。若牵连及我川人，尤当拼死力争。请就近吁恳督院设法维持，免滋纷乱。

惟公司遭此大变，万勿再生内隙，上海倒款，京官闹不休，裨益安在，徒为此次明谕收回之口实。候复。勋。皓。

四川省博物馆藏，油印单件，原题：《铁路公司转宜昌来电》

李稷勳致成都总公司、省谘议局请转电资政院质问清政府收回铁路款源电

铁董局、谘议局公鉴：二十日简派四省督办，二十四日谕停川、湘租股，釜底抽薪，商路生命已绝。应请谘议局速电资政院质问政府同时收回两大干路，款从何出？并请照前寄筱电所陈管见，联合各界，坚恳督院代奏，冀有挽回。

湘人抗争甚烈，遍出传单，有不忍督办之语，恐致暴动。并闻。勋。宥。

《川路收回国有往来要电》，第5页，原题：《宜昌来电》

王人文呈内阁代奏四川谘议局交资政院文

北京内阁王爷中堂钧鉴：辰顷据四川谘议局呈称“四川川汉铁路关系本省权利存废，应由本省谘议局议决。当兹内阁成立，统一责任之际，自当各保权限。恳为代奏，请旨饬下督办大臣暂缓接收，一面分别交院交局，开会议决，再行奏明办理，以遵法律而顺舆情”等情。据此。

又昨初一日，近省各团体集铁路公司开临时会议，群情异常激切。咸谓：变更公司，照律非开股东大会不能议决，即无从为正式之交接。合词请予代奏，饬下督办大臣暂缓接收，俟闰六月初十日，开股东会议决办法之后，再行奏明请旨办理。且称昨奉谕旨，刊刻誊黄，免收租股，仰见朝廷恤民至意。惟办法誊黄，历为豁免租税捐款，用布黄仁。租股则本息俱在，若刊布誊黄，诚恐民间误会国家将以从前股本为捐款，本息难望收回，即虑别生枝节。并请代奏，缓刊誊黄，

俾人民不致疑股本无著。各等情。据此。

伏查川人对于铁路，所以受痛苦本深，希冀路成或有取偿之望。一闻改归国有，群情自多疑虑。现幸绅、商各界中，不乏明达厉害之人，分途劝导，目前不致别生暴动。其求暂缓接收，乃为安定人心，或从容平和之解决起见。用敢据情电请代奏请旨遵行！王人文谨禀。支。

《四川保路同志会文电要录》，第3—5页，原题：《督署电北京请代奏稿，宣统三年五月四日（1911年5月31日）》

清帝申诉王人文代谘议局请暂缓接收川路并缓刊停止租股誊黄谕

王人文电奏，据四川谘议局呈称：川省绅民，自奉铁路改为国有之命，纷纷函电请饬暂缓接收；并请缓刊誊黄。等语，览奏殊堪诧异！

铁路改归国有，乃以商民集体款艰难，路工无告成之望。川省较湘省为尤甚，且有亏倒巨款情事，朘削脂膏，徒归中饱；殃民误国，人所共知。朝廷是以毅然收为国有，并停收租股，以恤民艰。既经定为政策，决无反汗之理。

该省谘议局不明此意，辄肆要求，并有缓刊誊黄之请。是必所收路款，侵蚀已多，有不可告人之处。一经宣布，此中底蕴恐不能始终掩饰。难保该局非受经受劣绅之请托，希图蒙混，为延宕时期接续抽收之计。不然，前降谕旨，指明停此租股，并饬妥筹办法，何至误为捐款。强词夺理，情伪显然。

该署督目击情形，一切弊窦，应所深悉。乃竟率行代奏，殊署不合。王人文著传旨申饬，仍著迅速刊刻誊黄，遍行晓谕。并随时剀切开导，俾众周知。

至已收租股，并著赶即查明，由度支部、邮传部、督办铁路大臣会同该署妥筹切实办法，请旨办理。

《大清历朝实录·宣统政纪》卷五十四，第8—10页

川汉铁路公司致北京四川谘议局副议长潇湘等成都成立四川保路同志会电

北京潇湘、李文熙鉴：二十一日公司开会，到者五千余人，群情悲壮，议立保路同志会死争。护帅（指川护督王人文——编者）先电内阁，述开会情状，今日再代奏。蜀局。养。

《致潇湘、李文熙电》，《时报》，宣统三年六月初八日

蒲殿俊自广安致四川谘议局、周善培闻成都争路激烈当兼程回蓉电

谘议局、劝业道鉴：电悉。归病腹泻，惫卧中闻警信，惊急异常。三日内即当力病下渝，联络一切，兼程旋省。省事凶，望诸公干运，区区为从死之一。俊。

《四川保路同志会报告》第三号，宣统三年六月初三日

四川留美学生致川谘议局议长蒲殿俊请联合各省争路电

借款赎路，是夺民授外，请联合各省死争。

《四川保路同志会报告》第二号，宣统三年六月初一日

四川谘议局副议长潇湘等联络鄂、湘两省京官组织铁路联合会进行保路

议长潇湘、资政议员李文熙等，以铁路遽归国有，是政府扼吾民而夺之。四川一省之人欲反抗，并纠合群力必不为功，因延请鄂湘两省京官在蜀学堂宴会，征求同意，以便组织铁路联合会，一致进行。

《四川人之铁路政策》，《民立报》，辛亥年五月十九日

北京全蜀会馆值年赵熙等致四川谘议局等甘大璋等呈邮部附股是否川众委任电

谘议局、董局、各团体鉴：甘大璋等以川人愿附股呈邮部，是否由川众决委

任？速复。值年赵熙等。敬。

《四川保路同志会文电要录》，第9页，原题：《北京来电》

四川谘议局复北京同乡京官保路同志会即派代表赴京甘大璋窃名附股已由铁路公司径电邮部取消电

永光寺中街萧转同乡京官：保路同志会成未数日，省中签名已逾十万，分头进行联合，代表二三日内即举定起行。甘等窃名送款，除由公司径电邮部取消外，请除籍并严究。蜀局。有。

《四川复电》，《时报》，宣统三年六月初七日

赵尔巽致内阁请代奏川人刊布“自保”拘捕首要蒲殿俊等及镇压聚集要求释放蒲等市民电

川人此次以路事鼓动人民，风靡全省，气焰鸱张，遂图独立。竟敢明目张胆，始则抗粮、抗捐，继则刊散四川自保传单，俨然共和政府之势。晓谕不听，解散不从，逆谋日炽。前经迭次密陈在案。

连日探闻该逆等定于本月十六日聚众起事，先烧督署，旋即伐官据城，宣布独立。尔巽正在严密警备，旋于昨夜探悉逆谋益亟，已聚匪徒近万，即于十五日，意乘不备，前来督署烧杀。

尔巽既得此信，因于本日将明，先将营队再加警戒，一面懔遵“严奴首要”

前旨，将蒲殿俊、罗纶、邓孝可、颜楷、张澜、胡嵘、江三乘、叶秉诚、王铭新设法诱擒；一面出示解散，安抚居民。

不意午刻，猝有匪徒数千，先使人在督署附近防火，以图扰乱，旋即凶扑督署，当即派出马步各兵队，先在街口堵截。无奈来势异常凶猛，堵截不住，直追辕门，值门步队亦被扑退，并斫伤哨弁郑杲数人，进冲二门，直至大堂，前排匪徒均带火具，并扑两廊官房。尔巽见事势已急，当即饬令兵队开枪抵抗，伤毙前锋十数人，始行败退。

该匪徒又分股：一由打金街分扑督后门，一由文庙街拥出，均经驻扎兵队分头击退。现在各街保路协会，尚在鸣锣聚众，各路兵队虽在竭力弹压，查看大势，一二日内能否安定，尚不可知？胜负之数，亦无确实把握。

至省外州县，亦经通电，分头安抚。唯抗捐、抗粮、罢市、罢课风潮，传布甚广。如自流井等处地方，工徒不下数十万人，素为亡命逋逃之数，深恐处处蜂起，兵分力弱，实有应接不暇之势。川为西南屏蔽，如能饬调近几得力兵队数千人星夜来川，备资镇慑，全川幸甚，大局幸甚。

以后办理情形如何，随时陆续电闻，谨请代奏。

《川督赵致内阁请代奏电》，《愚斋存稿》卷八十一，第 27 页

湖广总督捉拿从北京回川之谘议局副议长潇湘

鄂函：鄂督刻接北京密电："四川路事风潮，罢市罢学，皆由该省谘议局副议长潇湘主持鼓励。现由京忿愤潜归，必酿事端，希即捉拿扣留。"等因。（端）〔瑞〕督当即派亲信戈什多人至汉，在刘家庙将该议长捉拿，发交武昌府看管，电京候复照办。一切举动，皆守秘密主义。

《川路潮中之议长》，《民立报》，辛亥年七月二十三日

各省谘议局支持四川谘议局、保路同志会援救蒲殿俊、争路权等电

报载川乱状若何？乞探复！粤议局。有。

《时报》，宣统三年八月初十日，原题：《粤局至鄂局电》

川乱据报载议局长遇害，未知确否？应如何设法同救川祸？乞示复。粤议局。

《时报》，宣统三年八月初十日，原题：《粤局致各省议局电》

川争路约致乱，恐牵动大局，恳设法奏请维持，以安人心。粤议局。叩。

《时报》，宣统三年八月初十日，原题：《粤议局致资政院电》

川事，敝局电询鄂局，得复再闻。桂局。

《时报》，宣统三年八月初十日，原题：《桂议局复电》

粤谘议局：电悉。川电不通，却情难得，救法实无把握。鄂局。

《时报》，宣统三年八月初十日，原题：《鄂议局复电》

谘议局：电悉。川议长遇害，并无确信。敝局已电岑帅维持矣。宁局。

《时报》，宣统三年八月初十日，原题：《宁议局复电》

电悉。救川祸，赞成。请转电湘局，联合通信部议办法，分电各省，以归一致。鲁议局。

《民立报》，辛亥年八月初十日，原题：《鲁议局复电》

上海岑宫保钧鉴：川乱滋蔓，风闻谘议局长被逮。窃念议会为人民代表，议长当非倡乱之人。我公奉命入川，举国钦仰，务恳设法维持，以全人望。江苏议局长张謇叩。艳。

《民立报》，辛亥年八月初十日，原题：《又至岑宫保电》

北京内阁王爷中堂钧鉴：川人争路，惟求朝廷提交院议，此系尊崇法律，未可谓抵抗国家。川督以拘留议长，激成众怒。乞奏请分别申理。江苏谘议局谨叩。微。

《民立报》，辛亥年八月十九日，原题：《谘议局救川之电报》

长沙谘议局鉴：川人争路，惟求朝廷提交院议，此系尊崇法律，未可谓抵抗国家。川督以拘留议长，激成众怒，违背宪法大纲，开各省摧残谘议局之渐，敝局已电阁、院，乞奏申理。贵局主任通信，拟请转致各局，同电以伸公论。宁局。鱼。

《民立报》，辛亥年八月初十日，原题：《又致湖南谘议局电》

内阁王爷中堂钧鉴：川人争路非乱。朝旨分别办理，深鉴本源。蒲、邓等负全川望，代表舆论。川督误捕，致激众怒。乞请旨速先释放，并将路事提交院议，以□□□而弭隐患。安徽谘议局叩。

《民立报》，辛亥年八月十九日，原题：《议局救川之电报》

内阁王爷中堂钧鉴：川人争路，有哀求，无暴动，前经将军、总督等奏明，举国皆知。蒲、罗诸人，既系争路代表，自与匪党无涉；乃赵督电奏竟指为首要逆绅，前后自相矛盾。幸朝廷仁明，谕分别良莠，剿抚兼施，固已洞烛其隐。惟赵督多方罗织，群相惊骇，深恐牵动大局。伏乞奏饬岑春煊确实查办，以警欺罔，而靖人心，无任惶悚！山西谘议局叩。

《民立报》，辛亥年八月十九日，原题：《议局救川之电报》

二、时　论

《蜀报》发刊词

《蜀报》何为而作也？盖发生于九年预备立宪之明诏，而欲使政治思想普及于吾蜀，造成健全之舆论，直接而为本省谘议局之补助，间接而裨益政府之实力进行，以促国会之成立者也。

今中国国势之阽危矣。上下汲汲焉所希望以救国者，来日之国会也。天下热心之士，方呼号奔走，再三为国会之请愿，以为国会早一日成立，则中国受无穷之利益，迟一日成立，则中国蒙巨大之损害。而政府顾迟迟若有待者，非于国会之利害尚有未悉也，亦非于国会之权利靳而不予也，毋乃人民程度之说，有所迟回审慎而未定乎？夫人民程度之标准，吾未知当局者果悬何格以定之也。例以政治学家之界说，则人民无反对立宪心，为消极立宪国民的程度；人民有希立宪心，为积极立宪国民的程度。吾蜀虽地居西偏，得天下风气之后，苟非丧心病狂，必无反对立宪之意思。第较诸大江南北沿海各行省，被发撄冠，上以强聒其君父，下以提倡其乡闾者，固瞠乎若后矣。中国国会之成立，早暮虽不可知，使幸而得请，以吾蜀委随其间，碌碌无所表现，固可耻；不幸而不得请，当局者或以边省人民程度不齐为辞，则以吾蜀之不自振拔，而使天下不速蒙国会之利，甚且陷中国于意外之危亡，此则吾人之所大惧深忧，而《蜀报》之所以不容已于作也。

然则鼓吹吾蜀，举三数代表人，上一二请愿书，即足以尽国民之义务，副天下之责望乎？则又非也。夫请求国会，在实事不在空言。使吾蜀人民于宪政之实事，深知力行，能自确立其政见，彼政府晓然于鱼凫蚕丛之西部，其民皆具有一般常识，足以应时事而规宏远，虽有顽固之徒，欲阻国会而不能，矧在朝夕期望宪政之成立，贤明如今上、摄政者乎！或者曰：国会者，即实行宪政之根本组织，而为增长民智、促进民品之无上妙法也；舍国会而外，恶有所谓宪政之实事者乎？不知立宪政体，以国会为中心，其与国会互相为用、曲成不遗者，尚有无数重要问题。徒鳃鳃然以国会之成立，而遂谓别无事事，又非所以语立宪国民之自处及其能力与责任者也。

夫吾国各省人民所处之地位，所宜共同策厉，以求副其能力与责任者，非本省谘议局之议事机关乎！谘议局一方为地方之上级自治团体，一方为国会之合成分子。读钦定章程，凡一省之立法问题、财政问题及官府利弊、人民治安诸要领，谘议局皆得自行提议。是政府固明明予吾民以参政之权矣。然而谘议局范围之广狭，视议员之能力以为断；议员能力之大小，又视国民之舆论以为断。夫舆论者，事实之母也；议员虽政治之历练未周，社会之情形未熟，仍可以天下之公是非力持于大庭广众，以求达国利民福之目的。使舆论而不健不全也，则议员虽有高深之理想，伟大之政见，一意孤行，必为泰山压卵之势所劫制，非仗马立斥，即寒蝉终古矣，徒令有识者嘉其热忱，顽固者诮以迂阔，终于国计民生无毫发之实。呜呼！此岂可专诿为议员之责哉！吾故曰造成健全之舆论，直接而为本省谘议局之补助者，此也。

吾国土地之广大，人民之众多，为全球各国所未有，非专恃官治之旧制，所能户说以要眇，家谋其乐利也。故词一政也，在欧西行之为善政，在中国则反以厉民。论者徒咎于官吏奉行之不善，而终不悟其非官之所能为力。代大匠斲必伤指，烹小鲜者烦则乱，此固事理之无由解免者也。今日地方之新政，法令若牛毛，薄书如山积，政府以催督为功，官吏以敷衍为事，上下相蒙，其所谓新政者，一纸之空文耳，求其实效之所在，则如扑风逐影，而不可追迹已。循此而不变，上虽有周、召之臣，下虽有龚、黄之吏，亦将无以为治。则九年预备之完否，尚未可必，恶能促国会之早开乎！夫官吏者，国家机关之奉公人，而人民乃组织国家机关之原动力也。善为政者，不法古，不修今，必度民而为之法，故令下如流水之源。是政府官吏欲政治之进行，必先增进人民自治之能力；欲增进其能力，必先有以养其知识。夫使常识之可以普及，其效速于置邮者，道莫过于政论。泰西政治家之有所兴革也，必先制造舆论。舆论既成，乃举而措之事业，则其治不劳而理，不肃而成，夫安有是烦扰凌杂之患哉！吾故曰造成健全之舆论，间接而裨益官府之实力进行者，此也。

然则吾人所最后希望者，尤在舆论构成而后，冀或有光明俊伟、发强刚毅之政党，发生于其间。政党与立宪国体之关系，不啻车与輗軏之不可离。国会之代议士也，谘议局之当选人也，纵极有智识，有能力，有至性真诚，而宗旨未规画一，意见不无参差，彼一时非，此一是非，欲求议事之敏活进行、圆满无缺焉，盖亦难矣。且预备立宪之明诏下，比年以来，各行省政社之结合，万众同心，风起水涌，殆有一泻千里之势。而吾蜀山川险塞，交通阻滞，文着报章之输入，为数至少，为时亦至迟。凡所谓国家之学说，国民之责任，知其理者，或千百中有一二人焉。而此一二人者，则又苦于势孤力弱，无由组织同志，以求无负于预备立宪时代之人民。泛沧海者必识航路，登泰山者必明首途，然则欲吾蜀人之团体舆论，以组织政党，俾对于现在之谘议局，将来之国会，稍稍得尽心而知所从事焉，政论之倡，不容已矣。《蜀报》之作，意在斯乎！意在斯乎！

叶治均：《发刊词》，《蜀报》第一期，宣统二年六月朔日出版

论预备立宪宜注重国民机关说

泰西法学家之言曰：国家之要素有三，一曰土地；二曰人民；而其所以能维系此人民保障，此人民使之共同生活于一领土之上者，则种种机关之建设联络而成一统治之主权也。由其言推之，则是国家之存在无他故，统治权之安固而已矣。统治权之存在亦无他故，种种机关之完具而已矣。近世学者对于本国而喻国家，焉有机关对于他国，而认国家为一人，格其基本观念即由此而生。伟大哉，此机关！完全哉，此机关！可实贵，可崇拜，宜维持，宜整顿而不可坐听其偏枯弛废者，亦惟此机关。

顾同一机关也，而或以盛或以衰或以强或以弱，此何以故？则以政体不同其所设之机关有完全不完全之故，同一整体也。而或以专制名或以立宪名，此何以故？则以专制政体其机关惟一，立宪政体其机关有二。故一者何自中央政府以下逮于各级司法行政是为国立之分职机关；二者何于分职任官之外另设各级自治以上逮于国会议院，是为民选之舆论机关。此二机关者，常互相监督互相调剂，而国力之增长、民气之振兴、内政外交之发达，遂常随此机关之活动而敏速。其进行而不然者，则虽有圣哲之君、忠骾之臣、廉干之庶，司百职而民志涣散，民力窳败，终非少数之官吏所能代谋，犹人身然一部分一肢体之发达于生命之健全终无与也。故明于机关建设之故，则专制立宪之异同可无俟烦言，而解专制立宪之利弊亦不待再计而知。

吾国之立宪诏已明降于先朝，而国会之开必期诸十年之后，其所筹备者果何事耶？说者谓国民程度不足，仓卒行之恐其破车而复餗也。然所谓程度不足者，将指此多数之平民耶？抑指此少数之士绅耶？如指此多数之平民，则无论何国其议会所选必为学优望重之名流，固非强椎鲁无知之民而与之论治矣；如指此少数之士绅，则朝廷筹备之案势不能不取办于官司。官之与绅本为同物，今日之绅即异日之官，此省之官即彼省之绅，前后即是一人，乃名为官而程度足名为绅，而程度不足是岂可通之论哉。至其他庶政，如巡警，如裁判等，虽属文明之要典，究为宪政之旁枝，且行之于国会未开以前与行之于国会既开以后，其效果终无以异。然则朝廷所谓筹备者果何事耶？吾思之，吾重思之，毋亦谓舆论机关尚未完具，虽予之以文明之宪政而阻力方生，毋宁少迟焉，以俟其时机之成熟，则全国一心，其后盾乃愈坚耳。如其然，则今日所设之资政院、谘议局以及城镇乡厅州县之各级自治，此真筹备之要件矣。吾人处于今日若不能发达此机关，整理此机关，微特无以对朝廷，恐清夜扪心亦将负惭于衾影。然则急起直追，利用此机关之活动以造成舆论而为政党之前提，此非吾党之责而谁责哉？

难者曰：如子言，是欲藉机关之组合以为政党之前提也。然吾闻泰西政党恒以国会为竞争之舞台，是机关为政党所利用，非政党缘机关而发生。子之言，毋乃倒置欤！应之曰：此审时度势之谈，未可执学说以绳其后矣，始吾之出身任世也，闻泰西政党之名而慕之，及见今之所谓政党者而废然返矣。朝设一会焉所结集者若而人，暮设一会焉所结集者若而人。然大都一事不办相率而为无意识之内讧，问其投机之政策无有也，问其赴难之热忱无有也，问其分工之成绩愈无有也，此犹胎而之在腹中，四肢五官尚未完具，求为儿嬉且不可得，欲为成人之步履乎？吾感怀时事始，则为之失望，继则为之深忧，久久始有会于斯宾氏虑生之言而知所变计矣。夫吾人之身所以能保其生存者，以神经之报告血液之周回，与官骸之各任其职，故脑经之意思，机关得决取方针以端其全体之趋向。今欲课心灵之功用而不谋生理之健全，是犹以残废之身而欲负千斤之任，其僵且仆也，不亦宜乎。故余之为此言非蔑视政党也，正谓欲为政党者当竭全力以注重于此机关，乃能达其所期之目的耳。夫岂好为高论以诋訾当世之士哉！

且论者亦知朝廷筹备之意乎！夫立宪之国其所谓责任内阁者，质言之一政党之内阁而已。内阁之与政党以何因缘而必相依附，则以立宪国之政府既不能违国民之公意，则内阁之举措固将惟国会是瞻，使长内阁者而非国民所崇拜，则虽有伟大之政见将为国会所否决而一事不能进行，故国君之选任内阁必从民望将以求舆论之尽一也。政党之奔走呼号，竭毕生之力以投身于政治之漩涡，亦将以求舆论之尽一也。使舆论先不能一，则无论期其牵制政府即为议员者，亦将自相牵制而不行。甲定一策焉，乙从而非之；乙建一议焉，丙又从而非之，事杂言庞，折衷无术，其弊也将各怀其畛域之私，而一事不能通过。就令其能通过也，而補苴隙漏涂饰目的，前今日主放任，明日尚干涉，此案言分治，彼案重集权，首鼠两端，狐埋狐掘，其弊也。所期之效果势将缘冲突而相消，是反不如专制之朝，犹得孤行其一也。若是乎，政党之组织，其关系于立宪之前途者，如是其重且要耶！吾国既欲立宪，势固不可无政党，而民志涣散，公论权势又不能为政党，于是，我皇上，我监国、摄政王，乃穆然而深意曰：政党之组织民任其难，政党之提倡君负其责，吾惟奉先朝之遗旨，为之建设其机关，彼少数优秀之民固将承流而宣化矣。此其意虽未明言，然就其所筹备之案推理度势以求之其宗旨，固可微会。然则吾处于今日，亦惟有丰宣圣德而已，哓哓之辨将奚以为。

或曰：政党之关系既闻命矣，组织之道其又何施？余曰：亦惟利用此机关之发达而已。今请设为三策以敬告我热心救国之志士。其第一策当筹通信之机关。请自今以往由各级自治以逮于谘议局、资政院，每届十日各将其本地本局之事通函报告其他公益团体，亦各随其所在之地相附以行。即无事可报，而或论列本地之人才，宜有褒无贬以杜攻击之风，或磋商演说之底稿，甚至为普通之问候以联络感情，举无不可。其京省各局辖地较宽，非函牍所能遍及者，则假报章之力以代传之。如是则神经灵捷而痛痒始能相关矣。其第二策当筹接济之机关。请自今以往各地志士咸奋其广长之舌，遵部颁之公司商律组合而为财团。其营业事项如银行、如矿务、如工厂等，无论在城在野各就其天然之便利，假众力以经营之，获利之。后酌提其红息若干贮为公积，遇有特别事件则取给于此，而不必更累吾民。如是则血液流通而筋力始能自固矣。其第三策当筹请愿之机关。请自今以往援国会请愿之例推而广之。各随其区域之大小建设分团，遇有特别事件关于全国全省及各府厅州县之利害者，即由相关之团体选派代表相率上书，或呼吁以哀之，或积诚以感之，或委转曲折以申明之，强□不休得请乃已恃公理为武器，资法律为护符，而无事为激讦之词以滋扰累。如是则官骸任职而生理乃益健全矣。此三说者虽卑无高论，然果能全国一心利用，此机关之发达则国会之后盾愈坚。我皇上，我监国、摄政王必且愿而乐之。窃幸其时机之已熟，由是而变更政体，由是而陶铸民风，由是而履行富强之政策，则虽凌驾欧美亦且无难，尚何贫弱之足患哉？故余之对于此机关不胜其冀幸之，私敢拜手而为之颂曰：伟大哉，此机关！完全哉，此机关！可实贵、可崇拜，宜维持、宜整顿而不可坐听其偏枯弛废者，亦惟此机关。

杨士钦：《论预备立宪宜注重国民机关说》，《蜀报》第二期，宣统二年七月朔日出版

蜀人对于国会请愿之冷落

国会请愿之志士，奔走呼号，至于断肢流血以求一当者，皆海内之豪俊也。而蜀无人焉，吾为蜀耻。

各省谘议局、教育商农工会、各团体鉴于代表团之力弱，纷纷立同志会，以应之。僻远如贵州，且遣会员二人入都代表。而吾蜀阒无闻焉，吾为吾蜀忧。

前熊范舆请开国会时，蜀教育会已奋然动矣，乃戛然中止，至今尚为口实。此次同志会闻谘议局、教育会于春夏间已自任发起之责，何今犹寂寂耶？得无蜀训为独固不能群耶？抑蜀中人士，其程度固后于他省耶？吾愿为蜀人者起而雪此耻。吾愿蜀之谘议局、教育商农工会、各团体有提倡之力者，起而释此忧。

作者不详，《蜀报》第三期，宣统二年八月朔日出版

论蜀人由今当竭诚竭智竭力于立宪

立宪政治者何？君民共为国之主、以理国政者是也。其在民主立宪之国，其国中惟知有所谓国民，不知有所谓国君。方今世界一等国中，若美、若法既是也。此外之一等国，若英、若德、若意、若俄、若荷、若日，则无不皆君主立宪

之国。夫所谓君主立宪国者何也？无他，即其各国军不以其国为私有，而以其国为一国人之所公，不能不以其国事公诸民，而其各国民多独自尊，亦不以其国为君之所私，而以其国之兴亡为己责，不敢不以国事责诸已。夫是以其国之重，其君任之，其民任之，各守分际，无或相妨，政鲜遗计，计鲜无成，而其国政以治以理。然则我中国居今日而言预备立宪，则在君主立宪，而不在民主立宪，而又不可不出之以君主立宪，此固今日言立宪者多数之所同。明哉先帝，于危急存亡之日，而焕发立宪之诏，将为中国开万世之太平，将为皇室绵无穷之统绪，诚计无善于此者。

夫立宪之为言，即立法之谓。试考我国历史，凡一朝代之法，罔非开国之君与其少数臣工议定而立之，以行于全国，期后世永无所更。继体之君，大率遵先王之法而不敢变。若有欲变及敢变其先王之法者，其不便于是之臣工与其宗室率非议而阻挠之，其儒生又率摭陈腐朽霉之古语，以为狂吠盲扰之资。是故历代中叶，欲变先王之法以顺应时势而卒不易得者，比比皆然也。至于历代之末，法弊而朝野间祸乱丛生，于斯时也，法不及更，而祸乱不能已，败亡随之，而代立之新朝，于是起而言立法矣。要之，我国各代之立法，其权在君而不在民，其时率在新朝而不在中叶与末叶。嗟乎嗟乎，是岂适于进化之公例哉！无怪乎数十年或一二百年或数百年间，必一见顺天应人之师起，一姓仆而一姓兴也。

夫国必立法者，为其适应国民之生存进化而有也。不适应于国民生存进化之法，是厉民之法也。是故欲法之适应于国民，而无厉于民国也，则君为民计而立法，孰若民自为计而立法之为得乎？君及少数臣工立法，孰若聚比较的多数之国民立法之为得乎？君以一时立法，期永行之后世而多不便，孰若随时立法因时制宜之为得乎？君以一方之人立法，孰若聚全国东西南北之人立法之为得乎？君以法之故而来天下之怨，离天下之心，孰若因民之所以立法而立之，不来天下之怨，易结天下之心之为得乎？以君一人立法，劳而益鲜，孰若国民立法不劳而效多之为得乎？是故观世界列强以行立宪制而致国利民福则如彼，反观我国，以不行立宪制而致国殃民祸则如此。然则我国人当今日，安可一息懈，不竭诚竭智竭力，以求真善之立宪政治哉！

夫真善之立宪体，果奚若哉？盖不外以民权克自由以预国政而已。惟是民权自由，实为立宪政体之真精神。立宪政体之需民权自由也，若灯之需膏，鱼之需水，人之需蓄至精然。灯无膏则灭，鱼失水则殆，人不蓄至精则徒具形骸而将死。立宪政体而民权不克自由于法定范围中以预政权也，则有立宪政体之名而无其实。如是政体，上下欺蒙，朝野隔阂，祸患之酝酿日深，而覆败危亡，实无日也。虽然，我国为专政国既已数千年，此非唯施政者恣然安之，即受之者亦率贴然安之，且或以专制为天经地义矣。于此而言民权自由，此又非独施政者所恶闻，即奴颜婢膝之民亦所不乐听，或将以民权自由为洪水猛兽矣。悲夫！民权自由，实非恶语。所谓民权自由者，不过民之所好必得遂其好，民之所恶必得遂其恶，民之所欲必克得之，民之所恶必不见施，如是而已。仲尼曰：民之所好好之，民之所恶恶之。此二语实足为立宪国君主之勖，而今世真善立宪之君主固已如是。

民权自由之发动也，在国会；无国会而冀民权自由，实虚愿也。夫国会者，代表国民者之所聚，为代表国民而议国事，且代表国民之意思而有之机关也。近来法律学者中，颇有持法律意义，将欲不认国会之代表机关者。然是言也，虽以法律论，恐亦非正当语；借曰正当，而亦不过单纯之形式的法律论而已，而于议会真实之性质不适合。而自议会真实之性质言之，则所以设议会之目的，全在代表国民之意思者，更无所疑。各国中有称议会为代议会者，有称议员为代议士者，是二语实足发挥其意义而无余蕴。虽然，民权自由，在我国今日，正须我国民自求之。何则？尚无国会故也。恭绎先帝明诏，开国会在宣统八年。然今之时势，非先帝在时之时势也。先帝在时，无人于我国境内之土地自由行动以改筑铁道者，无人与其仇敌结协约以谋我者，无人联合其与国以企握我财政权者，无人以其工商政策烈战于我国腹心地以及我国各乡邑者。悲夫！此特外祸之既发已切吾肤焉者也，况夫世界之风云倏忽变幻不可端倪者乎！兹仅以外祸论，亡犹可计日至，况夫以我国今日之内政当之乎！以我国今日之内政，虽无外祸之来，亡亦可计日至，况又有外祸纷至沓来乎！夫内有乱而弗能理，外有祸而弗能消，此实我国人人之羞，而当国者无或能辞其咎。故今之当国者，既为蠢蠢之动物，甘为无意识之国人，则以任当国者断送我国，以亡其身，殄灭其种，无不可也；不然则望国会之速开，以聚草野中龙蟠凤逸之英才，以论天下事而预国政，以矫当国诸人之失，而救国事与既危，实不可一日缓。

是故国会早开一日，则民权自由当早伸张一日；民权自由早伸张一日，则政府诸人少为一日恶，而早一日救危亡。故今日而言早开国会，自既往之因无国会而生种种失败论，不可不谓为既迟；而待转瞬国会既覆灭后，始悔何不早开，则今日不可不谓庶几犹有可及而未为晚。慨自请愿书两次上，一不见允以来，草野间浅识者流，咸谓请愿为无益，继此虽三上、四上以致数数上，恐终无济。至若不利于国会之辈，又从而非笑之，揶揄之，且从中尼沮之，以国会不早开为幸，且以国会终不开为幸。于是国中翘然待国会早开之士，咸沮然无复有早开之望矣。夫国会之不可不早开，凡深识之士，无不若饥之于食，渴之于饮。而不能早开者，徒以摄政王惑于左右不忠之说，不察国民殷殷待治之意而然而；且又我国民对于立宪及早开国会，亦不无诚有所未尽，智有所未周，力有所为竭也。向使尽吾诚、周吾智、竭吾力也，则若摄政王之察纳雅言，以国民之好恶为好恶者，乌有不见允者乎！而全国中之国民，对于是有未尽其诚、有未周其智、有未竭其力者，尤恐无川人若是。故今日国会不能早开者，非当国诸人之吝而不允之罪，我国人有未竭诚竭智竭力之罪也，而我蜀人之罪觉犹深。

当去年冬，江苏深识之士，以国会不可不早开呼号全国，集同志于沪上，由谘议局遣代表者十五六省，而四川谘议局不派一人。其第一次请愿书中，四川无一人也。至第二次，仅有四川某会名目，有一二代表人，而其人不过薄志弱行之青年，聊以备员而已。所以如此者，由于蜀人对于此举无甚热诚，不过苦于请愿团之呼，聊举一二人以为应耳。嗟乎，不竭智、不竭诚、不竭力孰有甚于蜀人哉！嗟嗟是有故。蜀人近来虽贴服拳屈于暴恣官威之下，而隐然有负固气，居恒腼然言独立，不乐与外省交，一似以外省为外邦也者。悲夫，此蜀人之陋，由来已久，不谓于今之世犹及见之。夫蜀而欲进化也，则无人不当先具独立气，以革旧污；以蜀之士而欲进化也，亦不可不励独立气，以言自治。虽然我国今日当言统一，万不可言分析。惯言分邦独立以自快者，是昧于今之大势者也。且独立者必善群，不善群者必不善独立者也。今之大势，无海不可以立国。且即以国内论，他省皆亡，蜀能幸而独立乎？吾愿蜀人痛自猛省，常运心目于全国及世界，毋为夜郎之续也。蜀人以是之故，故他省人对于请愿速开国会，热度极高，颇有竭诚竭智竭力者，而以蜀人冷落之故，故请愿之力犹薄弱而未有故。虽然，既往者不必追，而将来者正可竭力，今日者正吾蜀人奋兴以从各省有志者奔走立宪，或助之势力，或鼓吹舆论，以冀国会速开，以改革一切，不可一日缓之时也。

且夫我国今日望真善之立宪政治也，较他国为易。何也？我先帝有求真善立宪政治之明诏，今上虽在冲龄，而摄政王有奉先帝明诏而行之真诚。此实我国民无上之奉，而千载一遇之时也。非若欧西各国之初立宪也，必待杀人盈野、杀人盈城之后，而后真善之立宪乃见。要之，立宪事业，为发达自由民权之事业，而国民之事业也。国民多竭一分诚，多竭一分智，多竭一分力，则立宪政治真善之量自多一分；早竭一日诚，早竭一日智，早竭一日力，则立宪政治真善之量亦早多一分。是故国民之诚也、智也、力也，购国会及发达自由民权之代价也。不然，惟日袖手痛国事之危急、官吏之横暴、权贵之贪婪者，是惟知忧国之民，而终无济于国之民也。

且今日而将致忠敬于君国也，莫若致力于立宪。何也？真善之立宪政治不早见行，则国将危亡，而君将为亡国之君，以步朝先王之后。真善立宪政治之早见行也，致国于盘石之安，致君为英国之君，为日本之君，与国无终极，与天壤以俱长，则今日而言忠敬君国之道，当无良于此。彼夫今之权贵及尾大不掉之疆臣，耳不能听远，目不能视远，心不能虑远，惟营营逐逐以偷取一时富贵，不顾国事之危亡，对于立宪貌不敢不从，而心实恋恋于制权之便其私，而尝以反民之好恶为能事，以妇寺之道尽于君，而阴阻立宪之进行者，是皆不忠敬于先帝及今上之贼臣，而在盛世当罹不忠敬之诛者也。若辈虽欲亡中国，而我为中国国民者，必不忍使之亡。我中国国民于近日，惟当致力于立宪，以致忠敬于君国而已。

惟夫以蜀人而欲竭诚竭智竭力于立宪，其道将何由？无他，立宪国民不可不具立宪国民之资格者是也。立宪之国民，不可不智，不可不强，不可不道德。苟多能是，则真善之立宪政治不难而成。试观蜀人士，具立宪国民之资格者，有几何人哉？蜀距京师远，官蜀之疆吏及其各官属，没恣肆无上之威炎，故蜀人呼总督为海外天子。生于如是政体下之一般人，乌足言有智力德之士哉！尝闻蜀之显绅某某，以承当道之颦笑为无上之荣幸，其它则又何说。故夫今日蜀人痛湔旧污，自立自尊，义则为之，不义则虽死弗为，此当为蜀人言道德第一着手处。至于世人谓亡国之民多嗜利，而谓蜀人尤嗜利，然否虽不可知，要之蜀人处四塞之中，生惟知嗜利为乐，国亡灭种，不甚关心，或非过语。证以故蜀人去嗜利之恶根性，而能知耻，则其它之道德，庶几可言。至于智，必待多闻多见而后智，蜀人若不打破所以负固之险，以观世界之云诡波谲，而知盛衰强弱之故，以制于机先，则井蛙之讥，实未易免。若夫民力，必待集而后大，必待结而后坚。立宪国中所以有伟大之政党，克改良政治者，由其志同意合，集之大，结之坚而已。民智也，民力也，民德也，是三者必待教育训练而后兴。以越王勾践言教育、言训练，其有成功，犹待二十余年，矧以今之中国，大于昔之越数十倍者乎，借有数十越王勾践其人者起，收效犹在二十余年后也。然则今日言速开国会，其收效不戛戛乎难哉！然今日所以望速开国会者，在以全国草野中方今有数之英才，易当世肉食诸公之腐朽，支柱残局，而上尽忠敬于先帝及今上，下以开万世无疆之休业，以待后之人。逮教育训练之既成，英才无数，随在皆材，则上承无疆之休业，发挥而光大之，以对于天下，以告诸先帝之灵。《书》曰："弗求胡获，弗虑胡成"；又曰："时哉弗可失。"蜀人诚有竭诚竭智竭力于立宪政治者乎，恐不外是已！

白坚：《论蜀人由当今竭诚竭智竭力于立宪》，《蜀报》第四期，宣统二年九月朔日出版

流年之慨

今非宣统三年乎？吾发此间，意人人必怪而诧之，喟二年之次为三年，犹乎元年之次为二年，发序迁流，无预人事。然则宣统三年何足慨者，于是冠服而贺犹往年，羔酒而嬉亦犹往年。磋乎！吾非为宣统三年之足慨也。吾国言变法以来，上与下互为因循偷敝。曾几何时，遂已至于宣统三年，循此而因循偷敝一如往年，而日月之逝亦一如往年之速，则滋可慨矣，吾试言之。

今如两曹竞马，吾马日驰百里，敌马亦日驰百里，则敌马驰辔之时，吾马亦弛辔，吾无惧也。又如两人共学，彼三年卒业，吾亦三年卒业，则彼人受领证书之日，亦吾受领证书之日，吾无惧也。同一日月，以同一境地之人视之，则其舒

促无不同固矣。反是而境地不同，其视日月之舒促既不能无异，而感觉刺激亦由以悬殊。在彼未来之日月，皆至愉快之日月，则惟恐来日之遥远，在我未来之日月，皆益即于愁苦之日月，则惟恐来日之逼进。即是以思吾人未来之日月，其为愉快者耶？愁苦者耶？此吾所为欷歔而不能已也。

以吾人立于国际之地而观，则列强与吾为对者也。吾国文化早开，政治学术极炫烂于周秦。其时夐非各酋所敢望顾。嗣是而流案衍，而东西各国乃突飞猛骤，骎骎度出吾前。盖其三百年间之进步，实倍蓰于吾二千年之竭蹶。最近百年其速率倍之，最近数十年咄咄与吾相逼，而其速率盖文倍之。至于近日，亟矣，欲以国力相抗，则政府之人材曾不足当其厮仆，而武备尤不堪较量。一有龃龉，在上固惟泥首卑词以俄延为至计，在下亦惟以口血墨泪，朝争废约，夕议抵制外货而已，无复他策，亦不敢有他策。夫人之为攻者日百其方，而守者终年不能增一，具以此比例，列强愈趋于得意之日，即吾人日趋于失意之日。最后，且为彼拔帜树帜，而吾人欲哭无地之日。今非宣统三年乎？其去最后之日尚复几许？吾不敢为不祥之预计，然而比去年更近可断言也。读者试溯甲午庚子以来，内力递减，外力递增之成迹，当自知之，无烦称引。比者日俄横行于东三省，彼都人士，截指断臂，呼救号惨之见于报纸者，且如麻矣。英人驻兵片马，以逼滇藏边境，滇省飞电告急，其影响且及于四川矣。此皆近一两月间事，以后更不知若何。要之来日大难，吾言必不妄尔。

以吾人立于国民之地而观，则政府其与吾为对者也。朝廷圣明，树国根本，公庶政于舆论。而吾人所希望于国之万一不亡者，亦惟此舆论政治，其辅弼而实行之，则当今政府之责也（责任内阁未成，本无正确之政府，兹姑喟执政诸臣耳）。彼政府者，变法以后，视变法以前，其以专制为私利之宗旨，固未有改。宜不以舆论政治为便，然有煌煌圣渝在，不能不虚与委蛇，予其名，夺其实，上以欺朝廷而逃谯责，下以愚国民而免聒噪。固优然有游刃之地。况其心更有深焉者，欲求私利专制之巩固，必不可不以舆论政治之罪恶为证。以假借之者，即其用以倾陷之者。其假借之，则阳摧阴折，使不能举其实也，其倾陷之，则即以摧折之结果而不能举其实为国民之罪状也。若是者，宣统元年一试之于谘议局，以宪政编查馆与督抚一气相应，曲解章程以扼之，捏造黑白以劾之，其成效可睹也。宣统二年，再试之于京师资政院，利用军机处与编查馆之地位，遇事梗沮于中，而风示无心肝、无廉耻之人诋諆于外，其效又可睹也。独所未试者，国民最终希望，独一无二之国会而已。更以此术试之国会而验，则主张舆论政治者，可以心灰望绝，口关气尽，不复枝拒，而诸公巩固私利专制之政策告成功焉。而今非宣统三年乎？去诏定开国会之期仅隔一年，将来国民能否举其实以监督政府，固当决于吾国民之能力，然政府则早以第二资政院待之无疑也。真国会者，所以形成一种舆论政治，救国者也。假国会者，政府之所以验其术，亡国者也。政府方日幸假国会之一试而其术验。万一其果验耶，斯时国民无复改良政治之途，蕲国不亡，尚有何求？吾不能下转语矣。吾惟恶夫亡国，而恨真国会之不速开。吾故惧夫亡国之假国会之逼人来也。然而近矣，近矣，事且奈何？

以吾人立于个人之地而观，则生命财产之贼害，其与吾对者也。生命财产之贼害，为道不一。而最近切者，则以财产之穷，危及生命，比年捐税锐加，实业萎败，岁丰而困于追逋，中富而落为蓬筚，巨商而不免僵仆，吾人所目及耳熟者，不烦屡数。要言之，则下之所生产者，岁不能增百一，而上之所诛取者，岁不止进什一。新事业之获成于国人者，累年不数见，而外人之直营实业于我土者，几日有所闻。吾盖每一度岁，听爆竹声，观市上醉人，辄有不如去年之感。财产之枯竭，由来盖久矣，今非又越宣统二年，而为宣统三年乎？循是递降，一如往年。生产事业不以尺寸进，而国费之悉索及外力之剥蚀，且十驾而未有已。吾惧吾全国人之末日，将由资本家而尽夷为劳力，而尽化为沟瘠，有求如犹太富人而不得者。彼窃盗剽略之起于生计问题者，犹细矣，况蜀人言蜀，禁烟尚未净，民间已损失逾千万金，无物可以抵补。而铁路公司之血资被销化于上海者，又二百余万。此皆去年窘于前年之大纪念。而今年之必窘于去年，抑可预卜。磋磋，芸芸之生，岂能寿于金石，而所以贼害其生命财产者，乃日以加厉焉。兹不能不玩流光而念前途者也。

虽然，吾为此论，盖极言吾人处境之岌□，心所谓危，不敢不告。非恫惕之词，又非使人灰心绝望之谓也。吾固日积前此数十年之因循偷敝以至今日，则方来长之愁苦日月，悉为前此因循偷敝所造可知也。同此日月，遭之者或以愁苦焉，或以愉快焉。

非日月之为愁苦愉快，而人之自为愁苦愉快又可知也。向或不意其以愁苦者，如斯其剧，姑谓因循偷敝为可安，今则宜已知之矣。弃愉快而就愁苦，无此人情。仍因循偷敝之习，而欲免将来之愁苦，又无此事理。然则吾国人欲何道之从乎？

夫亡国之惨，非草茅所独戒也。专制之威，非终古所能容也。而吾国历史之宿旧，土地人民之广大众多，又实有执世界牛耳之资格，非越南、琉球、朝鲜之在东亚者可比。则夫外竞非不可能也，内政非不可饬也，贫死非不可振也， 惟上下皆因循偷敝，认危为安，故一切利害皆懵，而一切败征皆至。今诚一旦悔之，贤者致其奋，不贤者革其心，尽涤荡因循偷漏之旧，而事事必期于其真，政府则为真政府，官吏则为真官吏，军人则为真军人，议员则为真议员，政党则为真政党，教育家则为真教育家，实业家则为真实业家。如是则国会成立之日，即舆论政治实现之日，即吾人去愁苦即愉快之日。正幸其计年只屈两指耳，于流年乎何慨，而更何绝望灰心之有？或问矫因循偷敝而底于真，所谓真者云何？曰此其说甚长，简言之，尸其名而不心其实，借其号而因以为利，据其地而不备其才，皆非真也。知其非真，即知所谓真。往者不可谏，来者犹可追。愿与吾国人共勉之，自宣统三年始矣。

《广益丛报》第九年第五期，“粹论”，宣统三年三月初十日出版

蜀人之世界观

云何为世界观？即谛审世界已然之成迹，将来之朕兆及今大势之趋向，而构成中心之观念是也。

以人类政权之所及为界，而区立于界者则为国。国者，世界全体之一部，缘是而有国家观。国家观者，世界观全体之一部也。

区立于一国者，国各异名，而吾国名曰省。省之对于世界，即理论上属概念与类概念之关系也。易言之，即国直接而省间接也，其范围小而其提撕切。故吾舍国人之世界观而论蜀人之世界观。

以何因缘而造此论？曰：天下事发动于全体者，恒波及于一部。比例言之，一人立于一群，一群俱有之情状，一人莫能独异也。然则世界具有之情状，一国何能独避，隶于一国者又何能独避也？不观吾国，再次之赔款乎，肇事者非蜀人，而蜀人何尝免责偿也？不观通商之局乎？条约言国际通商，而吾渝、万乃入指定之域也。循斯以谈，吾蜀不得离于世界之关系审矣。然则吾人言爱国者固不可无世界观，即言爱乡者又可安无世界观。今且详陈无是观者之害也。

西谚不云乎，知识即权力。贤豪之所以甲于庸众，文明之所以优于野者，以其富于知识也。然究知识所由生，有生于经验者，而强半生于学术。学术者，知人之利器而增人以幸福者也。承学之士，其具世界观者，发明著述之效，恒匡夺造化之功，而变更世界之局。是故汽机之用明而言交通者，等千里于咫尺，飞艇之制出而谈军事者，弃海陆而航空（近今国际法学者于飞艇航空一事已大加研究，将来国际法之条例恐不免大有增改也）。科学者流，尝言经济无国界，空气无国界，不知学术尤为无国界也。故西人之修学者，恒合世界以为研几。其创立之原则原理，必推诸四海而皆准者。以故今之世界，卒为西欧文明所弥漫，非无自也。证之吾国则如何？十年以还，言学问者，国民与国家之关系且蚩蚩罔知，而何有于世界？其志学者，以之为干禄之具耳。既得所欲，斯弃其学。间有沈笃之士，穷年伏案，不骛声华。然其钻研不过嚼前人之糟粕。汩心灵于拘虚，求其心彻八荒，识含宇宙，能以其说诱通人知，增益利用者，殆希其俦。驯至今日形上形下之学，几靡不则法异邦，借材异地，国人知识因之囿焉。而他人乃挟其知力之锋以临我，而披靡一切矣。此言无世界观者之害于学术。

人知递进，旧局斯更。古以民为国之附属者，今乃以民为国之主体。两纪以来，环顾全球，几无复容专制国之余迹，斯亦世变之极可垂意者也。纵观世界大势，立宪之潮几如悬岩滚石，激湍下流，不可遏止。英以顺其势而昌，法以逆其流而乱，日以迎其机而胜，俄以反其道而败。苛具世界观者，岂不曰人皆从同而吾何独异，人皆独盛而吾胡独乐亡。因势利导，诚易为功耳。乃吾国人惟昧于此，亲睹他人富强之规，不思趋步，犹借口于殊俗异政，未可强同，以猜嫌之私衷，背世界之大道，国政之改革始梗于冥顽，继蔽于疑忌，终失于因循。卒之，势不可回，乃思变革，穷无所适，始议良规，而国家已受无量之损失，岌岌不可终日矣。此言无世界观者之害于政治。

人不可离群独存也，斯有社交；国不能别世而孤立也，斯有外交。外交之得失，一国之荣辱。盛衰兴亡所由系也。是故外交之结局，必其利害伴之。无利害相伴之外交，方今殆不多见也，然利害不并立，利于此必害于彼。其事小者，尚无国本动摇之虞；其事大者，则前所谓荣辱盛衰兴亡之关系必不得免焉。具世界观者，必能详审邦国之向背，熟权彼我之情隐，操纵有其妙用，离合先具成谋。孙子云：知己知彼，百战百胜。外交亦正尔也。遵斯旨而奏功者，前则有德之俾士麦，近则有日本之联英。而吾国古代之策士，如苏秦、张仪辈，游说所以能动人主者，亦以透达当时之情势，故言之亲切而入听。此亦可谓有当时之世界观矣。而回溯吾国外交之所以多失败者，则由昧于世界之大势，以故海通之初，不识西欧诸国为何物者。其时主义惟知有我，其失也过刚。夫触接渐多，情见势绌，则又震于外人之势力，不知有我，其失也过柔。是故甲以威胁则屈于甲，乙以利诱又惑于乙。人知争欲得我，因不知也；人之协以谋我，亦不觉也。不立于主动，而惟立于被动，且于外交之动机，又仅图了一事即少一事。于己国之权力罔惜焉，于对世界之关系罔察焉。驯至他人自由行动，且不屑与我言外交，而吾国乃真不国也。此言无世界观之害于外交。

今世富国之术，商居一焉。盖平均各地之有无，流通世界之金钱，补助人生之便利者。实无过于商也。故近今言商业者，匪惟限于内国已也，犹岌岌于外国贸易之讲求焉。诚以吸取他国之财以自富，舍商莫由也。是故英人惟擅商业，遂使国旗遍大地。吾国自古贱商，故致今日之贫弱。居今日而言，富国不可舍商，而言商必不可无世界观。商之具是观者，则于各地之供求，备极考究，他邦之习惯，详细讲求，全球金融之消息，尤能探赜而索隐。故能察盈虚之宜，擅垄断之利。而吾国商贾，惟以昧于此观之故，故言乎商行，则惟蹈常习，故不欲图新。言乎商品，则惟贩销外货，不谋抵制。以致入口之货日多，出口之财日夥，全国生计益陷悲观，而商人惟仰外商之唾余，争尺寸之末利而已矣。故中国明达之士，莫不谓循兹不变，则外人悉成资本家，而国人悉成劳动者。及履斯境，则吾国即不亡于瓜分，亦将亡于生计。诚哉，民生之不易，来日之大难也。此言无世界观之害于商业。

右方所陈，盖举吾国以为蜀例耳。然蜀之对于国，有莫能外之诣焉。国所有之弊，吾蜀其能独免耶？然以迩者风气渐通，江海诸邻，先达之俊，具是观者，尚不乏人。惟蜀以受地理上之限制，事事让人先鞭，而自居于殿，即全国近今之情状，犹有瞀然罔知者。然则语蜀人世界观，直言之曰缺乏而已矣。

于何征之？于今社会之心理征之。默察吾蜀人之心理，则其较著者，欲速见小之念也，趋利忘义之念也，偷惰酣嬉之念也，结党营私之念也。妄念若是其纷繁，以寡不敌众之理推之，彼世界观者，不过中心诸念之一耳。道高一尺，而魔高一丈。踽凉之世界观，宜乎其无以自存也。

夫意念者，行为之准则也。蜀人世界观之缺乏，而妄念之繁昌若此，故言乎政界商界之情状，莫能逃于国有之弊也。而一般学子，则又进取情殷，急于小就，来学之意非求入官，即归而谋利耳。求其高识远志，思以学术补助国家，且对于世界之思潮谋攫一席者，殆难其选。而一般上流，又率精于杨氏之学，目光所及，一乡一邑而止耳。其进焉者，一省而止耳，于世界也何有？是故他国小学儿童，叩以某国何人为政治家，何人为外交家，何人为学术家，物产以何国为最富，学术以何国为最优，生人以何者为最切，颇有能举其大概者，而吾蜀人或贸然也。此而谓其有世界观，恶可饰也。

夫吾人不能离世界之关系也若此，而世界观之薄弱也又若此，是不可不亟亟养成之也。然养成之道将何由？曰：昔日本之维新也，其天皇下诏，曰：广求知识于世界。年来其国人之外交门面语，辄曰维持世界之平和。至其国学者于世界之情状，尤为殚精极思，设立学会以详细讲求，提倡旅行以实施考究，发布报告（如报章之类）以昭宣耳目。故凡中国、欧美之新事新学，其国人无不知之闻之而注意及之。惟其国人皆有世界观，故能与世界强国并驱，而使其国于世界之位置亦极稳固也。然则吾蜀人欲求有是观，亦师其事而已。

或言蜀人于国家观尚不尽备，不此之倡，何骛远为？曰：若吾国犹仍古昔独立坐大之局，则仅言国家观可也。今者，吾国方且入于世界竞争之湍流而莫能自外，苟非先明世界之大势，则其国对于世界之关系，亦莫得而明。即欲强国，亦恐昧其道。十年前北方排外之举（即庚子之役），何尝非激于爱国之诚？卒之，爱国未能，而祸国且至巨者，则以缺于世界观，黯于中国于世界之情势，故祸延至今（人民担负赔款至今未释），且遗世界以野蛮之诮也。是故无世界观者，则其国家观不完，此即理论上之理法。一端不可以概全体，而全体则可以含一端也。故吾人之言世界观，亦提倡爱国输入国家观之一道也。

沈宗元：《蜀人之世界观》，《广益丛报》第九年第六期，“粹论”，宣统三年三月二十日出版

外务部为国民公敌

世界交通，国际之关系日益繁重，于是设一总机关以当世界万国交涉之冲，是之谓外务部。

外务部者，代表国家人民，所以为国家人民保障权力不为外人所攘夺者也。断未有有外务部而反为国民之障碍。不独为国民之障碍，而且卖国殃民，大为国民之公敌者，有之，自中国之外务部始。

中国自设总理衙门以来，凡关于外交，有一事能制胜于他国者乎？无有也。有一事不贻笑于世界乎？无有也。是有外务部如无外务部。

然而犹有说谓开放门户之时,国民同一无世界之知识,不能以此责外交官也。

虽然外交官无世界之眼光，无国际之学识，骤与外人相遇，其权利多丧于冥漠之中而不觉，然其心甚可谅，无怪焉矣。吾所怪者，怪乎无心肝之卖国奴，利用外交之地位，甘为外人所贿通，为虎作伥，引狼入室，以致外人借吾国外交机关为护符，步步与吾民为难，而莫知所挽救也。是有外务部不如无外务部。

然而犹有说谓中国人无爱国心，世界久有此恶评。外交官同一未受国民教育，其爱国心既已薄弱，而又无国民以监督之，其不为外人贿通，以为卖国奴者几希。独不意时至今日，国民权利思想既已发达，责望外交官者，亦日严一日。而此蟊贼仍公然充斥于外交界，不观之福公司卖煤一案乎？英商白来喜，为卖煤续约事挟赀二十七万金，贿通豫省官场及外务部，杨敬宸以交涉局委员之资格，身负其责与英商续约，独得金十五万。

杨敬宸丧心病狂，甘为国民公敌，狗彘且不食其肉，吾无责焉。吾独怪乎今

日之外务部，丞参上行走曾某，司员韩某，非皆外务部人员耶？因得白来喜贿金，对于福公司一案，出死力以与国民抵抗，张皇英人势力恐吓代表，又电嘱豫抚毋听绅民之言。曾、韩皆河南人，反抗乡情，违背公理，甘为外人买收，弃桑梓而不顾。是曾、韩二贼，不与杨贼骈戮于市，以警将来，不足以泄吾民之愤也。

然曾、韩不过外务部人员也，吾犹无责焉，吾独不能不怪梁敦彦。

梁敦彦非外务部尚书，掌外交上最高之权耶？福公司案出，惩办杨、韩、曾三贼，而主张续约之无效可也。乃计不出此，听信属员之邪说，敢与国民反抗，且为说帖以袒外人，此何为耶？闻说帖出，张中堂、世中堂、那中堂皆反对之，而梁敦彦遂不得逞。不然豫省民气，几何不为梁敦彦摧挫殆尽也。

噫，铜官山矿案，外务部不知积极主张，以杜绝外人觊觎，而福公司案又复颠倒至是，吾国之有外务部，是吾国之不幸也。一叹。

《广益丛报》第七年二十一期，“萃评”，宣统元年八月二十日出版

论谘议局不当受制于督抚

谘议局闭会久矣。回溯四十余日之会期中，各省所提议事件，固有深切于民生者，亦有沿模棱委蛇之习，不敢显与官吏立异者。大抵各直省之风气不齐，而议员才识之优劣因之。国民之希望于议会也至深，故失望者多而满意者寡。然当草昧经营之初，原不能逮责以尽善。但能选举得人，权限确立，需以岁月，终必达其蕲向，与东西各国之议会并抗颜行。唯有一事焉，实不足以为训而亟当改革者，则谘议局必受节制于督抚是已。前闻李阁学家驹首先抗议，谓其不合法理。然则中朝士大夫，并非不知此中之利病者。李阁学既已见及于此，固当汲汲焉驳辩而改正之。民生舒蹙之机，吏治良楛之别，皆将于此待决焉，未可轻为细事而忽之也。

议会，议政者也，而督抚，则行政者也。系统本非同出一原，而责任又判然

两事，乌得以彼驭此而任其相侵越相牵制哉？是故议会对国民而负责任者也，行政之有司又对议会而负责任者也。以议会监督官吏则闻之矣，以官吏而监督议会则吾未之前闻也。三权鼎立之说，吾国之言治者大抵奉为金科玉律。近儒某氏始辨其误，尝历引英伦现行制度，以证其说，谓行政可兼议政，而议政不能有加于行政。然此第论其权限之广狭，非谓其体制之得相临制也。即以吾国官制证之，御史一官任言责而兼称执法，其性质殆兼议政司法而备有之。不过不成文之法律，未及正其名尔。然御史给事秩虽五品，而上与宰相钧礼，无论何衙门，胥不得以加其上，盖所以作敢言之气而坚守法之思者。非此不能脱行政长官之羁绊也。夫行政者见诸实事，故权力最易扩张。议政者仅托空言，故范围最易缩减，当筚路蓝缕之初，必为之稍留余地而去其惮权畏祸之心，得以专心民事，无所趋避。若遽挟无限之强权束缚而驰骤之，茶茶然一线之生机，其能堪旦旦之侵伐乎？朝廷而惟欲摧夷民气也，则如此谘议局不设岂不甚善？若犹有抒情宣德之思乎，则所以扶植议会之初基者，固不可操切以从事矣。

如今日现行之制，谘议局既受节制于督抚，则资政院与国会亦当受节制于政府，而后内外一律不致相歧。西人之于议会也，不名之曰议政部，而谓之曰立法部，诚以议政犹毗于虚，而立法实征诸实也。夫立法必期遵守，守之者谁？实行政之官吏耳。苟议会而受成于官吏，则所立之法，尚能冀官吏之奉行耶？吾国二千年来以官权为治，士民之视官吏也，几几如神明之不可犯，朝廷苟非疾官权之敝，何必用谘议局为？既为立谘议局矣，而仍以督抚节制之，其贤者则一筹莫展，徒尸位以求容；其不肖者则且趋奉疆臣之意旨，为之效鹰犬以鱼肉小民。是岂惟有名无实而已，而天下之祸乱且将更有不堪言者。此岂朝廷厉行宪政之初心耶？即以今日现行之事论之，凡地方大事之当兴革者，业经谘议局员询谋佥同而为表决之议案矣。然试问提议之初衷，将仅发为空言而遂已耶，抑必见诸行事而后快也？倘使议决之案竟不能得督抚之同意者，果有术焉以必其降心相从乎？又使所议者有碍于疆臣之权力，竟举其议决之案而驳斥之，果有权焉以争最终之胜利乎？属吏之于上官也，往往十上十驳，而倔强之士，终能据理力争，不肯少屈。上官之权力能取其人而参劾之，不能举其官而废之也。若谘议局则何有焉？议事一不当大府意，直可举其议会而解散之矣。然则是谘议局者，其权限之缩小，乃并不如一府厅州县之地方官也。民间糜巨万之金钱，掷宝贵之岁月，以从事于选举调查，而其效果乃仅如是而已耶？李阁学能见及此，此真吾民莫大之幸。所望有代表国民之责者，同心合力以争之。争而不得，则宁废谘议局不设，而决不可俯首下心以受疆臣之挟制。必如是，而宪政始可望实行。必如是，而秕政始可期尽去。吾国民其果有是能力否也？

《广益丛报》第八年第七期，宣统二年四月初一日出版

论国民不可放弃应有之责任

专制国之国家，君主私有之国家也；立宪国之国家，君主与人民公共之国家也。故专制之国，其人民但知服从君主，不知所谓义务，安知所谓权利？立宪之国，君主不能强压人民，既责以义务，不能不予以权利，此立宪与专制之异点也。盖立宪国之君主，与人民同为国家一分子。则人民应尽之义务，应享之权利，皆对于国家而言，非对于君主而言也。若介乎义务权利之间，而与君主共同担负者，是为责任。君主之责任，以内阁为代表；人民之责任，以国会为代表。未有无责任之内阁，即未有无责任之国会。内阁未设，则有副署之军机；国会未开，则有代议之资政院。二者固处于对待之地位，不得谓国家专属君主，而非人民所能干预。亭林顾氏有言曰：国家存亡，匹夫有责。盖既具有立宪国民之资格，即应负立宪国民之责任。放弃其责任，即为丧失其资格。责任维何？大纲有二，请分析言之。

一为关于政治上之责任。盖国民既有国家观念，不可不养成政治能力，以为国家之后援。此责任之对于全部分而言者也。而能力之厚薄，即由此觇焉。试列其要素如左：

（甲）协定要法。宪法者，全国人民之所托命者也。查世界立宪各国，有钦定宪法，有议院宪法。钦定宪法者，君主立宪国之宪法，如德、日等国是也。议院宪法者，民主立宪国之宪法，如美、法等国是也。中国采用君主立宪制度，则

所谓议院宪法者，必不适于中国之用。然政府承专制之余，宪政知识素行缺乏。今欲以全国托命之宪法，成于一二大巨之乎，势必以少数人之利益，侵害多数人之利益。即将来议院法、选举法及一切民、刑、商法，其无良好之结果，更在意计之中。吾谓国民乘此宪法未定之时，吁请朝廷除钦派编纂大臣外，所有协纂人员，由政府委派若干，由国民选举若干，公同纂拟。定稿后先付资政院复核，再行刊布，以资国民讨论。俟众议佥同，然后钦定颁行。庶不至借立宪之美名，成专制之恶果。此协定宪法之责任，国民所不可放弃者一也。

（乙）参预外交。外交者，全国利害之所关系者也。查各国外交，未尝不守秘密主义。然除军事以外，均系对付他人之政策，非指本国而言也。若关于本国之土地主权，商业财政及一切交通事业，国民皆有参与之权。政府要以此项条约刊示国民，征求意见。不得国民之承认，政府无擅行签押之权。我国自与外国通商，多一次交涉，即多失一次权利，而被其害者首在国民。论者虽归罪于政府，然皆国民无团结力，无争竞心，有以致之。近年以来，国民迫于交界之激刺，始知国家与人民有密切之关系。于是集合团体，共筹对外之方针。而政府犹复挟其媚外之见，以箝制国民。遂至大局糜烂而不可收拾。令东三省、蒙古、新疆及滇桂等省，纷纷告警。国民鉴于危亡之惨，奔走号呼，共谋抵制，乃政府仍守其秘密宗旨，不令人知。岂谓国家之事，与国民无所干涉乎？不知外交条约签押之权，虽在政府，遵守之权，实在国民。吾谓国民对于一切交涉，有关于国家成败安危与国民生命财产者，宜要求政府将条约先行宣布，否则国民必不承认。如他国出以强硬手段，国民亦可出其死力，以为政府之后援。全国存亡，在此一举。此参预外交之责任，国民所不可放弃者，又其一也。

（丙）监督财政。财政者，全国之命脉所由寄也。我国财政之纷乱，积弊相承，至今日已达极点。内而京师，外而各省，凡一切中饱、侵挪、浮收、滥用之弊，几至不可究诘。此皆由官吏专恣太甚，无议会以监督之也。自京师资政院各省谘议局先后成立，于是有办理预算之举。以资政院核议全国预算，以谘议局核议全省预算，不可谓非清理财政之一大关键矣。然但有核议之权，而无行监督之权，则所谓中饱侵挪，浮收滥用之弊，终不能除。此弊不除，财政万无清理之日。吾谓自今以往，国民宜援立宪国之通例，非但预算之案，一经议会通过，必须按照施行。即关于租税、公债、银行、币制以及官场一切收支等事，凡应归国民担负，应得国民信用者，均当予以监督之权，而后旧时积弊，可以一扫而空。此监督财政之责任，国民所不可放弃者，又其一也。

（丁）组织政党。政党者，全国之政治所由生也。中国素来习惯不许人民立党，而汉、宋、明之党祸，可为殷鉴。自各国实行立宪，而政党之名因之发现，有所谓自由党者，有所谓进步党者，又有所谓平和党者。党派之竞争愈烈，政治之进化愈速。故政见虽各不同，其有造于国家则一也。我国宪政尚在萌芽，民智究形薄弱，而政府复狃于专政旧习，惧国民权力之伸张。凡遇结社集会，种种不便于官者，方且从而箝束之，解散更之，何敢公然立党乎。不知世界立宪各国，内阁大臣之进退，议院势力之消长，无不视政党为枢纽。今我国内阁现已成立，国会召集之期亦已不远。吾谓国民宜乘此时机，集合全国政治家，组织一强有力之政党，以与政府相周旋，以为国会之后助。于宪政之进行，所关非钱。此组织政党之责任，国民所不可放弃者，又其一也。

一为关于社会上之责任。盖国民既有国家思想，不可不增进社会程度，以为国家之辅助。此责任之对于一部分而言者也，而程度之高下，即由此定焉。更列其条目如左：

（甲）改良自治。自治者，所以补官治之不逮也。昔人谓王化始于一乡，日本市町村制，虽取泰西，实与古时乡社之义，隐相吻合。知宪政之成，必以地方自治为起点。我国人民困于专制政体之下数千年矣，但知受制于官，不知自治为何物。自预备立宪以来，各省设立自治局，以为提倡，各州县分设自治会，以为辅助。于是城乡议事、董事等会相继成立，绅民亦稍知讲求法政，以储选民资格。乃各省、州、县往往因选举议员屡起诉讼，而奸绅劣董亦复假自治之名，敛财肥己。遂使苛捐激变之事，时有所闻。若不亟予改良，恐自治前途，必多梗阻，其影响于国家者甚大。此国民不可放弃责任者，自治其一也。

（乙）普及教育。教育者，所以助文明之导线也。世界各国无不注意教育，而尤以国民教育为发轫之基。普之胜法，俾斯麦谓为小学之功，殆非虚语。故欲普及教育，必自推广小学始；欲推广小学，必自改良私塾始。我国自停废科举以来，各处大、中、小学堂接踵而起。而教育终难普及者，一因官绅办理失宜，二因学堂经费太滥，三因内地风气未开。有此原因，遂生种种之阻力。吾谓欲求普及，官办不如绅办，绅办不如民办。以改良私塾为起点，以推广小学为要图，合全国人民之力，皆注意于教育一途，而谓教育不能普及者，吾不信也。此国民之不可放弃责任者，教育其一也。

（丙）注重实业。实业者，所以谋人民之生计也。欧美各国有以商业立国者，英、荷等国是也；有以工业立国者，德、比等国是也；有以农业立国者，南北美洲是也。而实业则为农、工、商之母。今中国物产之富，甲于全球。而农日益惰，工日益窳，商日益疲，反落他人之后者，则以国民但知拘守，不能讲求实业之故也。近虽特设农工商部以为倡导，各省复设劝业道并各项工业学堂、农林学堂、水产学堂、蚕业学堂，以及工艺局所与劝业博览会，为推广实业之先声，然大多出自官办，未能普及贫民。故谓之与民争利则可，谓之与民生利则未见其可也。吾谓国民欲保生计，当合群力以兴实业，仿美国托辣斯之例，各业组织一大公司，并分立各小公司，通力合作，共同研究，以期精益求精。将从前猜忌倾轧之风，铲除净尽，安见吾国实业不能媲美泰西乎？此国民之不可放弃责任者，实业又其一也。

（丁）推广公益。公益者，所以保公众之安宁也。各国人民无不忘利而务公德，无论一乡一市，大都争出其私财以举办慈善事业，如医院、义塾、贫民院、养老院、孤儿院等，以谋地方之治安，以增人类之幸福。我国虽又有各项善堂及官医院等类，然皆系官绅经办。往往借善举之书词，以快其个人之私计。即间有实事求是，亦以限于经费，不能逐渐扩充。其能以民力举办者，则更绝无而仅有矣。此无他，以国民公德之缺乏也。即以上年鼠疫而论，因我国各地方素无此项防疫医院，不能预筹防范之方，以致南北蔓延，一发而不可收拾。虽临时赶设防疫公所，筹办防疫事宜，然十万生灵，业已再生无术。吾谓国民为个人之生命计，为一方之祸福计，当群以公益为己任。富者出资，贫者出力，以推广各项善举，亦立宪国民应尽之义务也。此国民之不可放弃责任者，公益又其一也。

以上两大纲，一则对于国家全部分而言，所谓关于政治上之责任也；一则对于国家一部分而言，所谓关于社会上之责任也。若复狃于习惯，不以国事为己事，而甘心放弃焉，岂不自失其立宪国民之资格哉。

《论国民不可放弃应有之责任》，《广益丛报》第九年第九期，“粹论”，宣统三年四月二十日出版

四川谘议局议长、保路同志会会长蒲殿俊告川人请停止战斗文

不肖等无德无才，徒以侧身国民之数，常欲为国家、为地方勉谋公益，遂为我全川伯叔兄弟所不弃。比因争路破约一事，与我伯叔兄弟，共持正理，共矢热忱，知进而不知退，遂有七月十五日之祸。当不肖等被难之时，自问理直义正，心迹无他，遭此奇变，未当不胸怀愤闷，恨恨于一身之屈辱。从此幽闭深室，与我伯叔兄弟闻问断绝。荏苒七十日，固已摒死生于度外，置理乱于不闻。

然犹以为遭祸者，特不肖等少数人，而我全川伯叔兄弟，固安堵无恙也。呜呼，痛哉！孰意不肖等幸获生还，而此七十日中，我伯叔兄弟以不肖等受冤之故，慷慨赴义，牵率辗转而受祸者，已不可纪极。今二三日，再履人世，粗访成迹，知我伯叔兄弟，死者断脰暴尸，存者流难颠沛，而祸患日长，且不知流极所届。呜呼，痛哉！不肖等何足云冤，我伯叔兄弟之冤，乃千万倍于不肖等，不肖等数人不冤，而我伯叔兄弟，乃因不肖等而相率受祸；且多有一瞑不再视者，则我伯叔兄弟之受冤，竟为苦不堪言矣！

一念及此，恨不即死以谢我伯叔兄弟，且知虽万死犹不足以对我伯叔兄弟，复何心肝，复何面目，偷容视息于此苦恼伤心之世界哉。惟思此身一日未死，皆我伯叔兄弟所赐，即皆我伯叔兄弟灵爽所凭，与其浪掷而死，不如仍为我伯叔兄弟尽力而生。虽不足妄言报称，庶几得自减罪戾于万一。且我伯叔兄弟，不欲不肖等冤死之心，亦未必不在于此也。

不肖等今日所哀告于我伯叔兄弟者：窃谓祸毒不可以再延；大局不可以再坏；当初之宗旨，不可以不回头；此后之幸福，不可以不自惜。何则，保路同志会之创立，非徒快意气也，盖以合同失败，路权授人，则国危，而我辈之身家即不可保。其争之也，将以求国势之巩固，及我辈身家之安全也。然则共保其家，实保路同志会之宗旨；而冒险触祸，自置身家于危地，且弃绝将来之幸福，此非同志会之宗旨也。

我伯叔兄弟，所至有今日之举者，盖由所欲不得，迫不得已，非其初即好乱乐祸也。今全川政治上之变动如此其大（借款合同内载明，我国若有政治上之变动，则此约作废），则借款合同当然作废，决不使路为外人所有。然则保路同志会之目的，实已贯彻无阻。现在惟力应返和平，以谋将来之幸福而已。若犹冒进不止，必至使祸毒日延日广，大局日坏日甚，川人身家之灾，愈久亦愈惨，则岂当初之宗旨哉！此不肖等所以哀告我伯叔兄弟，而愿急急回头者也。约既废、路既保，保路同志会之事已完，则斯会可以终止；危身家、害性命，非保路同志会之宗旨，则兵戈亟宜罢休者，此义甚明，我伯叔兄弟不可不熟思而审处之。若夫保路同志会其名，而破家忘身者其实，此道甚误，我伯叔兄弟不可不明辨而慎择之。

至于息事归农，力挽和平之后，官府决不追究既往。此言已屡见诸文告，并曾亲对绅士力矢开诚布公，决无虞诈。若犹虑其空言不足取信，则不肖等愿以幸获之余生，与在省诸先生长者恳求官府，凡我伯叔兄弟所捕者，有如苛捐杂税之剥削，有如刀兵盗贼之骚扰，有如食盬加价之昂贵，举其大不便者悉去之。此外，则遭乱地方钱粮当分别减免；无辜之死亡破家者，当核实赈恤；因乱失业者，当设法安置。凡此种种，必竭其心力所至，次第见诸实行，以为官绅一气，共维大局之券。不肖等一己之恩怨是非，与夫嫌疑诽谤，一切誓不计较，惟期使我四川人得再享和平之福。身可再死，言不能食，我伯叔兄弟，其终可以相信矣。

嗟乎！祸变以来，两月余矣，蔓延者数十邑矣。死者、伤者、鳏者、寡者、匿者、逃者，生命不知凡几矣；劫者、焚者、耗者、弃者、慌者、芜者，财产不知凡几矣！目前正当小春下种之时，若再扩日持久，兵不入库，农不归田，则大兵之后，继以凶年，我全川七千万人之生命财产，岂复尚有孑遗！夫不肖区区数人耳，我伯叔兄弟犹不忍其冤死，岂全川七千万人之生命财产，反不能忍忿息争以全之？我仁慈善良之伯叔兄弟，必不然矣。咽枯泪尽，庶听一言。蒲殿俊、彭棻、颜楷、蒙裁成、罗纶、王铭新、邓可孝、叶茂林、张澜、胡嵘、江三乘。

彭棻：《辛亥逊清政变发源记》，第83—85页，原题：《哀告全川伯叔兄弟》

论宪政馆复陈谘议权限之谬误

异哉宪政馆之迁就于折，而轻轻将谘议局之权限范围立时收束于无形无迹中也。于式枚天下之大不韪，悍然以反对宪政之奏牍屡渎□宸，聪识者目笑之，志士痛恶之，即摄政王亦未尝不心薄之，以为逆大势所趋，违先朝明诏，亦徒以留立宪时代之污点而已。自于式枚鉴于前说之不售，而危词悚听，另以谘议局之权限太广流弊甚大为言，朝廷既不能直斥其非乃不得不折衷，于宪政馆中洞悉政体诸臣以为折服于式枚之根据，然则于折之交议岂果有可以采用之价值哉？庸讵知狂夫之言，一经交议，一经原定章程者之发明，而针孔相符其言胥有美满之效力耶？今试就馆折逐条发明之语，摘要言之，其误点已不胜枚举焉。

一曰关于财政事件。查谘议局原章应办事件项下二三四款，既明许以议决本省岁出入预算决算及税法公债各事宜，则是财政之监察权、租税之承诺权固已包含在内，即揆诸立宪时代开详布公无隐无欺之义，亦不得谓编订章程者之滥予以特权。于式枚不知谘议局为监督财政之初基，而妄加以干预财政一语，宪政馆即阐明原理，痛辟其非，夫亦奚不可者，乃必举国家行政费与国税国债之关系划出于谘议局范围以外，而使之不得与闻，已非令民周知之意。尤其甚者，谓谘议局所议决只有改良增加之事，并无议减之权，而于地方公债一端则又继之以本省之人任本省之债两语，迹其因文生义，一若国家创设此谘议局，将以为议增赋税之机关与认担公债之枢纽，而特借代表舆论四字聒人民之以实利换空名而已。即是以思，乃知于式枚仅虑谘议局之扰其财权，而宪政馆且思借谘议局以扩张财权，其智巧诚高于于式枚而其设心之险毒尤十倍，于力诋立宪之，于式枚矣。以主张宪政之人而若是，吾民之疾苦尚望有一日之克苏乎？

一曰关于立法事件。考各国推行法律，必先由议会通过，可以定实行之期。是议会之有参与立法权，固各立宪国之普通办法也。今谘议局即为议会雏形，尚非正式议院之可以参与立法者比，而本省之单行章程规则既根本于国家法律，即不能谓为无关立法事宜，萃全省议员之才，力心思议决章程规则之增删修改，事件详确讨论，以期法制之美善，以利他日之实行，有益无损。宪政馆又何疑何惧而必曲为推卸者，乃犹闪烁其词曰：范围有限，非所谓参与国家立法之全权，又曰：原奏所称谘议局居然有参与立法权，未免视为范围太广。试由其言以推其意，若以立法权为政府官吏所独有，而不当使人民闻问者然。然宪政馆不肯承认以参与立法权予民，而稽诸原章第二十一条按语，则明明谓六七两款为参与立法事宜，言不由衷，且并前后之矛盾而亦不顾矣。此又宪政馆诸公之强自辩护，而无当于事实者也。

一曰关于执行事件。谘议局为一省之意思机关，仅有发言之权而无实行之力，其所恃以见诸效用者，惟督抚耳。苟谘议局议决可行事件，督抚不与施行，而不能援原章二十七条侵夺权限事例由谘议局呈请资政院核办，则督抚苟非贤明之吏，谘议局行将徒托诸空言。于式枚原奏所称，谘议局与督抚相持上之资政院一节，犹以为谘议局固有呈请核办之权耳。今宪政馆声明侵夺权限一语，专指督抚于议场不许议决而言，非谓议决之后督抚不与实行。即谓之侵夺权限，是督抚即违反舆论，更无从旁强制执行之人，而谘议局亦别无求达目的之路，拥护官权之督抚，伸己抑人，又何所惮而必俯从众议乎？然则自有此委曲迁就之语，而原章按语中所谓保护谘议权限，预防滥用权力者，均消归于无用矣。

一曰关于纠举事件。夫中国国事之坏，坏于营私舞弊之不法官绅，实坏于督抚之任务太繁，辖境太广，徇情太深。苟欲使本省不法官绅怵于耳目之众多，而稍稍自敛其纳贿违法之行为，以致力于事民，则莫若使谘议局分任纠察，以辅督抚闻见所不能周。是原章二十八条规定本省官绅如有纳贿违法等事，准谘议局呈候督抚查办者，固已洞见其要矣。即使俯採舆论，竟畀以实权，而重其权以扫除贪鄙误国之官绅，于政界正多受益，贤明有识之疆吏亦何至以与民争权之故转而袒庇贪戾之官绅乎？于式枚见不及此，而致虑于督抚与谘议局权力轻重悬殊，隐以为不肖官绅之护符，显以张各省督抚之势力，其立言之谬妄固不待智者而始见也。乃宪政馆之声明有曰：以上情节，谘议局尚须指明确据，方可呈候核办。曰尚须，曰方可，措词圆妙隐然见苟无实据、苟无确凭即不可呈候查办之微意，其曲为贪官势恶地者，已难急索解人，乃犹继续言之曰：发动之机虽在谘议局，主持之权实在督抚，玩其言外微旨若深幸督抚之权不旁落谘议局者然，然使督抚主权，而仅仅用以庇护违法官绅，反抗人民言论，试问于国事果有丝毫之益耶？且宪政馆诸公既专欲巩固督抚用人之权，则不设此指明呈控之条，使之无干预可矣，又奚必留此一隙，使谘议局中为是徒招仇怨之举也？

一曰关于处分事件。夫国家之设谘议局，原欲予人民以言论权，议员处有言论权之地位，而特因一时失检，由议长止其发议，所谓剥夺言论权者，固已罚当其罪矣。乃原章预防其渐，既以停会解散除名诸款，授督抚以分别处理之权，而所云轻蔑朝廷，狂暴举动，又无一定之界说，识者静观文义，已恐开愈加之罪，不患无辞之端。而为谘议局之前途惧，不谓别有肺肠之于式枚，乃犹疑停会解散除名各条，为轻继就其说而驳正之，固无所庸其模棱者也。乃宪政馆声复此条，一则曰仅因发言不当，未必即成法律上犯罪；再则曰其应治罪与否，自可以当时在场狂暴之现状为断。本不成法律上之犯罪，而偏以未必两字为活动之词，本未必可以治罪，而偏以自可下断为斩截之语，然则挟雷霆万钧之力者，苟因意见不合，妄欲加罪于发言不当之人，第于未必两字下加一转语，又何难傅会法文，而断以犯罪乎？此又其言之多所瞻顾抑民以媚官，而大足为催锄言论之祸本者也。

综上五者观之，于官一方面则竭力斡旋，于谘议局一方面则竭力箝束，处处剖明于式枚之误会，而语语实为于式枚所欲言。试举原折与复奏参观之，几疑同声之应，恍若宪政馆授意于式枚而特从其后以为之进一解者。呜呼，吾国民尚谓反对宪政者，独一于式枚耶？主特宪政之名，行挫抑宪政之实，观于收缩谘议局权限之折，盖可见也。

虽然，宪政馆诸公岂真有所顾虑于谘议局，而为是严加制限哉？平日本无真知灼见，足以自信其所订章程之不可磨，及一问局外之人索瘢求庇。而朝廷又有若信若疑之态度，则为一已之功名计不得不自圆其说，兼以表明其用意之所存，而于以后之厉害并有所不暇顾，其他且勿论。第观每条说明之下，必缀以何至如原奏所虑云云，则其欲以释朝廷之疑而见原章之并无不善，已跃然流露于言外矣，忧谗畏讥之甚，乃迫而自背其前言，以贻误夫大局。噫嘻！孰谓宪政馆尚有人在哉？

附：宪政编查馆奏议复考宪政大臣于式枚奏陈谘议局章程权限折

奏为遵旨议奏恭折仰祈圣鉴事，五月初四日，准军机处片交本日出使考察宪政大臣于式枚奏陈谘议局章程权限一折，奉旨宪政编查馆妥议具奏钦此，钦遵，抄交前来。查阅原奏于谘议局之性质范围大小，及其职任权限各节，证以普国议会之制，条分缕析，郑重详明，自为防微杜渐起见，惟臣等反复推求，该大臣所陈有涉于过虑者，有不免误会者，请为我皇上缕晰陈之。查臣馆所拟谘议局章程，原系钦遵先朝论旨敬谨厘定，伏读光绪三十三年九月十三日上谕：朕钦奉慈禧端佑康颐昭豫庄诚寿恭钦献崇熙皇太后懿旨，前经降旨于京师设立资政院，以树议院基础，但各省亦应有采取舆论之所。俾其指陈通省利病，筹计地方治安，并为资政院储才之阶，着各省督抚均在省会速设谘议局，慎选公正明达官绅，创办其事，即由各属合格绅民，公举贤能，作为该局议员，断不可使品行悖谬营私武断之人，滥厕其间。凡地方应兴应革事宜，议员公同集议，候本省大吏裁夺施行，遇有重大事件，由该省督抚奏明办理，将来资政院选举议员可由该局公推递升。如资政院应需考查、询问等事，一面行文该省督抚转饬，一面径行该局具复，该局有条议事件，准其一面禀知该省督抚，一面径禀资政院查核等因，钦此。是谘议局之范围权限已明定于煌煌圣训之中，本非各国地方议会所得而比拟。考各国地方行政，除联邦各有议院外，凡本国地方皆直隶中央政府，至分配地方官吏，及其执行政务，亦均受成于内务大臣，合全国为一行政区域。而集权中央，与中国之部臣疆臣，显分内外，地方行政可由督抚主持命令者，截然不同。其地方行政之范围既小，故辅助行政之机关仅有上级自治制之地方议会，而不必别立制度。中国地大政繁，久已分省而治，而督抚实立于一省行政最高之地位，求之各国本鲜此制。督抚之权限既视各国地方行政长官为较广，则辅助行政机关之权限自应与之相称，而不能仅据各国之上级自治以为准则，谘议局之设，用意盖即在此。臣馆原奏所以有谘议局为地方自治与中央集权之枢纽一语也，故谓谘议局为联邦议会，固属不符，即比之各国上级自治制，亦有区别。惟其为中国特别制度，自不能与普国地方议会相等，故其权限悉遵谕旨中采取舆论、指陈利病、筹计治安诸大端所规定。而又恐其逾越权限也，因明定监督一章，授督抚以停会解散之权，且对于谘议局与议案，有裁夺施行之权。夫曰议案是谘议局只能任决议，而不能强迫其实行；曰裁夺施行，则裁夺而后施行。是督抚直处主动之地，而不得视为被动，二者之间界限固甚分明。即虑一二议员，间或近于桀骜，而苟违悖法律，小则除名，大则解散停会，所以维持于事前事后者，固已无微不至。臣等以为监督全省之行政以及一切之政权，实在督抚，而不在谘议局，何至如原奏所称谘议局立于一省行政惟一监督之地，及一国政权落于最少数人之手？臣等所谓该大臣所陈各节有涉于过虑者此也。至原定谘议局章程十二章六十二条，词简意赅，不能不藉引伸以明其义，而前此所以只将条文略具按语，不加笺释者，则以督抚对于兹事，苟有怀疑，不妨随时电询。即如办理初复选举，间有疑义，督抚之于臣馆旋询旋复，使可迎刃而解，无所疑阻也。今核该大臣原奏各节，曰于财政不特有监察权，且有承诺租税权，于督抚不特有弹劾权，且可操其任免权，于立法不特有参与权，且有审查权，并有强制执行及责问各权，其于章程条文殊多误解，遂有网罗权力完全无缺之疑。臣等细核其误解之处，要不外章程中之职任权限，及监督数条，在臣馆原定范围，固已严加制限。惟以该大臣既多疑虑，自应逐条发明原章意旨，以清权限，而释群疑。查谘议局章程第二十一条：（一）议决本省应兴应革事件。指定本省者以本省人议本省事，痛痒相关，利害较明，即本前年九月间谕旨指陈通省利病，集议兴革事宜之意所发生也。至事关君上大权，凡属国家行政者，自非谘议局所得参与，且谘议局仅代表一省之舆论，尚非国家议院之比，何至蹈原奏以议院为主体，得以民权抵抗致政府之疑？（二）议决本省岁出入预算事件。诚以新政待兴，非财莫举，令人民负纳税之义务，自应令其周知每岁进出款，以激其急公好义之忱。臣馆于上年九月间咨行度支部文内，已声明谘议局预算事项，应以各省之地方办事用费为限，国家行政费不在其内等语，则议决岁出入只限于本省行政费无可疑也。（三）议决本省岁出入决算事件。各省报部支款，往往暗有融销，今与议员以公同决算之权，原以期稽查者多，稍可杜浮侵蚀之弊，揆诸清理财政之义，正为必不可少之举。（四）议决本省税法及公债事件，似于财政有特权矣。然税法、公债均冠以本省，乃系专指地方税与地方公债而言，与国税、国债截然两端。若国家租税则皆定于国家之法律，本非谘议局所得议决，其得议决者仅属本省单行章程规则之征收方法而已，况宪法大纲载明，臣民现完之赋税非经新定法律更改，悉仍照旧输纳。且臣馆核议度支部清理财政章程第十五条，声明各省岁入，当国家税地方税为分以前，谘议局不得议减现行税率。则所议决只有改良增加之事，并无议减之权。至地方公债，以本省之人任本省之债，以更无流弊之可言。关于财政者限制如此，则原奏所陈谘议局干预财政各节，不无过当矣。（五）议决本省担任义务之增加事件。其指定本省者，譬如浚河、筑路、卫生、教育本省应担之义务，为前此所无者。谘议局得视地方款项之盈虚，以为推行之准则，其前此已担任者。宪法大纲载明有法律上必需之一切岁出，非与政府协议，议院不得废除减削之条，是议院之议决权，其范围尚只如此，推而至于邻省之协济、海陆军之摊派、公债之募借，凡为国家特颁之命令，即皆不在议决之列。夫何至如原奏所谓有地方议会联络呼应劫持中外大臣之疑？（六）议决本省单行章程规则之增删修改事件。查全国通行法律须由钦定颁行宪法大纲，早经揭明宗旨，惟各直省之风俗习惯不同不能无特别之单行法，如违警律中各省得定违警章程之类，而施行法律之细则，各省情形不一，亦不能不令各省自定。如地方自治等章程施行细则之类，凡根本于国家法律之单行章程规则，属于督抚权限内者，自应由谘议局参与，以收集思广益之效，究其范围有限，非所谓参与国家立法之全权也。原奏所称谘议局居然有参与立法权者，未免视为范围太广矣。（七）议决本省权利之存废事件，譬如全省自有之公共产业，欲为变置移易即为关于本省之权利存废。此种事项，全省利害所系，自不得不郑重视之。至业经法律规定及奉旨允准者，自不在谘议局应议之列，此可无庸疑者。（八）选举资政院议员事件，此即遵奉谕旨谘议局为资政院预储议员之阶也。臣等已会同资政院奏定院章第十一条内载明，各省谘议局议员互选后，由该省督抚复加选定，咨送资政院等语。是选举之权虽肇端于谘议局，而仍受成于督抚，与原奏所称资政院议员即为谘议局所选举者究属有别，况资政院议员钦选互选各居其半，凡王公世爵及京朝官均可由钦选为议员，各省谘议局所互选者，第居得半之数，而并非其全体。是原奏专谓为谘议局所选举者由未详查资政院前奏章程，遂有此议。（九）申复资政院咨询事件。立法之始，不能不详查各省之习俗，以资参考。曰申复者，则必资政院有所咨询，该局方可建议。查资政院议员，既不尽由各省谘议局推选而来，至谘议局议员更不能与资政院相为左右，组织既有不同，权限亦复互异，谓资政院即为各省谘议局之全体，已不尽然，今谓谘议局即属资政院之分体，更似误会矣。（十）申复督抚咨询事件。督抚对于庶政，本有主持之权，而有时或欲周知博访者，则行政官有刍荛之询，谘议局即不能无一得之献，究之采纳与否，凭诸督抚。夫亦何至有原奏所称听地方智慧，政令终至下移之虑？（十一）公断和解本省自治会之争议事件。地方下级各图自治，事势所至，或不免有权限之冲突，各国于下级自治会之争议，大都由上级自治会公断和解，现定地方自治章程，府厅州县之上，别无统一全省之最高自治会。谘议局既为全省舆论之代表，自应归其处理，然只处理自治会之互相冲突，若自治会与地方官之冲突，则仍属督抚主持，谘议局即有所见，亦但能建白以备督抚之参考。夫何至如原案所称有裁判地方行政之权？（十二）收受自治会或人民陈请建议事件。督抚为国家行政之代表，有应行专决者，如军事、外交裁判等事，断非议员所能干涉，但以人民各具国家思想，苟实有所见，不妨上书陈请。定例在内由都察院代奏，在外由督抚代奏，已开其例。其必以谘议局代为陈请建议者，因表示众意所在，以备督抚采择，其裁夺之权则仍统诸督抚，谘议局固不得强督抚以执行，又何至如原奏所称有不问为国政为民事，一切均纳入范围之权？此外如原章第二十七条所称，谘议局遇有督抚侵夺权限，可呈请资政院核办者，似为权之过重，不知侵夺云者，只限于谘议局应行议决之事，督抚于议场不许其议决，是之谓夺其议决权，非云议决之后，督抚不与施行，即谓之侵夺权限也。又如原章第二十二、二十三、二十四等条，系就谘议局所议与督抚或合或不合事件，定其办法，其各执一见，不能解决者，由督抚将全案咨送资政院以待决定，而资政院议决事件，均须请旨裁夺。则是可否予夺之柄，仍在君上，固不出大权统于朝廷，庶政公诸舆论之本旨也。且臣等会同资政院奏定院章第二十三条内载明，各省谘议局与督抚异议，或此省与彼省异议事件，均由资（设）〔政〕院核议；而关涉某省者，该省谘议局所选出之议员不得与议等语，是于此等流弊早已防范綦严。原奏所称谘议局与督抚相持上之资政院裁判官乃原告所举之人，似不然矣。且以资政院核议请旨之件，遽谓之为裁判权，是混议院议决与法定裁判为一事裁判之真义，殆不如此，又况用人之权操之君上？议院不得干预，钦定宪法大纲中早经明定，又何至如原奏所称有任免督抚之权？即原章第二十八条所载，本省官绅纳贿违法等事，准谘议局呈控者，实因中国幅员辽阔，交通机关又未便利，各省官绅中固不乏束身自好之人，而或操守难信，粮税逾额之征收，公款非理之滥入，以及舞弊营私骫法徇情者，皆在所难免，非得民人指摘，则害马不去，群何自安。且本条所载有以上情节，谘议局尚须指明确据，方可呈候核办，则发动之机，虽在谘议局，主持之权实在督抚，何至如原奏所称与督抚监督权力相较轻重悬绝乎？原奏又称议员在议场，如有轻蔑朝廷情形，及有狂暴举动者，不过停会解散除名，因疑为处分过轻。不知会议时，议员言论如有失检，议长即应止其发议，违者得令退出。故仅因发言不当，未必即成法律上之犯罪，此各国议院通例，谘议局章程第三十九条即援以规定也。议员如是有以所发议论，在外间自行刊布者，自应照各本律治罪。至狂暴举动，议长不能处理者，督抚有令其停会之权，其应治罪与否，自可以当时在场狂暴之现状为断。设于言论冲突，至于殴伤，亦应照殴人律例治罪，所谓轻继者亦未必尽然，他如现行犯罪，亦得逮捕，曾于原章第四十条内声明。是议员果有犯罪确据，及为议员以后，有品行悖谬营私实踪者，督抚即当凛遵前年九月间谕旨，断不可使品行悖谬营私武断之人，滥厕其间，随时斥退惩办，断不至如原奏所称假谘议局为护符使之肆无忌惮也。原奏又致虑于议院攻击政府，查宪法大纲所附议院法要领，内载行政大臣如有违法情事，议院只可指实弹劾，其用舍之权，仍操之君上，不得干预朝廷黜陟之权，此又俟之议院成立以后，与今谘议局无与者也。臣等所谓该大臣原奏各节有不免误会者此也。总之，谘议局为采取舆论之机关，予以决议权者，所以冀违情通隐，图省治之改良，督抚为督率行政之机关，予以进度权者，所以冀救弊补偏，期政务之统一，而二者之分际，均以法令为依归，在谘议局固不能出发令之外，为非理之要求，即督抚尤须持法令之平，为适宜之处理，官绅有相资为治之功，而无互相猜忌之患。此臣等上年拟定谘议局章程，所以恪遵历次大权统于朝廷庶政公诸舆论之旨，斟酌至再，以期无弊。而该大臣审慎迟回，犹复过为疑虑，故不能不重申法意，以期与天下共晓也。惟是谋事最难于图始，徒法不能以自行。现届预备之等二年，尚在办理选举，今岁九月方为各省谘议局第一次开会之期，此后按照清单，递年筹办，行得其道，则循序渐进，上理自可日臻，行失其道，则动辄龃龉，大局或虞纷扰。得失之机，间不容发。惟望凡百臣工以及士庶，均能和衷共济，开诚布公。臣馆更当随时随事，遇有分歧侵越之处，力为指正，请旨办理。庶几朝野交励，上下相维，此八年中实行预备，一届颁布召集国会之期，自有实效，而无流弊，以上慰圣主孜孜求治之怀，下慰薄海喁喁望治之愿，不至良法美意，徒以推行未善而为四方万国所非议，此尤臣等殚诚竭思而愿与内外臣庶朝夕共勉者也。所有遵旨议奏缘由，谨恭折具陈，伏乞皇上圣鉴训示，谨奏。

《广益丛报》，第七年第二十三期，“国政”、“章奏”，宣统三年九月初十日

国会期迫敬勖国民

国内外志士，群其力，敝其舌，秃其笔，枯其泪，洒其血，以请求速开国会，诚之所至，天听回焉。恭奉十月初三日明诏，以宣统五年开国会，将以宣统四年召集。此诚上顺天心，下洽舆情之纶音也。当未见许时，奔走号呼，声动朝野，血泪作书，天地为哀，以求通志而不得，何其苦也；今兹既许，举欣欣然，有乐生心，屈指计日，交相慰语，一若于九死中得一生之望，遂相庆告以为乐者。虽然，忧苦者成之征，而欢乐每为败之券。况夫开会之期，转瞬即至，外人方鼓其日辟百里之雄心，而我犹未绸缪于将雨。用是不敢自谢不敏，谨陈固陋数端，以勖我将举立宪政治之国民。

一、敬勖政治家。立宪政治，国民政治也。向使我国今日之政治，足以理今日之国家，则安用立宪，使国民与国政为？所以使国民与国政者，为夫被选举之国民，非若当政诸公暗于时势者然也；为夫国民能洞察世界大势，能适应今之世变，消极的排除国家一切祸患，积极的助长国家一切福利，一正一切不适之行政，以理国家耳。而如是之才者，求之政府，良不易得，求之草野，又未见其多。于是徒能爱国忧国以兴亡为己责焉者，即为不易得之才。虽然，立宪国家所须于国民，非徒贵有爱国之心，忧国之泪，与夫徒知以国家存亡为己责焉者也。必也，大之操国家之柄，能任重致远，临利害，遇事变，神不摇，气不夺，行不迷，卒致国家于磐石之安。详之为一事必举一事之功：修法律，法律因而修明；为农为工为商，农工商因而利溥；理礼乐刑政，礼乐刑政因而各得其所。于是各就所专务而为言也，言之有故，可见之行；或立身于行政也，就所专务者以行之，克绩于成。若此者，立宪国家所恃以举政也。不然，徒以忧国爱国而行不逮己也，则箕子之裔，三韩之民，忧国爱国最烈，死于倭人者前仆后继，左死右随，何补于韩亡哉！十年前非律宾之民，其徇国而死于美者，亦前仆后继，左死右随，又何补于亡哉！是知时者一去而不可再，而适应世变乃生存之先务也。一失时，虽有智慧，无所或施；不能适应世变，虽殚精竭力，无所于裨。时乎时乎，我同胞不可不惜，以求生存。而将最先入国会或组织内阁之政治家，于此一二年中，尤不可不惜之，以洞观世界之大势，以求适应世变改良政治之具。不然，旅进旅退，备员窃禄，何以异今世肉食诸公也哉！

二、敬勖有选举权者。立宪政治而参于政权者，非独被选举者已也。凡有选举权者，而行选举时，即其参与政权焉。将欲观立宪政治之成效，当先观被选举者之智愚贤不肖；将欲得贤且智之被选举者，当求之公明之选举者焉。以我国今日穷于人材之时，借使被选举者皆一时之望，犹虑其不给，况夫选举者或滥用其权而所举非人乎。所举非人，则害于国家，安有涯量。是故能救国之危亡在国会，而能使贤智者入国会，不使不贤智者入国会，其权一操于有选举权之国民。故有选举权者，我四万万同胞所托足之中国之安危存亡，由其一举而分焉，不可不慎也。慨自我国人汩于虚荣，沈于势利，不求其实，唯冀其名。自守、道以下之官可以金钱买，垂诸典章，已无足怪。于是凡其财力可以买官阶头衔者，鲜不买之以自耀于乡党闾里交游间。今日者卖官鬻爵之令废，而选举代议士之法兴。吾见夫向之投金钱以买官者，由今将随时势一变而买选举矣。虽曰选举有法，规定严密，不知法者死物也，一存乎用之之人，况夫选举法未必尽适，而有选举权者又易以利动，监督之又未必力者乎！无已，唯有涕泣以告诸有选举权者之前，当选举时，一举手间，即我中国之安危存亡所由判，我四万万同胞所由托命，慎毋为威慑，毋为利诱，苟其贤，虽仇必举，其不贤，虽亲必弃。如此，庶澄清天下之才出草野，而嘉谟嘉猷陈诸庙堂之上矣。夫盲者不能视，而聚众盲仍不能视也；聋者不能听，而聚群聋仍不能听也。使聚群愚不肖者于国会，则国会者众愚不肖之所聚耳，安有长策以理国家之乱哉！吾愿有选举权者，用为兢兢也。

三、敬勖膺军政者。今日世界各列强，非徒完其立法机关，而遂神其用也；于立法机关并重者非一，而要莫重于军政焉。德意志之霸于欧也，举国皆兵；英吉利之执世界牛耳也，其海军雄冠列邦；日本之勃兴也，由其有再战再捷之海陆军；美之雄据美洲也，由其八年血战之余风遗烈犹存。是不独完善其立法机关，亦皆专务修明其军政焉。故今世界立宪国皆尚平和者，特武装平和而已。武装平和者，列强间不文之金科玉律而共守者也。我国今日海无一可战之军舰，陆无一可战之师团，沿海沿江久无防守，外人军舰任意游弋，屯泊上下，年来启辱纳侮，丧地失权，无不由此。借使宣统五年以后，立法机关完备，所建议者又皆善美，我中国国民遂踌躇满志，足举立宪政治之实乎？盖有以知其必不能也。何也？座上空谈，不能当联合之军；口头公理，不能制侵略之策。此不待智者而后知也。是以苟无精强之海陆军以备非常，则国会而欲于武装平和世界中，主张公理以自卫，灭恨御侮以自尊，实虚愿也。是故今日救我国切要之计，开国会与修军政并重，无可轩轾后先焉。将修军政，舍举国人皆有勇知方、举国男子皆有服兵之义务不为功。而佣兵制度，恐断不足以修明军政而备非常也。器械不利，不可言战；卒不可用，不可言战；将不知兵，不可言战。兴言及此，尤为前途危。于此，膺军政之责者，不可不从根本上施改革也。尤愿今日请开国会之国民，继起为改革军政之国民。若然，则国会即开，庶几得不屈不挠于武装平和之世界。

四、敬勖教育家。国会者，民智、民德、民力之缩影也。今日列邦人辄讥我国人曰失教，我国人有识者亦曰国人失教。夷考我国覆败陈迹，欲不谓由国民失教而致，夫亦有所不可得。若是乎失教者，诚我国人将死之疾，无庸讳而又不可讳者也。虽然，夫岂真无教哉！有教矣，而所教者，非欲人适应今之世变，而欲人适应古昔千年或数千年前之世变也。夫古之国非今之国，古之时非今之时，古之国外四周之国非今之国外四周之国也。乃谓以适应古之世变者，适应今之世变而无不足，此非愚则诬，实祸我国至于今日者也。我国今日膺教育之任，而其精神所趋不若是者，宁有几人乎?！无怪今人受教愈深，则于世事愈疏，而愈不足以适应世变，而来失教之讥。然则将入国会者，非尝受此不适应今日世变之教育者乎！于此而谓国会一开，遂能举莫大之效者，匪夷所思也。窃维为目前计，国会诚不可不早开；而为国会数年后及将来收良效计，则唯有责之膺教育任者。美大统领罗斯福有言：教育虽或不能造国家，而无教育或无良教育之国家，终不免灭亡。夫所谓良者，为夫能适应世变以生存、以发展者也。教育何以良？必也取长于古，取长于今，取长于东，取长于西。适应我四万万同胞今后之生存发展，则取之无遗；不适，则弃之无惜。如此则庶几良乎！我国今言教育者，形式上多不能不取法乎外矣，而精神上则唯有崇古、复古之趋向焉。此虽以甲午、庚子及年来一切覆败，犹未易使之豁然醒、奋然兴也。况夫国人之适于专制时代者，不必适于立宪时代，今欲使专制时代之国人而适于立宪也，则尤赖教育。教育者，若不从根本上有所易，吾不知国会所缩之影维何，恐东施窃拟西施也。

五、敬勖当纳租税者。英谚有之曰：不出代议士，不纳租税。此国民要求参政权之至理也。我政府今既明定期限，令我国民参于政权矣，然则国民对国家之担负，将由此而加重，而国家要求于国民者，亦自不得轻。日本政府今年岁入五亿三千余万元，而我政府今年岁入曾不及其半。以日本土地之广，不及全川，其人民亦仅五千余万，然而担负若此而不以为多者，由其为立宪政治故也。其在欧美立宪国，国民担负尤重。若是乎我国人而欲立宪效其用也，则数年后之担负，不可不倍蓰于今日。然以今日国民之经济力，负担国家今日之岁入，犹将不堪，继此有加，则不卖妻鬻子者几何，不尽为流民为饿莩者几何。是以当国者筹国民生计，行保护工商政策，改良币制诸端，不可一日缓，而国民亦当自为计。不使国中有限金钱为漏卮，以填外人无厌之欲壑，尤不可一日缓也。我国今日门户洞辟，自由贸易场遍中国，凡财力所集注之区，皆列邦以商血战之场。所痛者，国民多以己身为列邦商战之俘虏，而不自惜不自知，或知而不变计也。今即以日本论，自胜俄后，朝野上下几竭全力于工商政策，以我国为其工商竞逐场。诚以工商政策墟人国，较海陆军杀人盈野、割据土地为优。痛哉，国人不悟也！为今后国民负担国费计，为国民以衣以食长养子孙计，唯有朝野注力于工商及改良统一货币为尤急。自今后凡中国人皆当直接间接发达自国工商业，非必不得已不使金钱为漏卮，庶几国民经济，生者日滋，流者有制，虽重负担庸何伤。不然，政府唯知取于民，国民唯知号穷而靳于输将以阻梗行政者，皆非有远识而竭中诚于立宪政治者也。

白坚：《国会期迫敬勖国民》，《蜀报》第六期，庚戌年十一月朔日出版

图书在版编目（CIP）数据

四川谘议局 / 何一民编 . — 太原：山西人民出版社，2020. 6
（清末立宪运动史料丛刊 / 胡绳武主编）
ISBN 978-7-203-10401-8

Ⅰ. ①四…　Ⅱ. ①何…　Ⅲ. ①谘议局 - 史料 - 四川 - 清后期　Ⅳ. ①D691. 2

中国版本图书馆 CIP 数据核字（2020）第 101807 号

清末立宪运动史料丛刊 · 四川谘议局

主　　编：胡绳武
副 主 编：牛贯杰　戴鞍钢
编　　者：何一民
责任编辑：贺　权
复　　审：傅晓红
终　　审：蒙莉莉
装帧设计：谢　成

出 版 者：山西出版传媒集团 · 山西人民出版社
地　　址：太原市建设南路 21 号
发行营销：0351-4922220　4955996　4956039　4922127（传真）
天猫官网：https：//sxrmcbs.tmall.com　电话：0351-4922159
E - mail：sxskcb@163.com　发行部
sxskcb@126.com　总编室
网　　址：www.sxskcb.com

经 销 者：山西出版传媒集团 · 山西人民出版社
承 印 厂：山西出版传媒集团 · 山西人民印刷有限责任公司

开　　本：787mm×1092mm　1/16
印　　张：18. 25
字　　数：300 千字
版　　次：2020 年 6 月　第 1 版
印　　次：2020 年 6 月　第 1 次印刷
书　　号：ISBN 978-7-203-10401-8
定　　价：112. 00 元